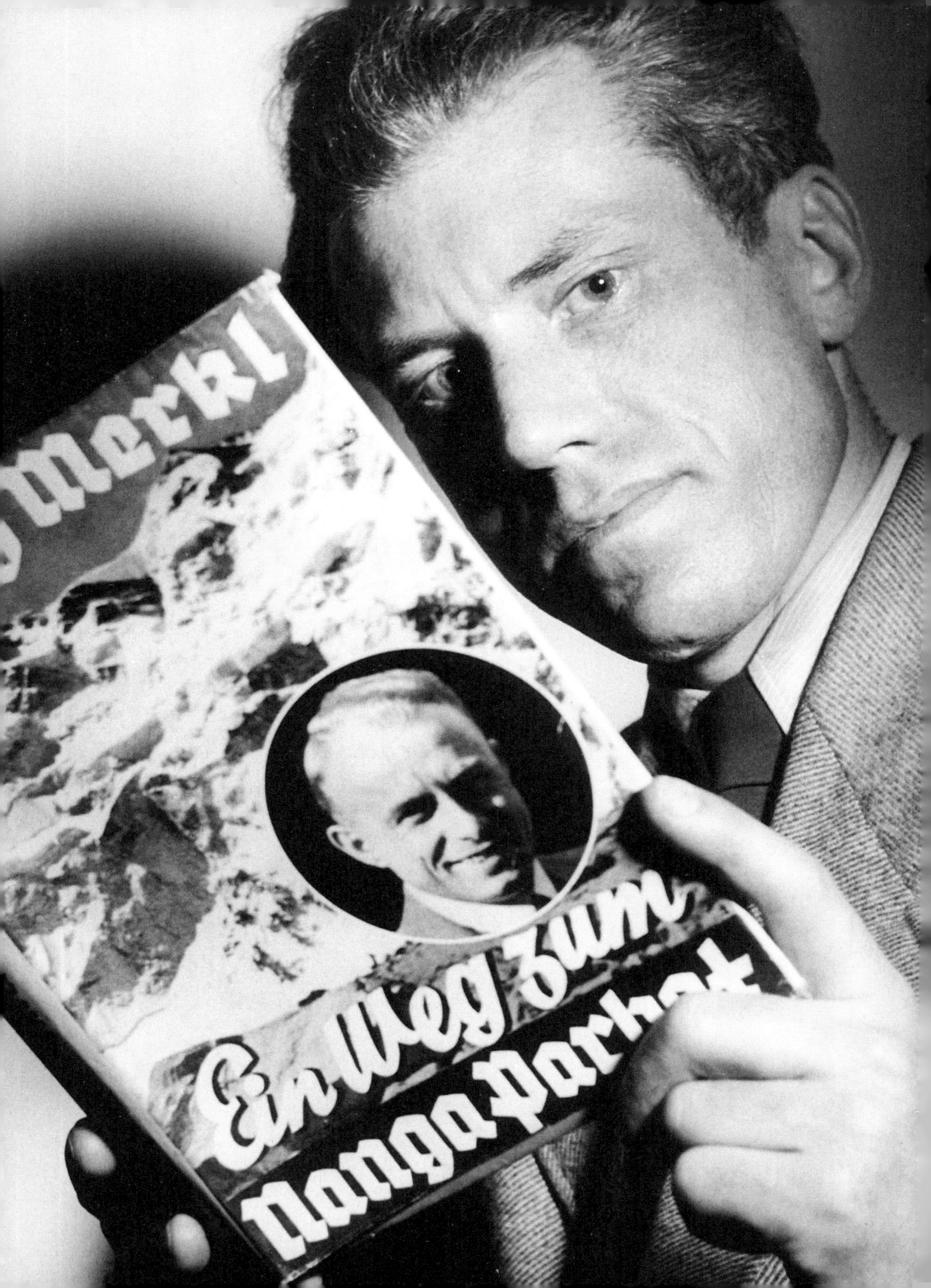
Merkl
Ein Weg zum
Nanga Parbat

Reihe Bergabenteuer

KARL MARIA HERRLIGKOFFER

Besessen, sieghaft, umstritten

Herausgegeben vom
Deutschen Institut für Auslandsforschung

Bearbeitet von
Horst Höfler und Reinhold Messner

AS Verlag

Dank
Die Autoren bedanken sich herzlich bei Doris Kustermann, Fritz Aumann, Ludwig Delp, Bernd Kullmann, Manfred Sturm und Sepp Walter für ihre wertvollen mündlichen Informationen beziehungsweise Aufsätze, die in dieses Buch Eingang gefunden haben.

Gestaltung: www.vonarxgrafik.ch, Heinz von Arx, Urs Bolz, Zürich
Lektorat: Karin Steinbach Tarnutzer, Zürich
Druckvorstufe/Fotolithos: Matthias Weber, Zürich
Druck: B & K Offsetdruck GmbH, Ottersweier
Einband: Josef Spinner Großbuchbinderei GmbH, Ottersweier
ISBN 3-905111-65-9

Inhalt

Vorwort des Herausgebers

Kaum ein Expeditionsleiter des vergangenen Jahrhunderts war derart umstritten wie Karl Maria Herrligkoffer. Kaum ein anderer allerdings hat auch so viele Expeditionen organisiert, finanziert und zum Erfolg geführt.

Im üblichen Sinne war Herrligkoffer kein extremer Bergsteiger – was man in dieser Zeit glaubte sein zu müssen, um auf einen hohen Berg steigen zu können. Dies war auch nie seine Absicht, dazu fehlten ihm die Voraussetzungen. Dafür besaß er andere Qualitäten: Er hatte die Ideen und die Besessenheit, seine Ziele gegen alle Widerstände durchzusetzen. Und ein Gespür für mögliche Wanddurchstiege.

Neben seiner Arztpraxis, die über einen äußerst umfangreichen Patientenkreis verfügte, widmete er fast jede freie Minute entweder einem neuen Expeditionsziel, der Auswertung einer bereits durchgeführten Expedition, Publikationen darüber oder der Fertigstellung von Expeditionsfilmen.

In der Beschaffung von Finanzmitteln und Ausrüstung war er großartig. Er scheute sich auch nicht, seine guten Kontakte – zum Beispiel zu Lions-Club-Freunden – entsprechend zu nützen.

Profitiert davon haben letztendlich die Expeditionsteilnehmer, die zwar auch eine gewisse Eigenleistung einbrachten, sich aber um den «organisatorischen Kram» nicht kümmern mussten. Andererseits weiß ich von einigen Teilnehmern, dass, wenn sie nicht den vollen Beitrag aufbringen konnten, Herrligkoffer beide Augen zudrückte. Es kostete ihn meistens nur ein verständnisvolles Lächeln – und einen Griff in seine Privatschatulle.

Persönliche Reichtümer hat Karl Herrligkoffer nie angesammelt. Er lebte in einer bescheidenen Mietwohnung in der Nähe seiner Praxis, trug jahraus, jahrein den gleichen grauen, zeitlos altmodischen Anzug über frisch gebügelten, kurzärmligen, hellblauen Hemden und steckte sein ganzes Vermögen in seine Expeditionen. Der einzige Luxus, den er sich leistete, war ein etwas größeres Auto und regelmäßige Theaterbesuche.

Herrligkoffer war meines Wissens der erste Expeditionsleiter, der bei der Auswahl seiner Mannschaft nicht nach Herkunft oder Nationalität fragte. Schon zu seiner ersten Expedition 1953 zum Nanga Parbat hatte er sowohl deutsche als auch österreichische Bergsteiger eingeladen. Dies sollte sich später fortsetzen. Seine Expeditionen wurden mehr und mehr international: Deutsche, Österreicher, Italiener, Engländer, Schweizer, Franzosen und schließlich Polen waren in seinen schlagkräftigen Mannschaften zu finden.

Der Stil, in dem heute die schwierigsten Probleme an den großen Bergen der Welt angegangen werden, hat sich grundlegend geändert. Man kann von einer Rückbesinnung auf alpine Strategien und Qualitäten sprechen. Die Zeit der Mammutexpeditionen ist endgültig vorbei. Meist aus einem Kameradenkreis entstandene Seilschaften wagen sich heute an die ganz großen Herausforderungen und sind damit sehr oft erfolgreich. Allerdings ist auch dies nicht ohne finanzkräftige Sponsoren möglich, und bei den Akteuren handelt es sich überwiegend um junge Spitzenalpinisten, die mehr oder weniger von den Auswertungen ihrer Leistungen leben.

So kann das Deutsche Institut für Auslandsforschung einen wesentlichen Zweck seiner Satzung im Sinne des Stiftungsgründers Herrligkoffer, «unerforschte und unbestiegene Gebirgsregionen zu erkunden und nach Möglichkeit auch zu besteigen», kaum mehr erfüllen. Die heutigen jungen Bergsteiger mit Himalaja-Ambitionen brauchen eine solche Einrichtung nicht.

Umso mehr sehe ich im vorliegenden Buch nicht nur eine Würdigung des Stiftungsgründers, sondern auch eine Aufarbeitung der wichtigsten Jahrzehnte des deutschen Expeditionswesens in der Nachkriegszeit – und dies vor allem im Sinne einer ebenso bedeutenden Aufgabe der Stiftung: «die Ergebnisse der Forschungsarbeiten der Allgemeinheit in geeigneter Weise, insbesondere durch Vorträge, Lichtbilder, Filme, Presse- und Buchpublikationen zugänglich zu machen».

Bedauerlicherweise ist das Interesse an der alpinen Geschichte allgemein nicht sehr groß. Sie muss spannend vermittelt werden, damit ein breiterer Kreis Zugang zu ihr findet. Auch diese Aufgabe erfüllt die vorliegende Publikation. Geschichte ist ein allgegenwärtiger Bestandteil unseres Lebens. Wer mit offenen Augen durch das Leben geht, begegnet ihr auf Schritt und Tritt. Dies gilt auch für die Bergsteiger. Sicher kann man den Bonattipfeiler am Petit Dru klettern, ohne zu wissen, woher der Name kommt. Aber es wäre schade, verbirgt sich doch hinter diesem

Namen eine der großartigsten Leistungen und aufwühlendsten Geschichten in der Alpinistik: Im Jahr nach der erfolgreichen K2-Expedition, bei der Walter Bonatti nicht für die Gipfelbesteigung vorgesehen war und sich um seine Chancen betrogen fühlte, überwand er sein daraus resultierendes Seelentief mit einer heroischen Leistung. Sechs Tage lang kämpfte er sich im Alleingang über den Südwestpfeiler des Petit Dru hinauf – eine heute noch äußerst eindrucksvolle Kletterei im Mont-Blanc-Gebiet.

Herrligkoffer entwuchs einer Epoche, in der man vor allem damit beschäftigt war, in dem nach dem Zweiten Weltkrieg herrschenden Chaos wieder Fuß zu fassen. Kaum einer hatte die Zeit und erst recht nicht das Geld, um an eine Auslandsexpedition zu denken.

Da trat dieser junge Münchner Arzt auf den Plan und organisierte 1952/53 gegen alle Widerstände eine erfolgreiche Expedition zum «Schicksalsberg der Deutschen», dem Nanga Parbat (8125 m). Herrligkoffer wurde in den folgenden Jahrzehnten zur Schlüsselfigur des deutschen Expeditionsbergsteigens.

Das eigentliche Verdienst Karl M. Herrligkoffers ist dabei, dass er unzähligen jungen Menschen Gelegenheit geboten hat, an Auslandsbergfahrten teilzunehmen, erstmals ihr Können an den großen Bergen der Welt einzusetzen. Auch Reinhold Messner kam mit Herrligkoffer zum ersten Mal in den Himalaja.

Mit Reinhold Messner, der für seine kritische Einstellung gegenüber Karl Maria Herrligkoffer bekannt ist, und Horst Höfler, der äußerst gewissenhaft recherchierte und die Hauptarbeit leistete, haben wir zwei kompetente Autoren gefunden, die dem Werk sicher zu dem ihm gebührenden Erfolg verhelfen.

Manfred Sturm
Vorsitzender des Stiftungsvorstands
des Deutschen Instituts
für Auslandsforschung
(Prof.-Dr.-Herrligkoffer-Stiftung)

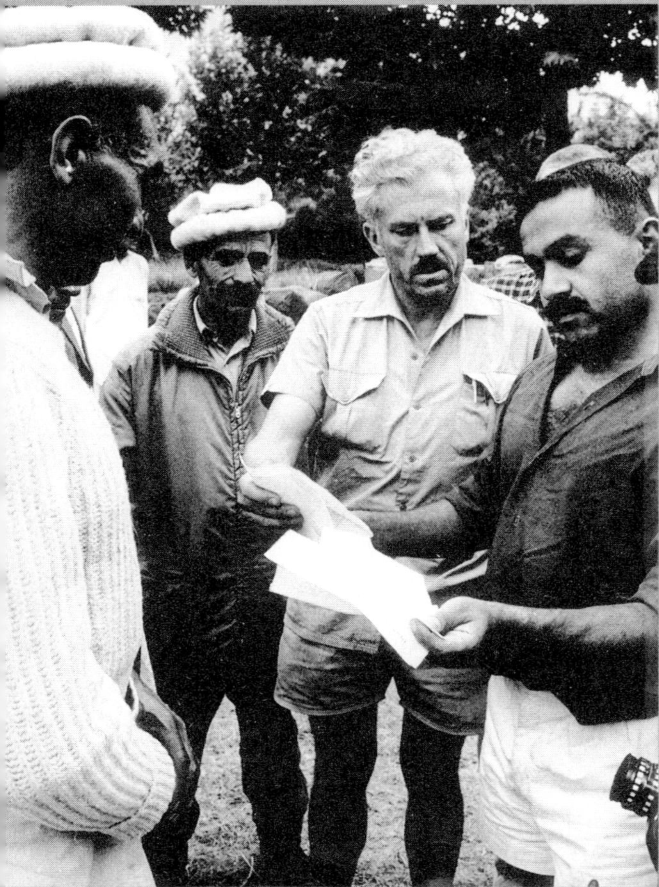

Karl M. Herrligkoffer in seinem Element: bei der Organisation des Trägereinsatzes, hier 1970 während der Siegi-Löw-Gedächtnisexpedition.

KARL MARIA HERRLIGKOFFER

Es ist weniger die Menge der Expeditionen, die Karl Maria Herrligkoffer organisiert und geführt hat – zum Nanga Parbat, zum Mount Everest, zum K2, zum Broad Peak, zum Kantsch, nach Grönland und immer wieder zum Nanga Parbat –, als vielmehr das Geheimnis seiner Motivation, das neugierig macht. Wie viel Energie, wie viel Geld, wie viele Monate und Jahre hat dieser Mann aufgebracht, um in den Himalaja, in den Karakorum, in die Arktis aufzubrechen – immer wieder? Und dies alles, obwohl er selbst niemals einen der allerhöchsten Gipfel erreicht hat? Herrligkoffer blieb bis zu seinem Lebensabend von «seinen fernen Bergen» fasziniert, angezogen auch von jenem «reinen Ideal», das die gleißenden Firngipfel in Hochasien für ihn symbolisierten. Mehr noch als von seinem Arbeitseifer oder von seiner Besessenheit war er getragen vom «Drang, in die erhabensten Höhen vorzustoßen». Allen Widerständen zum Trotz. Seine Hartnäckigkeit bei der Umsetzung seiner Ideen ist zu bewundern. Und dieses Stehvermögen Zweiflern, Kritikern und Intriganten gegenüber! Leicht hat es Herrligkoffer nicht gehabt, nie. Trotzdem oder gerade deshalb ist er zu einer der Schlüsselfiguren des deutschen Himalaja-Bergsteigens geworden. Wenn es um den «Kampf um die Achttausender» nach dem Zweiten Weltkrieg geht, kommt kein Historiker um den Namen Herrligkoffer herum.

Fast zwanzig Jahre lang waren Herrligkoffer-Expeditionen nahezu die einzige Chance für junge deutschsprachige Bergsteiger, in den Himalaja zu kommen. Und viele von uns haben mit diesem unermüdlichen Organisator den Sprung «aus den Alpen in die Weltberge» geschafft. In einem weiteren Dutzend Expeditionen hat Herrligkoffer internationale Teams zu den Eisriesen in Pakistan und Nepal geführt – mit weltweit bekannten Bergsteigerinnen und Bergsteigern wie Wanda Rutkiewicz, Doug Scott, Don Whillans und Jerzy Kukuczka.

Was trieb diesen Mann an, frage ich mich, der weder als Bergsteiger noch als Leiter ein Genie war? Was bedeutete ihm die «Eroberung des Nutzlosen»? Die Auswertung hinterher? Nein, denn auch als Vermarkter seiner Expeditionen taugte Herrligkoffer nur begrenzt. Der Ruhm? Nicht nur, denn bei Erfolg musste er ihn mit den «Gipfelsiegern» teilen. Die Ehre? Am allerwenigsten, denn er wurde mit seinem Einsatz oft missverstanden. Macht? Auch nicht, denn die Führung im Basislager zählte im Gipfelbereich nichts.

«Es wird immer mit Rätseln behaftet sein, was sich in der dünnen Luft des Nanga Parbats abspielt, vor allem in der Region über 7500 Metern, die man die ‹Todeszone› nennt. Herrligkoffer, inzwischen ein rüstiger Fünfziger, hat sich als unermüdlicher Organisator von Himalaja-Expeditionen erwiesen, er treibt das nötige Geld auf und die übrigen Utensilien, er bahnt den Jungen den Weg zum großen Abenteuer. Aber dann? Wie es scheint, überlässt er sie am Berg führungslos ihrem Schicksal. Hier wird es von einer Mischung aus Ehrgeiz und Höhenrausch bestimmt.» Dieses Zitat aus einer Randglosse der «Süddeutschen Zeitung» (30. September 1970), so genau es zutreffen mag, spricht nicht gegen Herrligkoffer. Es wirft aber die unbeantworteten Rätselfragen nach Leadership und Schicksal auf, auch nach Herrligkoffers Schicksal. Warum das alles? In Herrligkoffers eigenwilligem Aktionismus, einem Leben, das zerrissen blieb zwischen Tat und Traum, steckt die Antwort.

Teilnehmer der Deutsch-Österreichischen Willy-Merkl-Gedächtnisexpedition 1953 auf der legendären «Märchenwiese» vor der Nordostflanke des Nanga Parbat.

Seine Nanga-Parbat-Besessenheit beginnt 1934, und damit auch seine Zerrissenheit. Zwischen Voralpen und Himalaja gab es damals einen Spannungsbogen, der zwei ungleiche Brüder auf seltsame Weise verband. Als Willy Merkl am Nanga Parbat starb, traf die Nachricht Herrligkoffer

«Es gibt keine Zweifel, alles begann 1934 mit der Tragödie der Merkl-Expedition. Herrligkoffer veröffentlicht nicht nur die Tagebücher Willy Merkls (rechts Merkl 1934 am Nanga Parbat). Er identifiziert sich mehr und mehr mit dem Toten und mit dem bergsteigerischen Lebensziel seines Bruders.»

daheim so unerwartet, dass der Achtzehnjährige extrem reagierte und sofort entschied, Merkl zu beerben.

Um Herrligkoffer zu verstehen, müssen wir uns also diese Tragödie verinnerlichen: Erstmals stoßen im Juli 1934 fünf Bergsteiger und elf Sherpas bis auf das Silberplateau des Nanga Parbat vor. Über eine 1932 erkundete Route steigen zwei von ihnen fast bis zum Vorgipfel. Am Hochfirn hinter dem Silbersattel bereitet sich dann das gesamte Team zum letzten Ansturm auf das Ziel ihrer Sehnsucht vor. Die Stimmung ist getragen von Erwartungshaltung und Sorge. Alfred Drexel ist wenig vorher an einer Lungenentzündung oder an einem Höhenlungenödem gestorben, die Mannschaft steht unter Druck. Die Leitung der gefährlichen Unternehmung hat Willy Merkl inne. Plötzlich kommen Nebel auf, dann Wind, es stürmt und schneit. Also entscheidet man sich für den Rückzug. Der Schneesturm dauert zwei Wochen lang; der Abstieg wird zur Katastrophe. Nur zwei der fünf Bergsteiger, Aschenbrenner und Schneider, können sich in die unteren Lager durchschlagen. Uli Wieland, Willo Welzenbach, der Expeditionsleiter Merkl sowie sechs Sherpas kommen ums Leben.

Als Karl Maria Herrligkoffer, ein jüngerer Halbbruder von Merkl, von dieser Tragödie erfährt, gelobt er – zuerst nur für sich –, «den Kampf um den Nanga Parbat» fortzuführen. Als wäre nun er es, der die große Aufgabe zu lösen hat, beginnt er vom «Nanga» zu tagträumen. Als Erblast trägt er fortan den Berg des Bruders in seinen Träumen immer mit sich. Dazu ist ihm Willy Merkl mit seinem Bergsteigerleben Vorbild, der Heldentod der «Deutschen am Nanga Parbat» Ansporn, ihren Idealen nachzueifern. Der ferne Gipfel im Himalaja wird für den jungen Mann das Symbol für Einsatzbereitschaft und Kameradschaft, später – nach Erfolg und Kritik – wird er zum nie erreichbaren Superlativ, zu einer Art Wahn.

Es gibt keine Zweifel, alles begann 1934 mit der Tragödie der Merkl-Expedition. Herrligkoffer veröffentlicht nicht nur die Tagebücher Willy Merkls. Er identifiziert sich mehr und mehr mit dem Toten und mit dessen bergsteigerischem Lebensziel. Und dies, obwohl er auch jetzt kein extremer Bergsteiger wird. Der «Bergtod» von Willy Merkl, Leiter der Nanga-Parbat-Expeditionen 1932 und 1934, hinterließ für Karl Maria Herrligkoffer ein verpflichtendes Vermächtnis. Der Nanga Parbat

Ein restlos glücklicher Hermann Buhl nach seiner Ersteigung des Nanga Parbat, zurück im Basislager. Karl Maria Herrligkoffer schaffte es nicht, Buhl die Anerkennung zu zollen, die er durch seine beispiellose Leistung verdient hätte. Ohne Buhls zuletzt allein getragenes Risiko wäre die Willy-Merkl-Gedächtnisexpedition ohne Gipfelerfolg nach Deutschland zurückgekehrt, was das Aus für Karl Herrligkoffers Karriere als Expeditionsleiter bedeutet hätte.

wurde zu seinem Gral. Der Himalaja hatte ihn für immer in seinen Bann gezogen.

Dieser Karl Maria Herrligkoffer – 1916 in Schweinfurt geboren und im Chiemgau aufgewachsen, wo er die Berge der Voralpen kennen lernte – war kein Bergsteiger im herkömmlichen Sinn, eher ein Träumer. Nach dem Krieg wurde er praktischer Arzt in München und dann vor allem als Expeditionsleiter berühmt. Wie war das möglich? Ganz einfach: Er tat, was er sich vorgenommen hatte, und von Anfang an gehörten die besten Bergsteiger aus dem deutschen Sprachraum zu seinen Teams: Buhl, Kinshofer, Scholz, Hupfauer, Engl.

1952, inzwischen 35 Jahre alt, plant Herrligkoffer seine erste Fahrt in den Himalaja. Um nun sein stilles Gelöbnis einzulösen und den Berg seiner Sehnsucht endlich zu sehen, will er selbst zum Nanga. Mehr noch, er muss dorthin! Er sucht Mittel und Bergsteiger, beschafft sich eine Besteigungsgenehmigung, organisiert wie ein Besessener Ausrüstung und Reise. Um tun zu können, was allen anderen – auch seinem Bruder – versagt geblieben war, leistet er Unglaubliches und führt allen Zweiflern und Intrigen zum Trotz eine Gruppe von Bergsteigern zum «Schicksalsberg der Deutschen», wie der Nanga Parbat als höchstes Ziel des deutschen Alpinismus hochstilisiert wird. Die Unternehmung tauft er «Willy-Merkl-Gedächtnisexpedition».

Alle Fehler in der Vorbereitung sind behoben, alle Verhinderungsversuche einflussreicher Expeditionsveteranen durchschaut, die heterogene Mannschaft ist hoch motiviert, als das Team um Herrligkoffer endlich unter dem Berg steht. Hans Ertl, ein Haudegen und Filmemacher, weiß, wie schwierig der Nanga zu besteigen ist, und spielt sein eigenes Spiel. Peter Aschenbrenner, ein Nanga-Anwärter der ersten Jahre, ist zwar zu alt, um selbst an der Spitze klettern zu können, aber er hat immer noch Ambitionen. Sein junger Landsmann Hermann Buhl hingegen ist zäh und vom Ehrgeiz getrieben wie alle guten Bergsteiger, dazu risikofreudig. Er wird nicht nur Aschenbrenners Konkurrent, er ist Herrligkoffers Trumpf. Mit seinem Triumph wird Buhl zum Helden, gleichzeitig zum Rächer eines unerfüllbaren Wahns. Denn der unbestiegene Gipfel war auch Herrligkoffers Ziel, ein nie zu erreichender Fluchtpunkt all seiner Sehnsucht. Buhls Nanga Parbat musste mit Buhls Erfolg für Herrligkoffer schrumpfen, zu einem profanen Berg werden, um gleichzeitig und exklusiv sein Berg bleiben zu können. Nur so kann Merkls «Nanga» zu Herrligkoffers ganz persönlichem Heiligtum werden. Durch überlieferte ethische Werte, die er über alle anderen stellt, und das übernommene Ziel, dem er sein ganzes Leben widmet, entsteht ein einmaliges Spannungsverhältnis zwischen einem Berg und einem Menschen. Der Nanga Parbat wird Herrligkoffers Schicksalsberg. Andere Achttausender im Himalaja sind dabei nur Ersatzberge.

Die Handlungslähmung 1953 ist nach der fernen Tragödie 1934 ein zweites Schlüsselerlebnis in Herrligkoffers Leben. Was ist geschehen? Trotz Rückschlägen gelingt Hermann Buhl wie durch ein Wunder im allerletzten Augenblick die erste Besteigung des Berges. Buhl bewältigt, aufgeputscht mit der Droge Pervitin, 1300 Höhenmeter im Aufstieg. Im Alleingang erreicht er am Abend des 3. Juli 1953 den Gipfel, überlebt eine Nacht im Freien und schafft auch den Abstieg. Mit letzter Kraft kommt er zurück ins Gratlager unterhalb des Silbersattels, wo jene zwei Kameraden warten, die ihn beim «Gipfelsturm» vor allem mental unterstützten. Herrligkoffer aber, der die Expedition vom Basislager aus geleitet hat und der auf Anraten Aschenbrenners, des bergsteigerischen Expeditionsleiters, in den Tagen vor Buhls Start sogar den Rückzug befohlen hatte, ist auch jetzt unsicher in seinen Gebärden und Anordnungen, wirkt in seinen Gefühlen gespalten. Er schwankt zwischen Freude am Erfolg und Enttäuschung über Buhls Gipfelgang. Als fühle er sich verraten von den «drei Ungehorsamen», die in den obersten Lagern entgegen seinen Anweisungen agiert haben, pocht er auf Leitungsfunktion und Expeditionsvertrag. Überflügelt von Buhl, der zuletzt in Eigenregie handelte, und übergangen von der Weltöffentlichkeit, die Buhls Alleingang feiert – vielleicht auch betrogen um das Unbedingte, das die Stimme seines toten Bruders von ihm fordert, reagiert Herrligkoffer unorthodox. Das ist kein Wunder: Als der Zerrissene, der er seit 1934 ist, kann er nicht anders.

Zurück in Europa, kommen Zweifel an Buhls Erfolg auf. Der Kartograf Finsterwalder beweist den Gipfelsieg, Herrligkoffer hingegen beginnt zeitgleich eine Kampagne gegen Buhl, den er der Öffentlichkeit als Egoisten und Außenseiter darstellt. Später wird Buhl sogar verklagt und von Herrligkoffer und dessen Freunden geächtet. In den Augen Herrligkoffers bleibt Buhl bis zu seinem Tod der «Schänder» des «reinen Ideals».

Ob bewusst oder unbewusst: Der Expeditionsleiter legitimiert sich weiterhin als der alleinige Stellvertreter Merkl'scher Ideale. Nur so behält der Mythos Nanga Parbat für Herrligkoffer seine magische Kraft. Immer wieder pilgert er dorthin, in der Bestimmung, zu schaffen, was seinem Bruder zugestanden hatte, aber für diesen nicht möglich gewesen war. Und immer öfter pilgern Bergsteiger mit Herrligkoffer, diesem Besessenen des reinen Ideals, zum Nanga: zur Diamirflanke, zur Rupalflanke. Der Berg braucht sie nicht; sie brauchen ihn: für ihre Träume, für ihren nackten Ehrgeiz, zwei Jahrzehnte lang für ihre Hybris, die Ersten zu sein. 1962 gelingt in einem kühnen «Angriff» die schroffe Diamirwand. Drei Rupal-Expeditionen folgen. Das Interesse in der breiten Öffentlichkeit bleibt groß. Karl Maria Herrligkoffer ist es gelungen, den «nackten Berg» für Millionen zu einem übergeordneten Ziel zu stilisieren.

Im Bemühen um immer schwierigere Wege an immer höheren Wänden bricht 1970 eine Mannschaft zur Südwand des Nanga Parbat auf, zur höchsten Steilflanke der Erde – Gral für eine junge deutsche Bergsteigergeneration, die immer deutlicher nur mit Herrligkoffer ihre Chance sieht, in den Himalaja zu kommen. Niemand zwingt sie, aber immer mehr Spitzenbergsteiger drängen in Herrligkoffers Team. Auch 1970 kommt es zu Spannungen zwischen Expeditionsleitung und einem Teil der Mannschaft, und wieder beruft sich Herrligkoffer auf den Expeditionsvertrag und auf Merkls Ethik.

Was mit Herrligkoffers Nanga-Wahn 1934 begonnen hat und 1953 allen Unkenrufen zum Trotz von ihm umgesetzt wurde, war offensichtlich der Anfang einer Erfolgsserie, die fünfzig Jahre lang nur deshalb widersprüchlich bewertet wurde, weil die Bergsteigerszene immer schon in sich geschlossen war. Herrligkoffer hat lediglich den Fehler gemacht, jene Werte und Expeditionsverträge von Merkl zu übernehmen, die sich dieser seinerseits vom Vorläufer Paul Bauer abgeschaut hatte – Werte wie das

Führerprinzip und Verträge über die exklusive Berichterstattung, die ausschließlich dem Expeditionsleiter zustehen sollte. Diese Werte, die nie hinterfragt worden sind, waren inzwischen jedoch längst überholt. So blieb ein autoritäres System aufrechterhalten, das zuletzt sogar jene kritisierten, die es erfunden hatten.

Herrligkoffer agierte in seiner Zerrissenheit vor allem gegen diese Kritik und gegen alle weiteren Versuche, ihn zu bremsen. Statt sich mit demokratischer Expeditionsführung und widersprüchlicher Berichterstattung abzufinden, wehrte er jede Konfrontation in der Öffentlichkeit ab. Vermutlich war es zu spät für Herrligkoffer, sich mit seinen Kritikern auseinander zu setzen. So wurde das Unverständnis seiner Person gegenüber nie ganz aufgehoben, seine Erfolge als Expeditionsleiter verblassten. Leider, denn sie sind trotz allem bestechend: Erstbesteigung des Nanga Parbat, erste Zweitroute an einem Achttausender, Erstbegehung der Rupalwand, Mount-Everest-Erfolg, Erstbegehung der K2-Südwand. Dazu hat Herrligkoffer eine Reihe von Büchern und Dokumentarfilmen hinterlassen, die Einblick vor allem in die Eroberungsphase des Achttausender-Bergsteigens geben.

Es lohnt sich also, dem Menschen und Himalaja-Fahrer Herrligkoffer zu folgen, um eine Facette jener ungezählten Motivationen zu begreifen, die das Bergsteigen tragen. Gibt es doch ebenso viele Gründe, um zu den Weltbergen zu pilgern, wie es Pilger gibt, die dorthin unterwegs waren, unterwegs sind oder sein werden.

Reinhold Messner

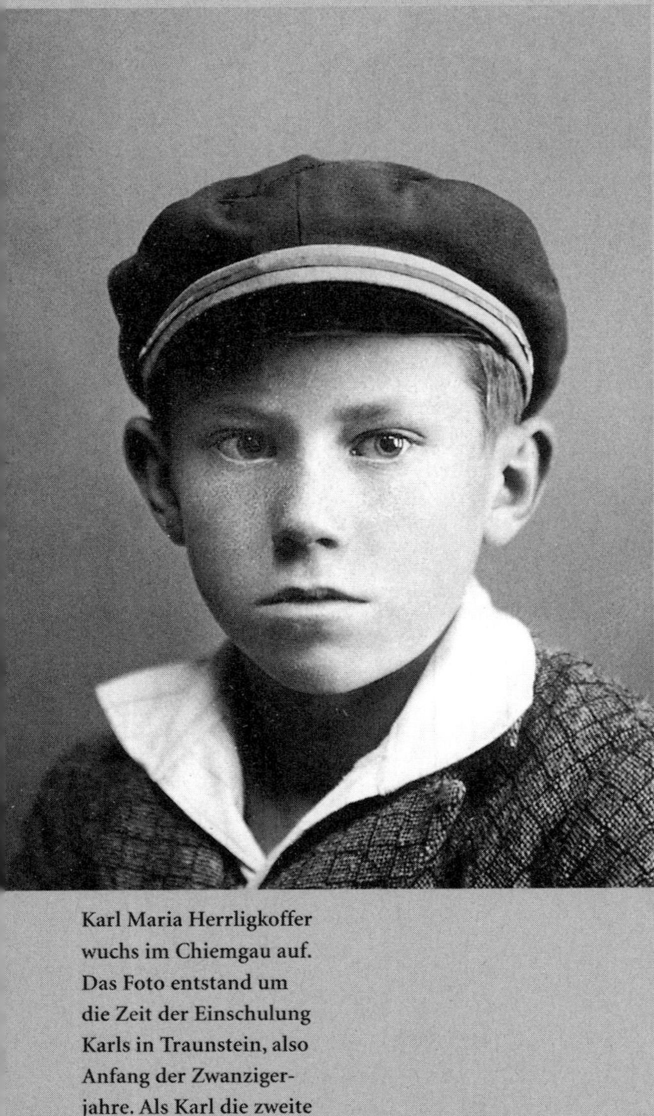

Karl Maria Herrligkoffer wuchs im Chiemgau auf. Das Foto entstand um die Zeit der Einschulung Karls in Traunstein, also Anfang der Zwanzigerjahre. Als Karl die zweite Klasse der Volksschule absolviert hatte, zog die Familie nach Prien am Chiemsee.

KARL MARIA HERRLIGKOFFER – EIN LEBENSBILD

Es gab schon Momente, in denen er gelöst und fröhlich war – in einem Freundeskreis, in dem er sich wohl fühlte. Aber im Grunde war Karl ein ernster Mensch, introvertiert, und wenn jemand auf ihn zukam, den er nicht kannte, dann wirkte er, ich würde fast sagen, schüchtern.»

Doris Kustermann ist fast zwanzig Jahre lang, bis zu seinem Tod, Karl Maria Herrligkoffers Lebens- und Expeditionsgefährtin gewesen. Wenn ein Mensch von sich sagen darf, er habe Herrligkoffer gekannt, dann ist sie es. Sie umreißt ein Bild von ihm, das leuchtende Farben ebenso wie Schattierungen birgt. Ein unermüdlicher Arbeiter sei er gewesen. Auch am Wochenende. Da sei er zu ihr in die Wohnung gekommen mit zwei großen Aktentaschen. Die eine prall gefüllt mit Arbeit aus der Arztpraxis, die andere mit Expeditionskram. Bis in die frühen Morgenstunden wäre er am Schreibtisch gesessen. Selten habe er sich Zeit genommen für Privates, und deshalb habe Doris es genossen, wenn sie mal ins Theater oder ins Konzert gegangen wären. Dabei habe er – der Klavierunterricht bekam, seitdem er zehn war, und unter anderem Chopin spielte – Musik geliebt, klassische Musik natürlich: Brahms, Bruckner. Einen Tag vor seinem Tod habe er noch gesagt, wie schlimm es für ihn wäre, dass er jetzt diese Musik nicht mehr hören könne …

Auch stur und rechthaberisch war Karl. «Wenn er etwas besonders vehement bestritt, war mir klar, dass er nicht Recht hatte», so Doris Kustermann. Die aus Expeditionen resultierenden Streitigkeiten hätten ihn nicht kalt gelassen. «Daheim ist vieles vergessen», habe er das bisweilen abgetan. Aber es war nicht so. Die Schicksale «seiner» Bergsteiger seien ihm sehr nahe gegangen. Dieser nach außen hin oft so spröde wirkende Mann besaß einen empfindsamen Kern. «Ich habe ihn nicht nur einmal weinen sehen», sagt Doris. Und großzügig sei er gewesen. Wenn Expeditionsteilnehmer etwa nur 3000 statt 9000 Mark Eigenbeitrag aufbringen hätten können, habe er eben den Rest zugeschustert. «Du hättest drei Häuser besitzen können», sagte seine Lebenspartnerin einmal zu Karl. Aber er steckte alles in seine Unternehmungen.

Willy und Karl

Am 13. Juni 1916 wird Karl Maria Herrligkoffer als Sohn des Eisenbahn-Oberinspektors Rudolf Herrligkoffer und dessen Frau Therese, geborene Merkl, in Schweinfurt geboren. Die Mutter hatte den Buben Willy (ge-

Karl M. Herrligkoffer (links) während seiner Oberrealschulzeit. Es lässt sich nicht mehr feststellen, wer die anderen Personen sind. Vergleichsaufnahmen legen nahe, dass ganz rechts Karls – und Willy Merkls – Mutter stehen könnte.

boren am 6. Oktober 1900) in die Ehe gebracht. «Im Jahre 1920 übersiedelten meine Eltern von Schweinfurt nach Traunstein – auf diese Weise kam ich in den Chiemgau.» (Herrligkoffer)

Karl habe, wie Doris Kustermann erzählt, Andeutungen gemacht, dass Rudolf Herrligkoffer den in Kaltennordheim/Thüringen geborenen Willy Merkl nicht aus ganzem Herzen mochte. Er adoptierte ihn auch nicht. Willy lebte zunächst bei der Großmutter in Nördlingen. Sie hat ihn aufgezogen. Als sie Jahre vor den Herrligkoffers nach Traunstein übersiedelte, verbrachte Willy Merkl seine Ferien dort. Später zog er ganz zu ihr.

Karl Herrligkoffer mit seinem sehr ausgeprägten Gerechtigkeitssinn passt es nicht, dass der Vater den Halbbruder nicht so richtig annimmt. Und er lehnt sich auch gegen den Vater auf. Wird nicht, wie dieser das will, Förster, sondern Arzt. Daraufhin habe Rudolf Herrligkoffer seinen Sohn Karl enterbt, wie Doris Kustermann erzählt.

Im Chiemgau findet Karl, wie vorher auch Willy, Jugendfreunde. Er tritt in den Alpenverein ein. «Die Kampenwand habe ich sicher fünfzigmal bestiegen, und zum Skifahren waren wir meist auf der Hochries oder auf dem Geigelstein.» Ab 1930 geht Karl auf die Oberrealschule in Rosenheim. In der Schwester seines Vaters, Tante Maria, findet er eine große

Gönnerin, die an liebevoller Zuwendung dem Neffen gegenüber das ausgleicht, was die Eltern offenbar vermissen lassen. Maria, von Beruf Lehrerin, fördert Karls musische Neigungen, hält ihn aber auch zum systematischen Lernen an. Er absolviert das Abitur mit einem Notendurchschnitt von 2,1 und beginnt 1935 mit dem Medizinstudium an der Universität München.

Vorher jedoch, 1934, verliert Karl M. Herrligkoffer seinen Halbbruder Willy Merkl, der vom Nanga Parbat nicht mehr zurückkommt. «Er war für ihn Vorbild, er hat ihn verehrt. Immer wieder hat er von ihm gesprochen.» (Kustermann) Karl Herrligkoffer weilt gerade mit seiner Tante Maria für ein paar Tage auf einer Alm im Hochriesgebiet. «Von unserer Almhütte aus machten wir täglich Ausflüge, meist in Richtung Spitzstein. An einem herrlichen Morgen waren wir einmal in einem latschenumrandeten Couloir und betrachteten uns aus allernächster Nähe eine Unzahl von Gämsen. Da erinnerte ich mich urplötzlich an meinen Bruder am Nanga Parbat und ich hatte das beklemmende Gefühl, dass dort etwas Schlimmes passiert sein könnte. Daraufhin sagte ich zu meiner Tante – und dies war ein reiner Gefühlsausbruch –, dass wir sofort absteigen und nach Prien zurückfahren sollten. Ich war fest davon überzeugt, dass dort irgendeine Nachricht vorliegen würde. Wir wohnten seinerzeit im ersten Stock des Bahnhofsgebäudes. Als meine Mutter die Wohnungstüre öffnete und schluchzend vor uns stand, wussten wir, dass am Nanga Parbat etwas Schreckliches passiert sein musste. Sie hatte vor wenigen Stunden von Fritz Bechtold ein Telegramm erhalten, aus dem hervorging, dass ihr Sohn Willy Merkl vom Nanga Parbat nicht mehr zurückkehren würde.»

Herrligkoffers Trauma

«Der Verlust meines Bruders hatte mich seinerzeit so tief getroffen, dass ich etwa ein halbes Jahr jede Nacht von ihm träumte. Ich erinnerte mich auch an unsere gemeinsame Klettertour an der Kampenwand-Südwand und an das Wettrudern auf dem Chiemsee mit seinen Freunden Ernst von Siemens und Toni Leiß, der inzwischen in den Alpen tödlich abgestürzt war. [Dies geschah im Beisein von Willy Merkl an der Nordwand der Gehrenspitze in der Tannheimer Gruppe. Leiß hatte von Merkl gefordert, er solle sich aus dem Seil binden, damit er – Leiß – einen Standplatz erreichen könne. Kurz darauf stürzte Leiß ungesichert und an Merkl vorbei aus der Wand; Anm. d. V.] [...] Nach all dieser schweren Zeit kam ich zu dem Entschluss, dass ich, um mit dem tragischen Tod meines Bruders fertig zu werden, seine Bergerlebnisse in einem Buch zusammenfassen musste.» (siehe Seite 59)

Das Abitur geschafft! Es eröffnete Herrligkoffer die Möglichkeit des Medizinstudiums, mit dem er 1935 an der Universität München begann. Fünf Jahre später schon wurde er promoviert.

Dieses Willy-Merkl-Erinnerungsbuch ist – denkt man sich Herrligkoffers (verständlichen) Gefühlsüberschwang einmal beiseite – ein echter alpiner Klassiker (siehe Bild auf Seite 2). Merkls bergsteigerischen Werdegang beschrieb der damals noch junge Fritz Schmitt, der Willy gut kannte. Und Merkl selbst verstand es, packend zu erzählen. Dem damals zwanzigjährigen Herrligkoffer gebührt allemal hohe Anerkennung, dass er das Buch herausbringt. Doch «fertig» mit dem Tod seines Halbbruders wird er dadurch nicht. Das Erscheinen dieses Werks mag den Verlust des Idols zwar erträglicher machen. Doch Karl fehlt die Möglichkeit, den verehrten Halbbruder «von seinem Sockel herunterzuholen» und ihn – was ihm sicher gelungen wäre – in einem realistischen Licht zu sehen. So bleibt er für ihn der ideale Mensch und Bergsteiger, und dieses Ideal lässt ihn ein Leben lang nicht los.

Von 1953 an bricht er immer wieder zum Nanga Parbat auf. Ist es bei der ersten Expedition eine «Wallfahrt», wie Herrligkoffer selbst schreibt, so wird diese wieder und wieder erneuert. Irgendwann hält er den Schuh von Merkls Orderly Gay Lay in Händen, ein andermal den Bergschuh seines Bruders, den er auch auf Vorträgen dabeihat. «Geh, lass doch das einmal mit dem Schuh», hat Doris Kustermann schon zu Karl gesagt. Vergebens. Auch den letzten Brief Willy Merkls vom 21. Juni 1934 an die Familie habe Karl immer mit sich geführt.

1977 noch verfolgt er den Plan, ein Jugendbuch unter dem Titel «Ich erfülle ein Vermächtnis» mit dem Werdegang Merkls, mit dessen Texten und mit Berichten über die Nanga-Parbat-Expeditionen von 1934, 1953, 1962 und 1970 herauszubringen. Und noch in seinem letzten Lebensjahr stellt Herrligkoffer eine Nanga-Expedition auf die Beine (siehe Seite 30 und 255), auch wenn er es selbst nicht mehr schafft, bis an den Bergfuß hochzusteigen.

Beruflich etabliert

1940 schließt Karl M. Herrligkoffer sein Medizinstudium mit dem Staatsexamen ab, wird gleichzeitig promoviert und danach Assistenzarzt an der Anatomie München. 1944 habilitiert er.

Im März 1943 war er – mit weiteren neun Münchner Ärzten – in die Polizeikaserne Berlin Ost eingezogen worden. «Diese damals plötzlich eingezogenen Ärzte waren für eine neue Polizeitruppe, die sich aus bisherigen Zivilisten bildete, für den Einsatz im Osten zusammengestellt worden.» Doch Herrligkoffer hatte sich bereits sechs Wochen vor seinen Abiturprüfungen – als Folge einer unzureichend behandelten, schweren Diphtherie – einen massiven Herzmuskelschaden zugezogen. Der bewahrte ihn nun, nach einer Nachmusterung, vor dem Fronteinsatz. Karl wurde nach München versetzt, tat vormittags in der Polizeikrankenanstalt an der Türkenstraße Dienst und arbeitete nachmittags und oft bis in die Nacht hinein – ein Polizeigeneralarzt verschaffte ihm diese Möglichkeit – wieder in der Anatomie. Aus diesem Fachbereich schreibt Herrligkoffer eine wissenschaftliche Arbeit. Seine erste – 31 weitere Veröffentlichungen des «Prof. Dr. Dr. med. habil.» sollten folgen. Karls Tante Maria war noch während seines Berlin-Aufenthalts in Rottach-Egern, wo sie eine kleine Ferienwohnung hatte, an Lungenentzündung erkrankt und einige Tage später – auch sie wurde falsch behandelt – im Krankenhaus Tegernsee gestorben. Ein weiterer schwerer Verlust für Herrligkoffer. Sein größter, wie er schrieb.

Ab 1946 arbeitet Karl M. Herrligkoffer als praktischer Arzt, ab 1948 in seiner eigenen Praxis in der Plinganserstraße in München-Obersendling. Er befasst sich unter anderem mit Augendiagnostik, Homöopathie und mit Behandlungsmethoden der Migräne, unter der er selbst seit seinem siebzehnten Lebensjahr zu leiden hat. Bei seinen Patienten gilt er als verantwortungsbewusst und beliebt. «Vor allem war er ein, auf Grund seiner intensiven Tätigkeit in der Anatomie, sehr guter Diagnostiker», sagt Doris Kustermann. Zwischen 1946 und 1951 studiert er zehn Semester Psychologie.

«Er hat einfach nie nachgelassen»

Jetzt, wo Herrligkoffer beruflich fest im Sattel sitzt, beginnt sich seine fixe Idee, Willy Merkls Weg am Nanga Parbat nochmals zu versuchen, umso stärker zu regen. Fritz Aumann, der während des Zweiten Weltkriegs unabkömmlich als Ingenieur bei der Präzisionsgerätefirma Deckel – also in Nachbarschaft zu Herrligkoffers Praxis – arbeitet und Karl 1940 über Rudl Mareks Frau (Marek und Aumann arbeiten im gleichen Konstruktionsbüro) kennen lernt, sagt zu Karl im Hinblick auf seine Nanga-Parbat-Pläne: «Du bist ein Phantast!» Doch woran niemand glaubt: Herrligkoffer schafft es, alle Hindernisse – und es sind dies nicht wenige (siehe ab Seite 72) – zu überwinden. Letztendlich hat er es allen gezeigt. 1953 fährt er mit seiner Expeditionsmannschaft zum Nanga Parbat. Bis 1986 sollten neunzehn weitere Expeditionen folgen. Über 230 Bergsteiger waren mit Karl M. Herrligkoffer unterwegs. «Er hat einfach nie nachgelassen, nie aufgegeben. Das war ein typischer Charakterzug von ihm.» (Kustermann)

In der Tat. Herrligkoffer versucht immer alles. Im November 1974 zum Beispiel möchte er über den damaligen Ministerpräsidenten von Baden-Württemberg, Hans Filbinger, Ekke Gundelachs Freistellung – er sollte mit zum Nanga Parbat, bekommt aber den erforderlichen Urlaub nicht – beim Oberschulamt Südbaden in Freiburg erwirken. 1975 schreibt er an das Bundesverteidigungsministerium, er würde ein Ärzteteam in das Erdbebenkatastrophengebiet in Nordpakistan entsenden, wenn der Bund den Transport der Hilfsgruppe übernähme. Auch politisch bezieht Herrligkoffer Stellung. So geht er zum Beispiel in Bezug auf den Abtreibungsparagraphen 218 in einem Leserbrief in der «Süddeutschen Zeitung», erschienen am 28. Februar 1976, die Deutsche Bischofskonferenz an: «Wenn diese Kreise, deren Lippenbekenntnisse von der Liebe zum Menschen Sonntag für Sonntag zu hören sind, Bestrafung fordern, so erinnert mich dies unwillkürlich an die Zeiten der Inquisition.»

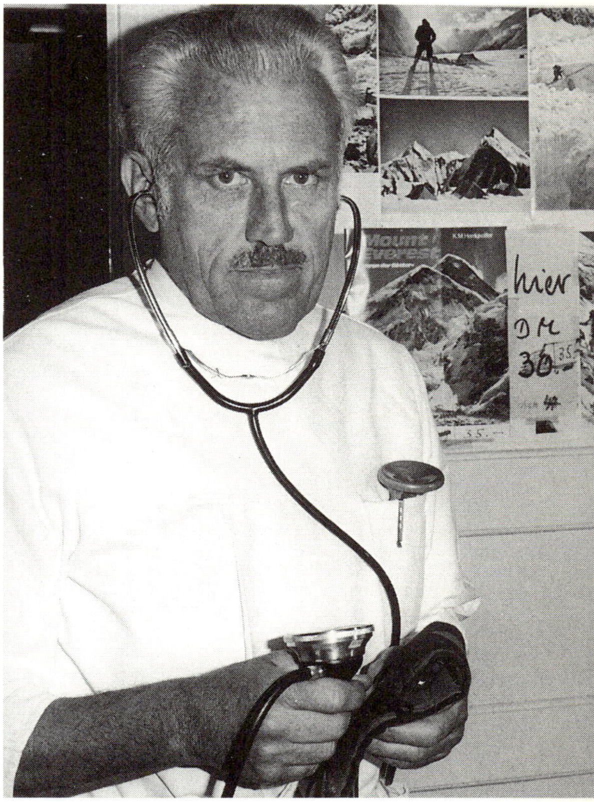

Professor Dr. Dr. Karl Maria Herrligkoffer verdiente sich seinen Lebensunterhalt als praktischer Arzt, ab 1948 in einer eigenen Praxis. Er konnte sich einen großen Patientenstamm aufbauen und war als «Doktor» sehr beliebt.

Herrligkoffers politische Ausflüge

Karl Maria Herrligkoffer, in den Siebzigerjahren CSU-Mitglied, greift aber auch aktiv in die Politik ein. Zunächst ist es eine «AVP (Aktionsgemeinschaft Vierte Partei) Bayern», in deren Landesverband er als geschäftsführendes Vorstandsmitglied wirkt. Diese AVP verfolgt ausschließlich liberale Ziele im Sinne einer Europa-Union und könne laut Herrligkoffer neben der CSU nur dann eine moralische Berechtigung haben, wenn sie eine noch stärker liberale Richtung einschlage. Herrligkoffer strebt eine Koalition mit der «Christlich-Sozialen Union» an, möchte sie im Wahlkampf mit drei Direktmandaten unterstützen, schreibt deswegen im März 1976 an Franz Josef Strauß. Vergeblich. In der Deutschen Volksunion (DVU) unter Dr. Frey glaubt Herrligkoffer zunächst Verbündete für seine Ziele zu sehen. Die DVU plant einen «Bonner Freiheitsmarsch». Doch Herrligkoffer – wach geworden – sagt die Teilnahme der AVP ab, distanziert sich von dieser Aktion, «da die Leute, die den Sternmarsch veranstalten [...], den NPD-Kreisen nahe stehen und ich [...] mit dieser politischen Richtung nicht konform gehe».

Im November 1976 tritt Karl Herrligkoffer aus der AVP aus und gründet die LBU («Liberale Bürgerunion»). Ihr Programm: Kampf gegen die Arbeitslosigkeit, intensive Förderung wissenschaftlicher Forschung, Senkung von Lohn- und Einkommensteuer für den Mittelstand, Opposition gegen den Bau von Kernkraftwerken. Im Namen seiner neuen Partei und als deren Erster Vorsitzender fordert Herrligkoffer eine wirksame Bekämpfung des Terrorismus, eine Straffung der Exekutivorgane, härtere Strafmaßnahmen gegen Gewaltverbrecher, Geiselnehmer und Raubmörder. Er träumt jetzt von einer Art bayerischer CDU, wendet sich diesbezüglich an den Parteivorsitzenden der Christlich-Demokratischen Union Helmut Kohl und erhält daraufhin Antwort vom damaligen Generalsekretär Kurt Biedenkopf: Parteigründungen würden auf Schwierigkeiten stoßen und könnten nur unter großen Opfern – wenn überhaupt – zu einem gewissen Erfolg geführt werden. Man stünde dennoch einer aktiven politischen Arbeit in einer bayerischen CDU aufgeschlossen gegenüber.

Diesmal resigniert Herrligkoffer doch. Er beschäftigt sich zwar weiterhin mit Politik, «[...] doch würde ich in keiner Partei mehr mitarbeiten, da selbst große Parteien [...] manipuliert werden und lediglich der, der ganz oben steht, noch das mitbekommt, was in Wirklichkeit von Bedeutung ist und in welche Richtung die Parteiführung die so genannten Mitläufer lenkt. Ich habe auch mit verschiedenen anderen politisch Interessierten, die sich einer Parteiarbeit zur Verfügung gestellt haben, gesprochen und dabei festgestellt, dass allmählich jeder darauf kommt, dass sich der Einsatz für eine Partei eigentlich nur für so genannte Politikprofis lohnt, nicht aber für jene Idealisten, die sich hauptamtlich noch mit ihrem eigenen Beruf beschäftigen müssen.»

Karl M. Herrligkoffer langweilt sich auch ohne aktiv Politik zu betreiben nicht. Seit 1976 ist er an der Universität Salzburg als Dozent tätig. Im Juli 1979 wird ihm die Lehrbefugnis mit dem Recht zur Führung des Titels «Honorarprofessor» ausgesprochen. Seit 1957 ist er bereits Mitglied des Lions Clubs. 1970 hatte er den «Deutschen Himalaja-Club e. V.» gegründet, dessen regelmäßige Treffen neben geselligem Beisammensein vor allem die Funktion einer Art «Expeditionsteilnehmerbörse» hatten. Im Dezember 1989 wird er auch noch Honorarkonsul.

Karl M. Herrligkoffer mit Bayerns Ministerpräsident Franz Josef Strauß. 1954 half dieser, damals Bundesminister und Mitglied des Expeditionskuratoriums, Herrligkoffer bei seiner Karakorum-Expedition aus der Patsche, als die (auch finanziellen) Schwierigkeiten übermächtig zu werden schienen.

Am Ende des Weges

Reinhold Messner sagt es treffend: Karl Maria Herrligkoffer hat es sich in seinem Leben nicht leicht gemacht. Er war, wie Fritz Aumann erzählt, kein «Smalltalker», er mochte nur ernsthafte Gespräche. Hilfsbereit war er (was der Verfasser bestätigen kann; er durfte sich für das Alpine Museum Kempten 1989 aus dem Expeditionslager aussuchen, was er nur wollte), und er konnte auch herzlich sein. Ausgesprochen wohl gefühlt habe er sich bei den jährlichen Treffen seiner Expeditionsfreunde, die jeweils immer am Jahrestag des Nanga-Parbat-Gipfelerfolges – manchmal auf dem Watzmannhaus und vor allem im «Berghaus Aschenbrenner» auf dem Kufsteiner Stadtberg vor dem Wilden Kaiser – stattgefunden haben und immer noch stattfinden. (Ironie des Schicksals: Die «Gegenpartei» Buhl, Frauenberger und Ertl hätte dort nicht nur nicht dabei sein wollen, sondern auch nicht können. Hermann Buhl starb 1957 an der Chogolisa, Walter Frauenberger wählte 1958 den Freitod, und Hans Ertl blieb von den Sechzigerjahren an – von vereinzelten Kurzbesuchen in der «Alten Welt» abgesehen – bis zu seinem Tod auf seiner «Dolorida» im bolivianischen Urwald.)

Herrligkoffer als scheinbar «zorniger junger Mann» während der «Willy-Merkl-Gedächtnisexpedition» 1953. Das Bild trügt etwas. Ohne seine organisatorische Leistung schmälern zu wollen: Während der entscheidenden Tage am Nanga wurde Herrligkoffers Autorität vor allem durch Ertl und Frauenberger mehr als in Frage gestellt.

«Ich muss alles immer 150-prozentig machen», sagte Karl M. Herrligkoffer einmal, «denn sonst fallen sie ja über mich her wie die Geier.» Dass er stets den Wunschtraum hegte, ein erfolgreicher Tat-Bergsteiger zu sein, geht nicht nur aus manchen seiner Äußerungen hervor. Auch Doris Kustermann sagt, er habe ja gern hoch hinauf wollen, doch sein angegriffenes Herz habe dies nicht zugelassen. 1986 im Karakorum sei es ihm dann schon sehr schlecht gegangen.

Karl Maria Herrligkoffer übersteht zwei schwere Herzoperationen. Sein Leben befindet sich auf der Kippe, aber einmal noch kann er den Tod in die Schranken weisen. 1990 bricht er nochmals zum Nanga Parbat auf. Sepp Walter, zusammen mit seiner Frau Marianne Teilnehmer mehrerer Herrligkoffer-Expeditionen, erzählt: «Im Hotel in Islamabad waren Ratten in das Zimmer eingedrungen, in dem Herrligkoffer und Doris schliefen. Herrligkoffer wurde in die Hand gebissen, was natürlich sehr gefährlich war und eine entsprechende medizinische Behandlung erforderte. Wir waren froh, dass er uns trotzdem noch bis zum Ende der Autofahrt im Industal begleiten konnte, da er dort mit gewohnter Routine den Trägereinsatz organisieren sollte. Aber man merkte ihm deutlich an, wie tieftraurig er war, dass er nicht mehr bis ins Basislager unter seinem geliebten ‹Nanga› mit aufsteigen konnte. Doris erzählte später, er habe damals genau gewusst, dass das das Ende war. Ich schäme mich heute noch dafür, dass wir diese Situation damals im Eifer des Anmarsches gar nicht so richtig erkannt hatten.»

Am 9. September 1991 stirbt Herrligkoffer im 76. Lebensjahr. Sein Weg zum Nanga Parbat hatte ein Ende gefunden.

Der Expeditionsleiter Karl Maria Herrligkoffer aus der Sicht seiner Teilnehmer

Herrligkoffer hat, auch wenn seine Gegner anderes behaupteten, zu keinem Zeitpunkt von sich selbst gesagt, dass er ein extremer Bergsteiger wäre. Vielleicht haben ihn Leute, die nicht viel von ihm wussten, die einige seiner Aussagen falsch interpretierten (siehe auch Seite 174) oder die vom Alpinismus nichts verstanden, als solchen gesehen. Doch Karl Herrligkoffer schreibt noch in seinem letzten Buch: «Anlässlich des internationalen Alpinismus-Kongresses von 1981 in Graz bat man mich, zum Thema ‹Expeditionsbergsteigen› ein Referat zu halten. Herbert

Tichy sollte ebenfalls darüber referieren. Als ich aber dann das Tagungsprogramm zugeschickt bekam, hieß das Thema ‹Extremes Bergsteigen› und ich rief daraufhin das Kongressbüro in Graz an in der Annahme, dass es sich um einen Druckfehler handeln würde. Es wurde mir aber versichert, dass von mir ein Vortrag zum extremen Bergsteigen erwartet werde. So musste ich also in den sauren Apfel beißen und in der Kürze der Zeit über ein Thema referieren, zu dem ich keine direkte Beziehung hatte, zumal ich nie ein Extrembergsteiger war. Ich setzte mich daher mit meinem Freund Manfred Sturm in Verbindung, und so entstand schließlich doch der gewünschte Vortrag.»

Fest steht, und dies sei hier noch einmal ausdrücklich festgehalten, dass Karl M. Herrligkoffer nicht nur im deutschen Expeditionsbergsteigen von 1953 bis 1986 eine große und wichtige Rolle eingenommen hat. Äußerungen von Teilnehmern seiner Unternehmungen belegen dies nachhaltig:

«Sommer 1976. Mehr oder weniger widerwillig sitze ich an meinen Klausurvorbereitungen. Seit Mai studiere ich in Karlsruhe Biologie und Sport. Ein Telefonanruf hat damals mein Studentenleben total durcheinander gewirbelt. Am anderen Ende der Leitung Dr. Karl Herrligkoffer. [...] Er stellte die Frage so selbstverständlich, als ob er mich für eine Klettertour in den Wilden Kaiser einladen wollte. Ob ich Lust hätte, im Herbst 1978 zum Everest mitzufahren, nicht mehr und nicht weniger. [...] Gleich am Telefon hat er mich geduzt, der leibhaftige Professor persönlich, die personifizierte Geschichte der Nanga-Parbat-Expeditionen. Der Mann, unter dessen Leitung Hermann Buhl seine beispiellose Ersteigungs-Odyssee an diesem Berg erlebte. Ich war gespannt darauf, diesen Mann persönlich kennen zu lernen.

Später, nach unserer Rückkehr, bin ich oft gefragt worden, wie es denn war mit ihm. Zunächst einmal sollte ich feststellen, dass einige von uns ohne ihn wohl nie an einem Achttausender gewesen wären, zumindest damals nicht. Heute kann man sich diese Prestigeobjekte kaufen wie einen S-Klasse-Mercedes, nur raufsteigen muss man freilich selbst noch, und das geht oft schief – wie die Katastrophen der letzten Jahre beweisen. Auch oder gerade weil heute nicht mehr das bergsteigerische Können, sondern die dicke Brieftasche über eine Expeditionsteilnahme entscheidet. Auch damals war neben bergsteigerischem Können und entsprechend guten Referenzen in Form von großen Alpentouren eines unabdingbar: ‹Vitamin B›! Expeditionen führte damals vor allem die ‹Alpenvereins-Gang› durch, eine geschlossene Gesellschaft, in der die Posten klar verteilt und damit besetzt waren. Michl Dacher, Günter Sturm, Wolfi Schaffert, Gerd Baur, Peter Vogler [Dacher, Baur und Vogler waren auch Mitglieder bei Herrligkoffer-Expeditionen; Anm. d. V.], sie und einige weitere durften damals zu den hohen Bergen. Überwiegend alle im Freistaat [Bayern; Anm. d. V.] beheimatet. Für Externe war die Tür vernagelt. Keine Chance, eine Einladung zu bekommen. Auch die Freunde Reinhard Karl und Helmut Kiene – beide Top-Alpinisten – hatten dies zu spüren bekommen. Aus Deutschland fuhren immer die Gleichen zu den Achttausendern. [...] Heute, viele Jahre später und längst zum Familien- und Genussbergsteiger mutiert, schmunzle ich über vieles von damals [gemeint ist die Everest-Expedition 1978; Anm. d. V.], doch wenn ich die alten Dias anschaue, werden die Erinnerungen schnell wieder lebendig. Natürlich auch die an Karl. Zurück blieb ihm gegenüber [...] ein Gefühl der Dankbarkeit. In meiner Erinnerung wird er immer derjenige bleiben, der mir die Eintrittskarte zum Mount Everest schenkte.» (Bernd Kullmann in einem Manuskript vom 9. Juni 2000)

Und noch einmal Sepp Walter: «Mir war es lange Zeit ein Rätsel, wie er immer wieder Sponsoren motivieren konnte, auch noch in den Siebziger- und Achtzigerjahren. Vor der Kantsch-Expedition 1980 rief mich Herrligkoffer einmal an und sagte: ‹Du wohnst doch in Freising. Fahr doch mal nach Erding und hol dort bei einer Firma etwas ab. Die wollen uns für die Expedition etwas geben.› Als ich dann in Erding mein Auto mit Konserven vollgepackt hatte, fragte ich den Betriebsinhaber, warum man denn den Herrligkoffer immer noch so unterstütze. Er sagte: ‹Das ist ganz einfach. Als wir Deutsche nach dem Krieg in der Welt noch der letzte Dreck waren, ist einer aufgestanden und hat

1953 diese Nanga-Parbat-Expedition auf die Beine gestellt, die durch Hermann Buhl auch erfolgreich war. Da war dann in der Weltpresse etwas ganz anderes zu lesen als über die gefürchteten Deutschen in den Dreißiger- und Vierzigerjahren. Das hat uns damals unendlich viel geholfen, und das vergessen wir dem Herrligkoffer nicht.› Ich sagte dann noch, dass das wohl die gleiche Situation wie ein Jahr später der Gewinn der Fußball-Weltmeisterschaft gewesen sei. ‹Genauso ist es›, war die Antwort.»

Manfred Sturm, Teilnehmer der Herrligkoffer'schen Nanga-Parbat-Expeditionen 1962 und 1975, schreibt: «Erst nach unserer Expedition [1962; Anm. d. V.] habe ich Karl Herrligkoffer richtig schätzen gelernt. Wie Reinhold Messner schon sagte: Vielleicht war er zerrissen. Aber wenn

Böse Zungen behaupten, Herrligkoffer (links, im Jahr 1953) sei ein großer «Schnorrer» gewesen. Dabei tat er etwas, was seiner Zeit um mindestens vierzig Jahre voraus war: Er suchte sich Sponsoren für seine Unternehmungen. Als Gegenleistung mussten Werbeaufnahmen gemacht werden.

Karl Maria Herrligkoffer 1978 während der Mount-Everest-Unternehmung. Er war, durch sein krankes Herz bedingt, müde geworden. Trotzdem beharrte er auf seinem (und Merkls) Expeditionsstil, obwohl der sich längst überlebt hatte. Erfolg brachte er Herrligkoffer – dank treuer Bergsteigerfreunde und stiller Stars wie Kukuczka und Piotrowski – noch immer.

er jemanden in seiner introvertierten und nach außen hin manchmal schroffen Art in sein Herz geschlossen hatte, gewann der in ihm einen zuverlässigen, väterlichen Freund. Andererseits hatte er es immer wieder geschafft, sich mit allen möglichen Leuten, vor allem mit dem Deutschen Alpenverein, anzulegen und zu streiten. Häufig habe ich versucht, ihn vor sich selbst zu schützen. Das ist mir leider nur selten geglückt. Immer wieder trat er in allfällige Fettnäpfchen.»

Herrligkoffer und der DAV

Karl Maria Herrligkoffer und der Alpenverein. Ein Kapitel für sich. Man kann sich des Eindrucks nicht erwehren, dass sich die Aversion von Seiten des DAV gegenüber Herrligkoffer von Präsident zu Präsident «weitervererbt» hat. Schade. Dabei war Karl selbst AV-Mitglied – bei der Sektion München, wo er bis heute Wertschätzung genießt!

Alles begann damit, dass sich während der Vorbereitungsphase der Willy-Merkl-Gedächtnisexpedition im Herbst 1952 die Führung des Deutschen Alpenvereins von Paul Bauers Ablehnung gegenüber Herrligkoffer «anstecken» ließ. Der Verwaltungsausschuss stellte am 12. Dezember 1952 für eine etwaige Unterstützung der Expedition Bedingungen, die jeder Beschreibung spotten. So hätte sich Karl Maria Herrligkoffer verpflichten sollen, sämtliche Verträge für die Auswertung der Unternehmung vom DAV genehmigen zu lassen. Weiter bestand der Alpenverein darauf, dass von der Teilnahme Hans Ertls Abstand genommen werden müsse. Zudem erteilte man Herrligkoffer einen «Maulkorb», indem man einen so genannten Verbindungsmann ernennen wollte, der während der Vorbereitungszeit der Expedition für Veröffentlichungen aller Art seine Zustimmung erteilen sollte. Und dann der Clou: «Der DAV behält sich vor, beim Vorliegen eines wichtigen Grundes vor der Ausreise seine Unterstützung zurückzuziehen.» Kein Wunder, dass Herrligkoffer von der Alpenvereinsspitze zunächst einmal die Nase voll hatte.

In jüngerer Zeit frustrierte Karl Herrligkoffer etwa die Tatsache, dass ihm vom Deutschen Alpenverein keine Förderung für seine für 1984 geplante Mount-Everest-Ostwand-Expedition gewährt wurde. Herrligkoffer konnte für die teure Unternehmung auf tibetischem Boden zwar ohnehin nicht die erforderlichen Mittel aufbringen. Die mangelnde Unterstützung durch den DAV wirkte sich faktisch also gar nicht aus. Doch fühlte sich Herrligkoffer, was die Förderungen seiner Expeditionen durch den Deutschen Alpenverein betraf, permanent vernachlässigt.

Nach Erscheinen von Karl M. Herrligkoffers Buch «Sieg am Kanchenjunga» monierte der damalige Erste Vorsitzende des Deutschen Alpenvereins Fritz März Unrichtigkeiten und haltlose Vorwürfe gegen Paul Bauer. (Fraglos: Bei allem Bemühen, sachlich zu bleiben, attackierte Herrligkoffer Bauer darin. Es ging ihm einfach «der Gaul durch» – was aber verständlich ist, wenn man Bauers Verhalten im Vorfeld von Herrligkoffers «Willy-Merkl-Gedächtnisexpedition 1953» in Betracht zieht).

Herrligkoffer bat März um eine Aussprache, die auch stattfand. «Dieses Gespräch [...] dauerte genau eine Stunde. In diesem Gespräch musste Dr. März sich zwar meine Argumente anhören, in keinem Punkt ging er aber auf dieselben ein. [...] Ich wies auf einige gravierende Geschehnisse hin, die sich Paul Bauer geleistet hatte. Dr. März tat dies alles damit ab, dass man zurückliegende Dinge nicht mehr aufgreifen solle und dass es nicht angehe, dass man ein Mitglied des DAV-Auslandsbergfahrtenausschusses, das heißt Paul Bauer, wegen zurückliegender Geschehnisse und Böswilligkeiten angreife. [...] Abgesehen davon, dass mir bei diesem einstündigen Gespräch der Erste Vorsitzende des DAV wie ein ‹Gottkönig› erschien, nahm er auch das Recht für sich in Anspruch, nur er dürfe diktieren und befehlen – mich aber müsse er bestrafen, indem er mir den Rat gab, ich solle in Expeditionsangelegenheiten für die nächsten Jahre (!) keine Kontakte mehr mit Gremien und Funktionären des Deutschen Alpenvereins aufnehmen.»

Dr. Fritz März schrieb mir auf meine Bitte um Darstellung seiner Sichtweise am 9. Februar 2001 Folgendes: «Das Verhältnis zwischen Herrligkoffer und dem DAV war schlecht. Als ich 1980 Häuptling wurde, hatte es sich gebessert. So bekam Herrligkoffer sogar Geld für Expeditionen. Meines Wissens zweimal. Dann trat Herrligkoffer Paul Bauer ziemlich grob und ohne jeden Anlass gegen das Schienbein. Die Himalaja-Stiftung, Teil des DAV, erfreute sich damals guten Ansehens im Deutschen Alpenverein, so dass ein zuständiges Gremium – ich weiß nicht mehr, ob der Verwaltungsausschuss oder der Ausschuss für Auslandsbergfahrten – ein neuerliches Ansuchen von Herrligkoffer abschlägig beschied. Herrligkoffer wandte sich daraufhin an mich, und ich war natürlich zu einem Gespräch bereit. Dies fand auf der Praterinsel statt. [...] Das Gespräch verlief in freundlicher Atmosphäre, obwohl ich Herrligkoffers Wunsch nach finanzieller Unterstützung nicht erfüllen konnte. Es fiel ihm schwer, dies zu verstehen, doch ich machte ihm klar, dass sein Angriff auf Bauer so schwerwiegend gewertet wurde, dass der Ausschuss Nein sagte. Ich versicherte ihm aber auch, dass dies kein endgültiger Bruch sei. Er könne schon im kommenden Jahr wieder mit Unterstützung rechnen. [...] Ich habe das betreffende Buch von Herrligkoffer nicht mehr, doch ich erinnere mich gut an seine Darstellung des Gesprächs, die grob falsch ist. So behauptet er, ich wäre ihm gegenüber gesessen wie ein Gott oder so ähnlich. [...] Ich blieb die ganze Zeit freundlich, sachlich. Ich hatte gar keinen Anlass, laut oder barsch zu werden. [...] Auch wenn ich ihm seinen Wunsch nicht erfüllen konnte, schieden wir freundlich, wie zwei Herren das eben zu tun pflegen. Er überreichte mir zum Schluss das Buch ‹Kampf und Sieg am Nanga Parbat› mit mehreren Widmungen – darunter einige von Leuten, die schon nicht mehr leben, und natürlich auch seine eigene. Ich revanchierte mich mit einem Jahrbuch. Umso erstaunter war ich, einige Zeit später eine völlig andere Darstellung dieser Unterredung in einem Buch von ihm zu lesen.»

Vergebliche Suche nach der Wahrheit

Ist das Fazit daraus, dass jeder Mensch seine eigene Wahrheit und Wahrnehmung besitzt – und dass es *die* Wahrheit überhaupt nicht gibt? Karl Maria Herrligkoffer, von Jugend an um Lauterkeit bemüht, wird sich das oftmals schmerzlich eingestehen haben müssen. In seiner 1989 erschienenen Autobiografie schrieb er:

«Gegen Ungerechtigkeiten war ich schon als junger Mensch immer sehr aufgebracht und empfindlich. Jede Ungerechtigkeit in meiner Umgebung, bei Freunden oder ganz allgemein in der Welt, erregte mich sehr, und ich fühlte mich zumindest in meinem Innern stets im Kampf gegen das Gemeine, Falsche, Ungerechte, Verleumderische, Intrigante und Ordinäre. Diese meine Einstellung zur ‹Lüge›, die in der Welt so verbreitet ist, brachte mich schon in frühester Jugend in Harnisch, und ich verdarb mir durch Offenheit auf diese Weise so manche Gunst.

In meiner Jugend hatte ich geglaubt, niemals vor einem Gericht stehen zu müssen, und der Gedanke an Streit war mir verhasst. So hoffte ich, ohne die Instanzen in meinem Leben auskommen zu können. Weit gefehlt!

Nachdem ich 1953 durch meine Nanga-Parbat-Expedition sozusagen einen ‹Schritt vor die Front› getreten war, kam ich in den Blickwinkel vieler hinter mir Stehender und somit in den Beschuss von Intriganten und bösen Geistern. Es waren meist solche, die sich durch ihre Ränkespiele persönliche finanzielle Vorteile erhofften.»

Karl Maria Herrligkoffer führte ein extrem ausgeprägtes Leben zwischen «Kampf und Sieg». Ein atemloses Dasein, das viel, viel Lebensenergie verlangte und kostete. Im Alter von 75 Jahren war sie verbraucht. 1991 verließ ein Mann das Diesseits, der bei all seinem Besessen- und Umstrittensein eine große Persönlichkeit war.

Horst Höfler

Die Mannschaft der so tragisch verlaufenen Deutschen Himalaja-Expedition 1934 mit ihren Schlüsselfiguren Willy Merkl (vordere Reihe in der Mitte), Peter Aschenbrenner (links von Merkl), Willo Welzenbach (links neben Aschenbrenner) und Erwin Schneider (ganz links). Fritz Bechtold (hintere Reihe rechts) führte die überlebenden Sahibs nach Hause.

DAS DEUTSCHE EXPEDITIONS-BERGSTEIGEN VON DEN ANFÄNGEN BIS 1952

Das deutsche Expeditionsbergsteigen vor und nach dem Zweiten Weltkrieg wurde durch zwei Persönlichkeiten geprägt: Paul Bauer und Karl Maria Herrligkoffer.

Paul Bauer durfte den Ruhm für sich beanspruchen, die Grundlagen für die späteren Achttausender-Erfolge geschaffen zu haben. Bauers Expeditionstaktik – die Errichtung von Hochlagerketten bis zu einem letzten Stützpunkt für den Gipfelsturm – wurde fast ausnahmslos von den späteren Großexpeditionen übernommen.

Reinhold Messner pries Bauers Weitblick. Paul Bauer darf als Bergsteigerpionier in einem Atemzug mit Norton, Tilman oder Shipton genannt werden. Er war ein leidenschaftlicher Vordenker und Vorkämpfer für die Phase des klassischen Himalaja-Bergsteigens, die 1950 mit der ersten Ersteigung eines Achttausenders einsetzte. Die Expeditionsmannschaften, die Bauer zum Kangchendzönga oder zum Siniolchu führte, waren – samt ihrem autoritären Leiter – verschworene Haufen, Kameraden, ja, Freunde gewesen.

Karl Maria Herrligkoffer trugen ebenfalls Leidenschaft und zäher Wille, doch war der Münchner Arzt kein Extrembergsteiger. Anders als Bauer vermochte er daher das Geschehen am Berg und an der Expeditionsspitze nicht persönlich mitzubestimmen.

Herrligkoffer galt als Organisator, der sich für seine ehrgeizigen Unternehmungen Weltklasse-Alpinisten engagierte – und sie klettern ließ. Verblüffenderweise besaß er die Fähigkeit, realisierbare Routen an großen Wänden der Weltberge zu erkennen. Die Durchstiegsmöglichkeiten etwa an einer Diamir- oder an einer Rupalwand des Nanga Parbat tüftelte Herrligkoffer selbständig aus. Natürlich diskutierte er seine Erkenntnisse mit den ihm nahe stehenden Leistungsbergsteigern. Extreme Spitzenleute schließlich verwirklichten die «theoretischen Linien».

Getragen wurde das deutsche Expeditionsbergsteigen vor und nach dem Zweiten Weltkrieg im Wesentlichen von zwei Stiftungen, die von Paul Bauer beziehungsweise von Karl Maria Herrligkoffer initiiert worden waren: von der Deutschen Himalaja-Stiftung, die in den 1990er-Jahren aufgelöst wurde und deren Archivmaterialien in die Sammlungen des Deutschen Alpenvereins eingingen, und von der Fiduziarischen Stiftung des Deutschen Instituts für Auslandsforschung (DIAF), die es immer noch gibt.

Zurück zu den Anfängen – ein geschichtlicher Abriss

So ziemlich in der Mitte des 19. Jahrhunderts errechnet das Computing Office beim Survey of India, dass «Peak XV» höher sei als jeder bis dahin bekannte Gipfel im Himalaja. Vier Jahre später erhält Peak XV – zu Ehren des Leiters der Indischen Landesvermessung von 1823 bis 1843, Sir George Everest – den Namen Mount Everest.

In den 1850er-Jahren wendet sich die Ostindische Kompanie an den weltberühmten Naturwissenschaftler Alexander von Humboldt und fragt an, ob er einen unerschrockenen, bergsteigerisch geübten, erstklassigen Fachwissenschaftler für die systematische geologische, geodätische und ethnografische Erforschung des Himalajagebirges empfehlen könne. Humboldt nennt Hermann und Adolph Schlagintweit, die Söhne eines namhaften Münchner Augenarztes. Sie sind zu diesem Zeitpunkt 28 und 25 Jahre alt. Die Nominierung wird angenommen, und den beiden Schlagintweits gelingt es durchzusetzen, dass auch ihr «kleiner» Bruder – der 21-jährige Robert – an den Expeditionen teilnehmen darf. Zwischen 1854 und 1857 bereisen diese Wissenschaftler und Abenteurer Indien und Hochasien. Dabei versuchen 1855 Adolph und Robert Schlagintweit die Ersteigung des Siebentausenders Abi Gamin im Garhwal Himal. Sie erreichen dort die beachtliche Höhe von 6785 Metern.

Albert Frederick Mummery kam 1895 (!) an der Diamirflanke des Nanga Parbat bis über 6000 Meter Höhe. Beim späteren Versuch, von der Diamir- auf die Rakhiotseite des Berges zu wechseln, blieb Mummery verschollen.

Erst 37 Jahre später sollte dieser «Höhenweltrekord» übertroffen werden: 1892 gelangt der Londoner Kunstprofessor und spätere Lord William Martin Conway am Baltoro Kangri auf 6890 Meter. An Conways Expedition nehmen als stellvertretender Leiter Major Charles Granville Bruce, der Maler Arthur David McCormick, der in London gebürtige, österreichstämmige Oscar Eckenstein und der erstklassige Walser Bergführer Matthias Zurbriggen teil. Vorrangiges Ziel ist der K2. Doch Conway sieht an ihm keine Erfolgschance und wendet sich deshalb dem technisch einfacheren Siebentausender Baltoro Kangri – von Conway als «Golden Throne» bezeichnet – zu.

Mummerys kühner Versuch am Nanga Parbat

Drei Jahre später, 1895, greift der um diese Zeit vielleicht weltbeste Bergsteiger Albert Frederick Mummery nach einem der vierzehn Höchsten – dem Nanga Parbat.

Vittorio Sella (1859–1943) nahm 1909 als Fotograf an der Großexpedition des Luigi Amedeo di Savoia («Herzog der Abruzzen») in den Karakorum teil. Seine Aufnahmen und Panoramen wurden weltberühmt.

Die Expedition mit Norman John Collie und Geoffrey Hastings – C. G. Bruce stößt später mit den Gurkhas Ragobir und Goman Singh dazu – gelangt zuerst an die Südseite des Berges. Nachdem die Briten mit Bestürzung erkennen, dass eine Ersteigung der Rupalwand aussichtslos ist, wechseln sie über den Mazenopass ins Loiba- und weiter ins Diamirtal. Dort treibt Mummery, der zähe Färberei-Erbe aus Dover, zwei Versuche an der 4000 Meter hohen Diamirflanke voran.

Beim zweiten Anstieg erreichen Mummery und Ragobir an den sich etwa in Gipfelfalllinie aufsteilenden Felsrippen etwa 6100 Meter. Doch Ragobir wird höhenkrank. Hinzu tritt die Angst vor dem Bergriesen, an dem die Eislawinen in die Tiefe donnern, an dessen Graten der Sturm heult und der auch nachts – da die beiden Bergsteiger biwakieren – nicht zur Ruhe kommt. Mummery, dem der in dieser extremen Höhe verminderte Partialdruck der Atemluft ebenfalls erheblich zusetzt, führt den Gurkha hinunter.

Nach einer weiteren Ersteigungsmöglichkeit des Achttausenders forschend, brechen Mummery, Ragobir und Goman Singh auf, um über eine der Diamascharten die Rakhiotseite des Berges sozusagen auf dem kürzesten Weg zu erreichen. «Damit entschwand Mummery, der wie ein Meteor am Bergsteigerhimmel aufgestiegen war, ins Ungewisse.» (Paul Bauer) Wo genau ist Mummery mit seinen beiden Gefährten umgekommen? Der Übergang über eine der Diamascharten kann den dreien nicht gelungen sein. Das Gelände auf der Rakhiotseite ist zu schwierig. Reinhold Messner hat das im Verlauf seiner Nanga-Parbat-Expedition 2000 an Ort und Stelle erforschen können.

Dieser frühe Vorstoß zu einem der hohen Weltberge jedenfalls sollte in der Kühnheit seines Stils jahrzehntelang nicht übertroffen werden.

Um den K2

1902 werben der spiritistischen Neigungen frönende irische Journalist Aleister E. Crowley, die Österreicher Heinrich Pfannl und Viktor Wessely und der Schweizer Jules Jacod-Guillarmod erfolglos um den K2.

Drei Jahre später versuchen sich Jacod-Guillarmod und seine Landsleute Alexis A. Pache sowie Charles A. Reymond unter Crowleys chaotischer Führung am Kangchendzönga. Die Unternehmung kostet fünf

Menschenleben. Ein Träger stürzt ab, drei weitere Kulis und Pache sterben in einem Schneebrett.

Ebenfalls 1905 gelangt der Brite Tom George Longstaff an der Gurla Mandhata bis auf 7250 Meter. Zwei Jahre danach erreichen Longstaff und die Führer Alessio und Enrico Brocherel aus Courmayeur den ersten Siebentausender-Gipfel: den Trisul (7120 m), der sich nahe der göttlichen Nanda Devi im Garhwal Himal erhebt.

Italienische Bergsteiger 1909 im K2-Gletscher, fotografiert von Vittorio Sella. «Aktionsaufnahmen» mit 30-x-40-Zentimeter-Platten auf Stativ gehörten zu den Raritäten.

1909 führt der Herzog der Abruzzen, Luigi Amedeo di Savoia – ein Enkel von König Vittorio Emanuele II. –, eine Mammut-Expedition mit 500 Trägern zum zweithöchsten Berg der Erde. Die Brocherels sind ebenso mit von der Partie wie der Führer Giuseppe Pétigax sowie der um diese Zeit schon sehr bekannte Landschaftsfotograf Vittorio Sella. «Wie sich 1892 der Engländer Conway vom Maler McCormick begleiten ließ [...], so ließ sich Luigi Amedeo von Savoyen [...] ebenfalls von einem Künstler begleiten, dem Lichtbildner Vittorio Sella. Dieser war für die K2-Unternehmung nicht nur mit Fotoapparat und Platten der Formate 30 x 40 Zentimeter sowie 20 x 25 Zentimeter ausgerüstet, sondern auch mit einer Filmkamera. Er brachte 650 Meter belichteten Film mit nach Hause, den ersten Bergfilm überhaupt.» (Gerlinde M. Witt)

Alessio und Enrico Brocherel und der Herzog quälen sich am «Abruzzengrat» bis auf etwa 6100 Meter, ungefähr bis zum Standort von Lager 1 der späteren K2-Expeditionen. Dort geben sie auf. «Man kann nicht hoffen, einen derart langen und furchtbaren Aufstieg ans Ziel zu führen, wenn man schon bei den ersten Schritten solche Schwierigkeiten antrifft. [...] Der K2 wird wohl nie bestiegen werden.» So Luigi Amedeo di Savoia über seinen Versuch.

Doch werden im Zuge der gleichen Unternehmung am Bride Peak, besser bekannt als Chogolisa und späterer Schicksalsberg des Hermann

Buhl, nahezu 7500 Meter erreicht, ehe die Eroberer – nur 150 Höhenmeter unterhalb des Gipfels – im Schneesturm umkehren müssen.

1913 gelangt Charles Meade am Kamet gar bis nahezu 7700 Meter. Das bleibt die Rekordmarke bis 1922.

Der charismatische George L. Mallory, bei allen drei Versuchen der Briten am Mount Everest Anfang der Zwanzigerjahre mit dabei, startete 1924 zusammen mit Andrew («Sandy») Irvine zu einem entscheidenden Gipfelversuch mit Flaschensauerstoff.

Die Briten am Mount Everest

1921 ziehen britische Alpinisten unter Charles Kenneth Howard-Bury erstmals zum höchsten Berg der Erde. Während des Anmarsches stirbt der über fünfzigjährige Himalaja-Pionier A. M. Kellas, der 1911 den 7128 Meter hohen Pauhunri in Sikkim ersterstiegen hatte, an Herzversagen. Im Verlauf dieser Erkundungsexpedition wird der fast 7000 Meter hohe Chang La, der Nordsattel, betreten, «der ein Vierteljahrhundert lang die Ausgangsstellung für alle Angriffe auf den Everest-Gipfel bildete» (Günther Oskar Dyhrenfurth).

1922 bricht die zweite britische Everest-Expedition, diesmal unter der Führung des mittlerweile zum General aufgestiegenen Charles Granville Bruce, von Darjeeling auf. Georges Ingle Finch, der Sauerstoffgeräte in die Unternehmung einbringt, und Captain Geoffrey Bruce – ein Neffe des Generals – kämpfen sich mit Atemhilfe aus jeweils fünfzehn Kilogramm schweren Stahlzylindern bis auf 8320 Meter. Während eines weiteren Ersteigungsversuchs kommen sieben Sherpas durch einen Lawinenunfall ums Leben.

1924 leiten General Bruce und Edward Felix («Teddy») Norton die dritte Mount-Everest-Expedition. Schlechtes Wetter mit Temperaturen bis zu dreißig Grad Celsius unter null erschwert die Unternehmung. Norton und Howard Somervell starten am 4. Juni von Lager 6 (8145 m) aus in Richtung Gipfel. Während Somervell wegen Höhenhustens und starker Halsschmerzen aufgeben muss, schleppt sich Norton ohne Flaschensauerstoff bis auf 8570 Meter.

Am 6. Juni 1924 schließlich wagen George Leigh Mallory – er war bei allen britischen Mount-Everest-Expeditionen mit dabei – und der junge Andrew Irvine einen Gipfelversuch. Noel E. Odell ist der Letzte, der die beiden Bergsteiger lebend sieht. Um 12.50 Uhr «lichtete sich der Nebel über mir, und der Gipfel wurde klar. Auf einem Schneefelde unter der vorletzten Stufe zur Gipfelpyramide erspähte ich einen schwarzen Punkt, der sich der Felsstufe näherte. Ein zweiter folgte, während der erste den Vorsprung erkletterte. Leider zog sich der Vorhang wieder zu, so dass ich nicht mehr feststellen konnte, ob der zweite Bergsteiger seinen Gefährten eingeholt hatte.»

Mallory und Irvine bleiben verschollen. «Wir waren sehr traurig. Doch empfanden wir den Tod der Gefährten mit jener Selbstverständlichkeit, die uns der Weltkrieg gelehrt hat. Wir fügten uns ins Unabänderliche. Aber die Schatten der Freunde weilten bei uns und erfüllten uns mit Wehmut. Ihre leeren Zelte und Tischplätze erinnerten uns tagtäglich daran, wie schön es hätte sein können, wenn sie heimgekehrt wären.» (E. F. Norton)

Im Verlauf der von Hugh Ruttledge geleiteten britischen Everest-Expedition 1933 entdecken P. Wyn Harris und L. R. Wager einen Eispickel der Seilschaft Mallory/Irvine. Doch sollten noch einmal 66 Jahre vergehen, bis sich das Mysterium der beiden Bergsteiger zumindest teilweise erhellt. 1999 findet Conrad Anker – Spitzenbergsteiger und Mitglied einer amerikanischen Suchexpedition, die auf Initiative des deutschen Mallory-Enthusiasten Jochen Hemmleb an den Mount Everest reist – die größtenteils erhaltene Leiche Mallorys.

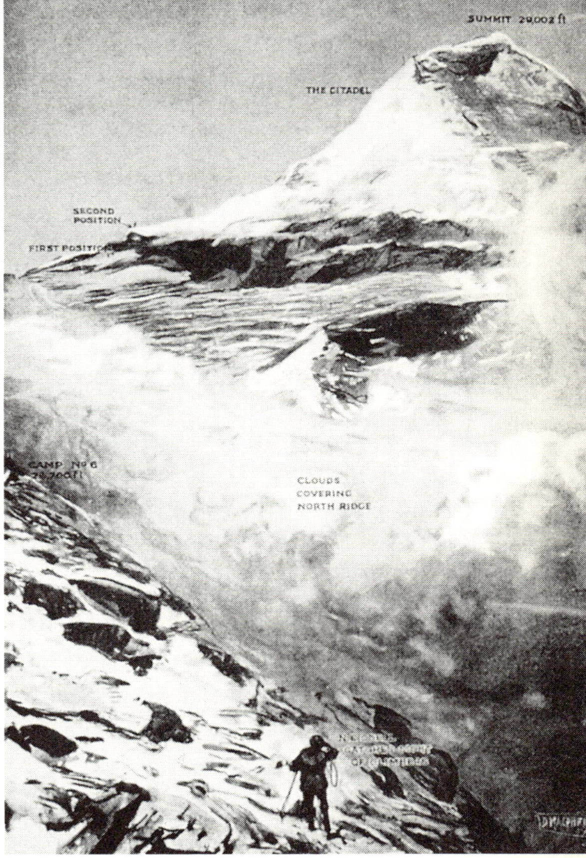

Noel E. Odell hatte Mallory und Irvine, als sich der Nebel kurz lichtete, zum letzten Mal gesehen. Aber wo? Sehr wahrscheinlich hinter der ersten Stufe (First Step). 1999 wurde Mallorys Leiche gefunden, doch das Mysterium konnte trotzdem nur teilweise erhellt werden.

Es scheint, als seien Mallory und Irvine abgestürzt. Ob sie den Gipfel der Welt erreicht haben, bleibt im Dunkeln. Sowohl Conrad Anker als auch Reinhold Messner sind sich sicher, dass die beiden Briten 1924 nicht in der Lage gewesen sein konnten, den so genannten «Second Step» am Nordgrat zu überwinden. Er war – gemäß Messner – für einen Kletterer vom Rang Mallorys technisch zu schwierig (VI. Grad), und eine Umgehung der Stufe wäre zu zeitaufwendig gewesen. Erst wenn man den Fotoapparat Irvines fände, gäbe es vielleicht handfeste Beweise dafür, ob sie ganz oben waren oder – sehr wahrscheinlich – doch nicht.

Fritz Wiessner gelangte als Leiter der amerikanischen K2-Expedition 1939 am zweithöchsten Berg der Erde bis auf nahezu 8400 Meter.

Frank Sydney Smythe, damals einer der stärksten britischen Bergsteiger, erreicht 1933 fast auf den Meter genau die gleiche Höhe wie 1924 Teddy Norton: 8572 Meter.

Im Jahr 1936 glückt Harold William Tilman und Noel E. Odell mit der ersten Ersteigung der «Göttin Nanda», der 7816 Meter hohen Nanda Devi im gleichnamigen Sanktuarium (Garhwal Himal), ein glänzender Erfolg. «Ein Ruhmesblatt in der Geschichte des britischen Alpinismus.» (Dyhrenfurth) Bis zur Eroberung des Annapurna-I-Gipfels im Jahr 1950 sollte die Nanda Devi der weltweit höchste erstiegene Berg bleiben.

1938 und 1939 nehmen sich amerikanische Bergsteiger den K2 zum Ziel. 1939 gelingt es dem in die USA ausgewanderten Sachsen Fritz Wiessner – er leitet die amerikanische Expedition – zusammen mit dem Sherpa Pasang Dawa Lama, 8382 Meter am «Berg der Berge» zu erreichen. Leider endet diese Unternehmung in einer Tragödie: Dudley Wolfe und drei Sherpas sterben. Taktische Fehler, wie etwa die nicht angeordnete Räumung der unteren Lager, begünstigen noch die Katastrophe.

Zurück zum deutschen Expeditionsbergsteigen. Paul Bauer resümiert, nachdem Mallory und Irvine verschollen bleiben: «Nach diesem tragischen Ausgang trat zunächst eine völlige Stille in dem Ringen um die höchsten Gipfel der Erde ein. Es vergingen Jahre, ohne dass jemand von neuem einen Angriff gewagt hätte. Die Engländer hatten offenbar ihre besten Kräfte verbraucht.»

Paul Bauer und sein «Kantsch»

1924 ist der in Kusel (Rheinpfalz) gebürtige Jurist und spätere Notar Paul Bauer 27 Jahre jung – ein Extrembergsteiger aus dem Kreise des elitären Akademischen Alpenvereins München (AAVM). Das zähe, heroische Ringen der Briten um den Gipfel der Welt muss Bauer fasziniert haben.

Bauer ist ein Allround-Alpinist, der schwierige Hoch- und kombinierte Touren, wie etwa den Peutereygrat des Mont Blanc, ebenso schätzt wie extreme Felsanstiege. 1923 gelingen ihm am Totenkirchl im Wilden Kaiser zwei kurze, jedoch schöne Neutouren. Zwei Jahre später durchsteigt er mit seinem AAVM-Kollegen Willo Welzenbach die Schönangerspitze-Nordwand im Wettersteingebirge (sie wird jetzt noch mit VI–/A0 bewertet) zum ersten Mal. Wiederum mit Welzenbach und Fedor Möhn glückt dem Rheinpfälzer die dritte Begehung der Fiechtl-Weinberger-

Der Kangchendzönga auf einem Ölbild von Ernst Platz (1935). Paul Bauers legendäre Versuche 1929 und 1931 am Nordostsporn (rechts) des dritthöchsten Berges der Erde waren bemerkenswerte Pionierleistungen. Erst 1977 sollte an dieser Route eine indische Expedition zum Gipfelerfolg kommen.

Route an der Westwand des Predigtstuhl-Nordgipfels im Wilden Kaiser. Doch Bauers Wollen drängt über die Alpen hinaus.

1928 kommt es zu einer von Willi Rickmer Rickmers und Philipp Borchers geleiteten Gemeinschaftsfahrt des Deutschen und Österreichischen Alpenvereins zusammen mit der Notgemeinschaft deutscher Wissenschaft und der Sowjetischen Akademie der Wissenschaften nach Zentralasien. Dabei wird zum ersten Mal der Pik Lenin (7134 m) von Eugen Allwein, Erwin Schneider und Karl Wien erstiegen.

Im gleichen Jahr ziehen Paul Bauer, Ernst Beigel, Hans Niesner und Heinz Tillmann ins Besingi-Gebiet des Zentralen Kaukusus. Die Unternehmung bringt schöne Erfolge: die erste Ersteigung des Tchumurtcheran-Tau, die Erkletterung des Katyn-Tau über seinen Nordpfeiler und die sich daran anschließende Überschreitung von Adish-Tau, Gestola und Lyalver sowie die zweite Ersteigung der Schchara auf teilweise neuer Route. Auch gelingt die erste Erkletterung der Südostkante des von Mummery eroberten Dych-Tau bis auf eine Seillänge unter den Gipfel, wo die Bergsteiger ein Gewittersturm zurücktreibt.

Bauers Sinnen gilt fortan dem höchsten Gebirge der Erde. «Nach der Rückkehr [vom Kaukasus; Anm. d. V.] beschäftigten wir uns erstmals ernstlich mit Himalaja-Plänen, zunächst noch zweifelnd, denn es war eine große Aufgabe, die die Erde dem Menschen noch stellt, aber eine Aufgabe, die gelöst werden muss, wenn wir uns rühmen wollen, die ganze

Erde zu kennen. Je mehr wir uns kritisch mit diesem Problem beschäftigten, desto sicherer wurden wir unserer Sache, ja wir empfanden es schließlich als einen kategorischen Imperativ, unsere Erfahrungen und Kräfte an diesem Punkte einzusetzen. Das erste Rundschreiben an meine Begleiter begann daher mit den Worten: ‹Es ist mir klar geworden, dass wir im Jahre 1929 in den Himalaja müssen.›»

Die äußeren Umstände für die Realisierung einer Himalaja-Expedition sind alles andere als günstig. Angesichts der Weltwirtschaftskrise muten Pläne für eine Achttausender-Ersteigung bestenfalls exotisch an. Um die Finanzierung zu ermöglichen, müssen die einzelnen Teilnehmer persönliche und zum Teil erhebliche Mittel einbringen. Der Deutsche und Österreichische Alpenverein sowie seine Sektionen Hochland und Oberland und vor allem der Akademische Alpenverein München unterstützen Bauers Anliegen großzügig.

Trotz knappster Kalkulation beträgt der finanzielle Aufwand für Paul Bauers erste Kangchendzönga-Expedition 40 000 Reichsmark. Insbesondere die langen An- und Abmarschwege treiben die Kosten hoch. Trotzdem sind sie deutlich geringer als jene der bislang durchgeführten Großexpeditionen. Vorbereitend studieren Paul Bauer und seine Freunde alles an Himalaja-Literatur, dessen sie habhaft werden können; auch die drei Schlagintweit-Bände der «Results of a Scientific Mission to India and High Asia», natürlich die Berichte der britischen Everest-Pioniere sowie die der Alpenvereinsexpeditionen nach Zentralasien und nach Bolivien. Bauer vergleicht, bezieht die im Kaukasus gemachten Erfahrungen mit ein und entwickelt seinen Expeditionsstil: «spartanische Einfachheit» – das heißt Beschränkung von Gepäck und dadurch von persönlichen Ansprüchen auf das Äußerste – und straffe Organisation.

Das entscheidende Novum bei einer deutschen Unternehmung in den Weltbergen jedoch ist die eindeutige Verweigerung einer wissenschaftlichen Prämisse. «Wir lehnten es ab, unsere bergsteigerischen Ziele hinter wissenschaftlichen Aufgaben zu verbergen.» (Bauer) Was aber keineswegs bedeutet, dass während der Kangchendzönga-Expeditionen nicht ebenfalls – sogar recht intensiv – wissenschaftlich gearbeitet worden wäre. Ganz im Gegenteil: Die allesamt akademisch gebildeten Teilnehmer bringen wertvolle höhenphysiologische, glaziologische und meteorologische Forschungsergebnisse sowie die Grundlage für eine erste fotogrammetrische Karte des Kangchendzönga-Gebiets mit nach Hause.

Heikles, ausgesetztes kombiniertes Gelände – Lockerschnee erschwert das Vorwärtskommen – am Nordostsporn des «Kantsch» auf etwa 6300 Meter Höhe. Ein schwieriger Anstiegsversuch auf einen großen Achttausender Anfang der Dreißigerjahre.

Paul Bauer, Soldat aus Überzeugung, leitet seine beiden Kangchendzönga-Expeditionen 1929 und 1931 – die er (wie die Briten ihre Mount-Everest-Unternehmungen) als nationale Angelegenheiten versteht – fast militärisch. Die einzelnen Mitglieder, die Bauer persönlich auswählt, haben sich dem Leiter unterzuordnen. Das geht deshalb gut, weil sämtliche Bergsteiger (einschließlich des Leiters) eine verschworene Gemeinschaft bilden. Sie stammen allesamt aus dem Freundeskreis des Akademischen Alpenvereins München und kennen sich von vielen Touren her. «Kanonen» wie Willo Welzenbach hingegen lehnen es von vornherein ab, sich einer autoritären Führung zu beugen, und verfolgen lieber eigene Pläne. Wie dem auch sei: Die Teilnehmer der Bauer'schen Expeditionen kommen als die zurück, die sie vor ihren monatelangen Strapazen waren – als Freunde. Bis weit hinein in die 1980er-Jahre noch pflegen sie, hochbetagt, ihre Treffen. Und ihren gestrengen Chef nennen sie in herzlicher Zuneigung «Bäuerle».

Zwar gelingt es weder 1929 noch 1931, den Gipfel des Kangchendzönga zu erreichen. Doch wird der technisch schwierige Nordostsporn des Berges mit Hilfe einer Hochlagerkette in seiner gesamten Ausdehnung bis hinauf zum Sporngipfel (7700 m) erstiegen. Diese objektiv sichere, jedoch sehr anspruchsvolle Route ist ihrer Zeit um wenigstens dreißig Jahre voraus. Erst 1962 kann an der Diamirflanke des Nanga Parbat ein Extremdurchstieg bis zu einem Achttausender-Gipfel realisiert werden (siehe Seiten 106 bis 127).

Paul Bauer wies den Weg dorthin. «Erfahrene Männer haben übereinstimmend erklärt, dass der Angriff auf den Kantsch niemals übertroffen worden ist, sei es an Kühnheit, das heißt in Urplan und Ausführung, sei es an methodischer Berücksichtigung der Einzelheiten, das

Nach dem Kangchendzönga richtete sich das Augenmerk der deutschen Leistungsbergsteiger auf den Nanga Parbat (hier eine 1934 belichtete Aufnahme aus dem Rakhiot-Eisbruch). Die Engländer bezeichneten den westlichen Eckpfeiler der Himalaja-Kette als den «Deutschen Berg».

heißt in der Vorbereitung und am Berg selbst. Kenntnis, Mut, Bergtechnik und Instinkt, hartnäckiger Entschluss, Initiative und Originalität kamen in höchstem Maße zum Ausdruck.» So Francis Younghusband.

Paul Bauers Route am Kantsch wird 1977, im ersten Jahrzehnt des modernen Himalaja-Bergsteigens, von einer indischen Militärexpedition unter Colonel N. Kumar vollendet. Vom letzten Lager am Nordgrat auf 7990 Metern brechen Major Prem Chand und ein Sherpa in Richtung Gipfel auf, den sie nach einem Biwak erreichen.

Das Ringen um den «Schicksalsberg der Deutschen»

Neben dem Kantsch rückt – durch den Schriftsteller, Chronisten und Alpinisten Walter Schmidkunz mit forciert – der Nanga Parbat ins Interesse der deutschen Bergsteigerschaft. Kein Geringerer als Willo Welzenbach plant für 1930 eine Expedition zu diesem mächtigen westlichen Eckpfeiler der Himalaja-Kette. Damit gerät er allerdings in eine Konkurrenzsituation zu Paul Bauer, der in diesem Jahr zum zweiten Mal den Kangchendzönga versuchen möchte.

Welzenbach ist es nicht möglich, seinen Expeditionsplan zu verwirklichen. Er nimmt einen erneuten Anlauf für 1931, doch jetzt will Bauer, verständlicherweise, nicht noch einmal zurückstehen. Auch kann der Akademische Alpenverein München nur eine Unternehmung finanziell unterstützen. Ein eigens konstituierter AAVM-Ausschuss gibt Bauers Kantsch-Expedition den Vorrang.

1932 glaubt sich Welzenbach endlich am Ziel seiner Wünsche – und bekommt den erforderlichen Urlaub nicht. Willy Merkl leitet die von Willo Welzenbach geplante «Deutsch-Amerikanische Himalaja-Expedition» zum Nanga Parbat. Sie scheitert. Immerhin wird der Rakhiot Peak (7070 m) erstmals erstiegen und die Route hinauf zum Silbersattel als machbar erkannt.

Paul Bauer hat indessen seinen Kantsch nicht «abgeschrieben». Er rüstet für 1933. Gerade in diesem Jahr aber ziehen die Engländer, nach neunjähriger Pause, zum Mount Everest (siehe Seite 45). Bauer muss passen: Die besten Hochträger haben sich den Briten verpflichtet. Also verschiebt er den Kangchendzönga auf 1934! Als Paul Bauer jedoch seine Absichten dem Reichssportführer Hans von Tschammer und Osten vorträgt, erfährt er, dass Willy Merkl eine maßgeblich von der Deutschen

Reichsbahn finanzierte Nanga-Parbat-Expedition bereits behandelt und genehmigt bekommen hat.

Diese 1934er-Unternehmung, an der auch Welzenbach teilnimmt, endet bekanntermaßen mit der bis dahin größten Katastrophe, die Bergsteiger je ereilte: Alfred Drexel erliegt schon während der Anfangsphase einer Lungenentzündung. Wieland, Welzenbach, Merkl und sechs Hochträger finden beim Rückzug vom Silbersattel den Erschöpfungs-/Unterkühlungstod. Der Nanga Parbat, von den Engländern bereits als «Deutscher Berg» bezeichnet, wird zum «Schicksalsberg der Deutschen».

Fritz Bechtold führt die Expedition nach Hause und tilgt mit Vortrags- und Buchhonoraren die noch bei der Deutschen Reichsbahn bestehenden Schulden. Die von Erwin Schneider für 1935 geplante Nanga-Parbat-Expedition wird vom Reichsbund für Leibesübungen zurückgestellt.

Die Deutsche Himalaja-Stiftung und ihre Expeditionen

1936 gründen Paul Bauer, Fritz Bechtold und der Reichssportführer Hans von Tschammer und Osten die «Deutsche Himalaja-Stiftung». Jeder der Gründer bringt 5000 Reichsmark ein. Satzungsgemäß verfolgt die Stiftung «den Zweck, bergsteigerische Kundfahrten in den Himalaja und andere entlegene Gebirge durchzuführen, sie zu fördern und Mittel für diese Zwecke zu werben. Mit den rein bergsteigerischen Aufgaben können auch wissenschaftliche Aufgaben verbunden und gefördert werden.»

Sämtliche Ausrüstungsstücke und Instrumente, alles fotografische Negativmaterial sowie Film-, Bild- und sonstige Urheberrechte der beiden Kangchendzönga- sowie der Nanga-Parbat-Expeditionen 1932 und 1934 gehen in die Deutsche Himalaja-Stiftung ein. Von ihrem Gründungsjahr an bis zum Ausbruch des Zweiten Weltkriegs finanziert sie maßgeblich alle deutschen Himalaja-Expeditionen, und zwar mittels der Gelder, die die Mitglieder früherer Unternehmungen durch ihre publizistischen Tätigkeiten und Vorträge erwirtschaften und uneigennützig der Stiftung zuwenden.

Nanga Parbat anstatt Kantsch

Auch Paul Bauers Streben gilt jetzt dem Nanga Parbat. «Wir, das heißt meine Kameraden vom Kangchendzönga und ich, stellten schweren Herzens ‹unseren Berg›, den Kantsch, trotz mancher Kritik, die wir deshalb erfuhren, vorläufig zurück. Zusammen mit Bechtold entschlossen wir uns, all unsere Kräfte dem Nanga Parbat zu widmen, dem Berg, an dem unsere Kameraden geblieben waren.»

Bereits 1936 wäre die Deutsche Himalaja-Stiftung in der Lage, eine Expedition zum neunthöchsten Berg der Erde zu entsenden. Nachdem aber eine große französische Mannschaft im westlichen Himalaja und im Karakorum operiert, lässt die Regierung von Kaschmir keine weitere Unternehmung in ihr Hoheitsgebiet einreisen.

Doch Bauer macht das Beste aus der Situation und zieht mit seinem Expeditionsfreund von 1931 Karl («Carlo») Wien sowie mit Günther Hepp und Adolf Göttner ins Kangchendzönga-Gebiet. Dort werden die hohen Sechstausender Siniolchu – einer der schönsten Berge der Erde – und Simvu erstmals erstiegen. Diese «Kundfahrt», wie Bauer sie nennt, würde man heutzutage als «Trainingsexpedition» bezeichnen.

Karl Wien führt denn auch 1937 eine starke Mannschaft zum Nanga Parbat. Der Expeditionsleiter sowie Adi Göttner und Günther Hepp bilden ihren Kern. In der Nacht vom 14. auf den 15. Juni überrollt eine Lawine gigantischen Ausmaßes Lager 4. Carlo Wien, Martin Pfeffer, Pert Fankhauser, Günther Hepp, Hans Hartmann, Adolf Göttner, Peter Müllritter und neun Hochträger sterben unter den Schnee- und Eismassen.

Unmittelbar nach der Hiobsbotschaft, am 24. und 25. Juni 1937, verlassen Paul Bauer, Fritz Bechtold und Karl von Kraus Beruf und Familien, um zu helfen – zumindest, um zu bergen. Am 7. Juli bereits erreicht die Bergungsexpedition das Hauptlager, und zwischen 20. und 22. Juli gelingt es ihr, Pfeffer, Hartmann, Hepp, Wien und Fankhauser in etwa 6200 Meter Höhe auszugraben und an Ort und Stelle zu bestatten. Freigelegte Tagebücher und persönliche Ausrüstung der Verunglückten werden in die Heimat gebracht.

Paul Bauer will es nun wissen. Die Nanga-Parbat-Expedition 1938 leitet er selbst. Fritz Bechtold ist zum vierten Mal am «Schicksalsberg». Mit ihm sollen die starken Kletterer Mathias Rebitsch und Ludwig Schmaderer endlich den Erfolg bringen. Für die Versorgung von Basislager und Hochlagern wird ein Flugzeug, die legendäre «Ju-52», eingesetzt. Doch katastrophale Wetterverhältnisse lassen die Unternehmung bei etwa 7300 Metern scheitern. Immerhin kehren alle Bergsteiger mit heiler Haut zurück.

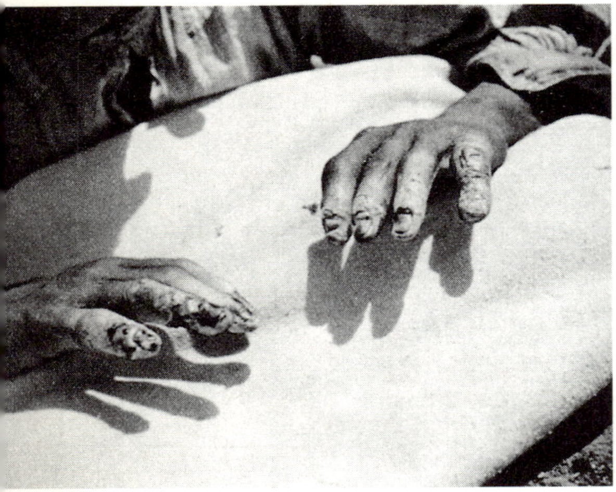

1939 erkunden Peter Aufschnaiter, der Eiger-Nordwand-Mann Heinrich Harrer, Hans Lobenhoffer und Lutz Chicken die Diamirflanke des Nanga Parbat nach einer Durchstiegsmöglichkeit. Sie erreichen an zwei verschiedenen Wandzonen jeweils etwa 6000 Meter Höhe. Zurück in Karatschi, sehen sie sich der Bedrohung durch den Ausbruch des Weltkriegs ausgesetzt. Sie werden verhaftet und, nachdem England Deutschland den Krieg erklärt, interniert. Aus dem Lager Dehra Dun gelingt Harrer und Aufschnaiter 1944 ihre legendäre Flucht nach Tibet.

Erschütternde Bilder einer großen Tragödie (1934): oben die erfrorenen Hände des Sherpas Pasang.

Rechte Seite: Links Ang Tsering, Merkls zweiter Orderly, der sich ins Basislager heruntergerettet hatte, rechts Fritz Bechtold (oben); auch der Hochträger Kikuli kam mit dem Leben davon, wurde erschöpft und halb erfroren ins Lager 4 gebracht (unten).

Nach dem Zweiten Weltkrieg

Wiederum gibt es in Deutschland, nach verlorenem Weltkrieg und Währungsreform, Wichtigeres als den «Kampf um den Himalaja» oder das «Ringen um den Nanga Parbat». Dort haben sich die politischen Verhältnisse grundlegend geändert. Der Nanga gehört jetzt zu Pakistan, die alten Zugangswege können nicht mehr benützt werden.

1950 versuchen die Engländer Crace, Marsh und Thornley eine Wintererkundung des Achttausenders. Crace und Thornley kommen dabei um.

Im gleichen Jahr möchte der Münchner Rudl Peters, der Erstdurchsteiger der Grandes-Jorasses-Nordwand, eine kleine Erkundungsexpedition ins Gebiet des Makalu führen. Sie scheitert an der Finanzierung. (Und, wie Herrligkoffer behauptet, an Intrigen Paul Bauers.)

Ins Jahr 1950 fällt freilich auch der erste Achttausender-Erfolg. Maurice Herzog, der Leiter der starken Französischen Himalaja-Expedition, und Louis Lachenal, Bergführer aus Annecy, quälen sich am 4. Juni 1950 bis zum Gipfel des Annapurna I (8078 m). Mit schwersten Frostschäden – Herzog erfriert sich die Hände, Lachenal die Füße – kehren die «Gipfelsieger» nach Frankreich zurück.

In Deutschland formiert sich die Himalaja-Stiftung neu. Aus ihr heraus wird 1951 zudem die «Deutsche Himalaja-Gesellschaft» gegründet. Sie verfolgt vorrangig den Zweck, die deutschen Himalaja-Erfahrungen und die aus den deutschen Himalaja-Expeditionen herrührenden Bilder,

Filme, Tagebücher und sonstigen materiellen und geistigen Werte zu bewahren. Auch ausländische Himalaja-Bergsteiger können Mitglieder dieser Gesellschaft werden.

Wenngleich die finanziellen Möglichkeiten der Deutschen Himalaja-Stiftung nach der Währungsreform stark eingeschränkt sind, ist der Nanga Parbat «bei uns nicht vergessen. Bechtold, Rebitsch, Ruths und alle, die in Deutschland von den Expeditionen noch übrig waren, planten einen neuen Angriff» (Paul Bauer). Man denkt über einen kürzeren Zugang zum Ostgrat des Berges nach, erkennt eine günstige Aufstiegsmöglichkeit von Süden, also von der Rupalseite her, zum Rakhiot Peak.

In all diese Überlegungen und Planungen hinein platzt unter der Autorenschaft «K. M. H.» am 19. Juli 1952 in der «Süddeutschen Zeitung» der leidenschaftliche Spendenaufruf für eine Expedition zum Nanga Parbat. «Wir entschieden uns sofort: Wenn hier ein großes Unternehmen im Gange war, so mussten wir unsere Pläne zurückstellen und mithelfen. Der Initiator des neuen Planes war, wie sich nach einigen Tagen herausstellte, Dr. Karl Herrligkoffer, ein Stiefbruder [in Wirklichkeit Halbbruder; Anm. d. V.] Willy Merkls, in Bergsteigerkreisen unbekannt und auch sonst ohne einschlägige Erfahrung.» (Paul Bauer)

Zwischen Herrligkoffer und den maßgebenden Personen der Deutschen Himalaja-Stiftung und der Deutschen Himalaja-Gesellschaft kommt es zu keinem Konsens. Auch die Führung des Deutschen Alpenvereins unterstützt Herrligkoffers Expeditionsvorhaben nicht. Doch allen Widerständen zum Trotz setzt sich der glühend vom Himalaja besessene Arzt durch. Es gelingt ihm, 1953 eine ausgezeichnete Bergsteigermannschaft zum Nanga Parbat zu führen.

Bekanntlich wird der «Schicksalsberg der Deutschen» bei dieser «Deutsch-Österreichischen Willy-Merkl-Gedächtnisexpedition» – wenige Wochen nach dem Erfolg von Edmund Hillary und Tenzing Norgay Sherpa am Mount Everest – durch Hermann Buhl mit seinem beispiellosen, legendären Alleingang von Lager 5 aus erstmals erstiegen. Der grandiose Erfolg stärkt Herrligkoffers Stellung in der Öffentlichkeit. Er beziehungsweise die auf seine Initiative hin 1952 gegründete «Gesellschaft zur Förderung deutscher Forschung im Ausland» (ab 1953 «Deutsches Institut für Auslandsforschung») sollte fortan des deutsche Expeditionsbergsteigen dominieren.

Geänderte Zielsetzung bei der Deutschen Himalaja-Stiftung

Zwar bringen auch die von der Deutschen Himalaja-Stiftung nach dem Zweiten Weltkrieg durchgeführten oder unterstützten Expeditionen noch schöne bergsteigerische Erfolge. Doch gelingt es – teilweise durch ausgesprochen unglückliche Umstände bedingt – nicht, an die großartigen Leistungen zwischen 1929 und 1939 anzuknüpfen. Hinzu kommt, dass auf Grund der neuen Gemeinnützigkeitsverordnung der Bundesrepublik Deutschland der wissenschaftliche Charakter der Stiftungsarbeit stärker betont werden muss. 1954 ist eine Satzungsänderung erforderlich. Paragraph 2 wird nunmehr folgendermaßen gefasst:

«Die Deutsche Himalaja-Stiftung bezweckt

– die naturwissenschaftliche Erforschung des Himalaja und anderer entlegener Gebirge, insbesondere glaziologisch, geologisch, kartografisch, botanisch, allgemein geografisch und höhenphysiologisch,

– die wissenschaftliche Auswertung der Forschungsergebnisse und

– deren Sammlung in ihrem Archiv.

Als Teilnehmer der Forschungsreisen sollen Personen ausgewählt werden, welche die Gewähr bieten, dass sie die wissenschaftliche Arbeit fördern, die Ergebnisse ausarbeiten oder dabei mitwirken.»

Paul Bauer kommentiert die Änderung der Stiftungssatzung so: «Die Entwicklung, die das Bergsteigen in Deutschland genommen hat, legt es nahe, von dem Wettrennen um die Achttausender oder Siebentausender abzurücken. Diese Beschränkung auf Unternehmungen, die die Erforschung des Himalaja-Gebirges zum Ziel haben, entrückt die Stiftung gleichzeitig vielen unerfreulichen Erscheinungen.» Gegenüber der Maxime Bauers von 1929, die das rein Bergsteigerische in den Vordergrund hob, ist das eine Wendung gerade ins Gegenteil.

1956 kommt es zu einer Vereinbarung zwischen dem Deutschen Alpenverein und der Deutschen Himalaja-Stiftung. Diese tritt dem DAV bei und führt von da an die Bezeichnung «Himalaja-Stiftung im Deutschen Alpenverein». Beide Institutionen bilden einen gemeinsamen Ausschuss, «der alle im Zusammenhang mit Auslandsbergfahrten und der wissenschaftlichen Erforschung des Himalaja und anderer entlegener Gebirge auftretenden Aufgaben zu erfüllen hat». Die durch den Zusammenschluss bedingte Satzungsänderung der Stiftung wird Anfang Januar 1957 vom Bayerischen Staatsministerium für Unterricht und Kultus genehmigt.

Die Expeditionen der Deutschen Himalaja-Stiftung während der 1950er-Jahre

Für die Deutsch-Österreichische Himalaja-Karakorum-Expedition 1954 stellt die Deutsche Himalaja-Stiftung die ersten Mittel zur Verfügung. Die Gesamtleitung dieser Kundfahrt obliegt Mathias Rebitsch. Leiter der Wissenschaftlergruppe ist Wolfgang Pillewitzer.

Die Expedition zieht in den teilweise noch unerschlossenen westlichen Karakorum. Doch sie ist vom Pech verfolgt, wird überschattet vom Tod des Geodäten Karl Heckler im Hunzafluss. Martin Schließler und Dolf Meyer gelingt es, wenigstens einen der Batura-Gipfel – laut Dyhrenfurth ist es der Batura-Vorgipfel (6845 m) – zu ersteigen.

Bergsteigerisch erfolgreich verläuft die vier Mann starke Deutsche Nepal-Expedition 1955, die von Heinz Steinmetz geleitet wird. Es gelingen – neben einigen Fünf- und Sechstausendern – die ersten Ersteigungen von Annapurna IV (7524 m) und Kang Guru; Gipfel, die keinen Geringeren als H. W. Tilman abgewiesen hatten.

Die Deutsche Karakorum-Expedition 1959, geführt von Hans Jochen Schneider, steht wiederum unter einem schlechteren Stern. Rudolf Bardodej und der Hochträger Kabul scheitern knapp unterhalb des Diran-Gipfels.

Während des weiteren Verlaufs der Unternehmung trifft die Nachricht ein, dass die Britisch-Deutsche Batura-Expedition, die sich den Hauptgipfel, Batura I, zum Ziel gesetzt hat, von einem schweren Unglück heimgesucht worden sei. Die Deutsche Karakorum-Expedition wird um Hilfe ersucht. Eine Bergsteigergruppe – geführt von Gerhart Klamert, der die Nordseite des Batura-Hauptkammes von der 1954er-Unternehmung her kennt – eilt sofort dorthin. Doch vergebens der Aufstieg bis weit über 5000 Meter hinauf, vergebens das stundenlange Absuchen der Eisflanken und Gletscherabbrüche unterhalb des Batura-Hauptgipfels mit starken Ferngläsern: Fünf Bergsteiger, darunter die Deutschen Martin Günnel und Albert Hirschbichler – der Vater der heutigen Spitzenbergsteigerin Barbara Hirschbichler –, bleiben verschollen.

Die Deutsche Himalaja-Stiftung kommt während der Fünfzigerjahre ihrem satzungsgemäßen Auftrag der naturwissenschaftlichen Erforschung entlegener Gebirge in vorbildlicher Weise nach. Bergsteigerischer Ruhm wird vielleicht nicht mehr mit jener zähen Beharrlichkeit gesucht, mit der sich die Kämpfer vom Kantsch oder – 1934 – diejenigen vom Nanga Parbat an die Bergriesen krallten. Dabei sind die Kletterer der Nachkriegs-Stiftungsexpeditionen durchaus Spitzenleute. Martin Schließler, Seilpartner von Hermann Buhl, zählt zur absoluten deutschen Elite. Auch Dolf Meyer ist ein hervorragender Extrembergsteiger, dem mit Schließler die Erstdurchsteigung der Peitlerkofel-Westwand in den Dolomiten glückte. Das Tourenverzeichnis eines Rudl Bardodej strotzt von schwierigen Unternehmungen. Er gehörte zu jenen dreien, die 1949 den berühmten «Schmuck-Kamin» an der Fleischbank-Ostwand im Wilden Kaiser erstdurchstiegen hatten. Anderl Heckmair war 1951 noch der Walkerpfeiler gelungen, und Rebitsch vollendete 1946 und 1947 seine legendären Routen an den Laliderer Wänden im Karwendel. Sowohl er als auch Bardodej und Heckmair haben Mitte/Ende der Fünfzigerjahre freilich den Zenit ihrer Leistungsfähigkeit hinter sich.

Jürgen Wellenkamp, der Stärkste der Deutschen Nepal-Expedition 1955, stürzt ein Jahr später in den südlichen Bergeller Bergen in für ihn unschwierigem Gelände ab und stirbt im Krankenhaus an seinen Verletzungen. Ob er – dieser extreme Charakter – der Besessenheit der «Grenzgänger» verfallen war? Buhl, Lachenal, Terray, Bonatti, Messner, Kukuczka, Humar hatten und haben sie. Auch ein Karl Maria Herrligkoffer gehörte – wenngleich in anderer Weise – zu denen, die von ihren Ideen fast krankhaft zu Erfolgen getrieben werden.

Deutsche Himalaja-Stiftung kontra Herrligkoffer

Herrligkoffer ist kein Bergsteiger in Paul Bauers Sinn. Willy Merkl hat seinen sehr viel jüngeren Halbbruder zwar bisweilen zum Klettern mitgenommen – immerhin sogar in die Kadner-Führe des Kampenwand-Hauptgipfels (V) –, doch ein Extremer ist Karl M. Herrligkoffer trotzdem nie geworden. Das hat er auch selbst immer wieder betont.

Herrligkoffer bewundert seinen Halbbruder, er glorifiziert ihn nahezu. Bereits als Zwanzigjähriger bringt er – unter Mitwirkung des damals schon versierten Alpinschriftstellers Fritz Schmitt – das Buch «Willy Merkl. Ein Weg zum Nanga Parbat» heraus.

Der Grundstock für die Finanzierung dieses Buches stammt aus den durch die Auswertung der 1934er-Expedition erwirtschafteten Geldern. Sie stand, als Bechtold sie nach Deutschland zurückgeführt hatte, ge-

Die mächtige, extrem von Lawinen bedrohte Nordostwand des Nanga Parbat. Links der Südostgipfel («Silberzacken»), rechts der Nordostgipfel (7785 m).

genüber der Deutschen Reichsbahn mit einem beträchtlichen Schuldenberg da. Bechtold gelang es, diesen mit Vortragshonoraren und vor allem mit den Tantiemen für sein Buch «Deutsche am Nanga Parbat», das zigtausendmal verkauft wurde, zu tilgen, sogar einen Überschuss von etwa 50 000 Reichsmark zu erzielen. Er floss weitestgehend der Deutschen Himalaja-Stiftung zu.

Über seine gesetzlichen Vertreter, die Eltern Therese und Rudolf Herrligkoffer, beansprucht der junge Karl Maria plötzlich, rechtmäßiger Erbe des Nachlasses der Nanga-Parbat-Expedition 1934 zu sein. Es kommt zu einem Vergleich. Bechtold zahlt an Karl M. Herrligkoffer 1150 Reichsmark aus und stellt Tagebuchblätter und Fotos der Merkl-Expedition für das Erinnerungsbuch «Ein Weg zum Nanga Parbat» (erschienen 1936) zur Verfügung.

Doch Herrligkoffer ist damit nicht zufrieden. Er moniert beim Reichssportführer von Tschammer und Osten, dass sich Bechtold und Bauer nicht engagiert genug für das Merkl-Buch eingesetzt hätten. Immerhin werden davon einige Auflagen gedruckt.

Die Erbansprüche Herrligkoffers und sein Verhalten hinsichtlich des Buches scheinen die Keimzellen für die jahrzehntelange schroffe Ablehnung, die der Arzt durch Paul Bauer erfährt, zu sein. Hinzu kommt, dass «der Mann vom Kantsch» Herrligkoffer als Bergsteiger nicht für voll nimmt. Immerhin aber zollt er ihm Anerkennung für seine Zähigkeit.

Das Deutsche Institut für Auslandsforschung und seine Expeditionen

In der Tat ist Karl Maria Herrligkoffer von dem glühenden Drängen besessen, seine Expedition möge am Nanga Parbat endlich erfolgreich sein. Bereits 1951 schreibt der Mediziner an Heinz Baumeister, den ehemaligen Führer der Arbeitsgemeinschaft der Reichsbahn-Turner- und Sportvereine: «Der Willy-Merkl-Weg muss noch einmal versucht werden!»

Herrligkoffer engagiert eine erstklassige Mannschaft. Vor allem Hermann Buhl scheint ein Garant für die Gipfelersteigung zu sein. Freilich ist es ein zusammengewürfelter Haufen, der da zum Nanga Parbat fährt. Gut, da gibt es die bewährte Seilschaft Buhl/Rainer. Doch die Jugendfreunde sind seit ihrem Erfolgs-Kletterjahr 1950 nicht mehr ein Herz und eine Seele. Die Differenzen kamen schleichend. Äußerungen Rainers in

einem Fernsehinterview in den Achtzigerjahren lassen vermuten, dass Kuno Rainer mit Buhls Kompromisslosigkeit nicht mehr zurechtkam. Am Nanga raufen sie sich allerdings noch einmal zu einer Zweckgemeinschaft zusammen.

Außer Buhl und Rainer, den beiden Tirolern, sind da die Sektionskameraden Otto Kempter und Hermann Köllensperger, da wären Herrligkoffers Freunde Albert Bitterling und Fritz Aumann, und da ist Walter Frauenberger aus dem Salzburger Land, der in den Dreißigerjahren mit Paul Schwarzgruber im Garhwal Himal war und den Buhl 1948 auf dem Fleischbank-Gipfel im Wilden Kaiser kennen lernte.

Als bergsteigerischen Leiter kann Herrligkoffer den Kufsteiner Peter Aschenbrenner, Teilnehmer der Nanga-Parbat-Expeditionen 1932 und 1934, gewinnen. Hans Ertl, der «Bergvagabund», stößt ebenfalls noch zur Mannschaft, die so gänzlich anders ist als Paul Bauers «verlorene Rotten» 1929 und 1931 am Kantsch.

Bei Herrligkoffers Expeditionsmitgliedern kennen sich wohl Einzelne untereinander, doch müssten diese Grüppchen erst zu einem gut funktionierenden Team zusammenwachsen. Dass dies so ganz nicht gelungen ist, zeigen die Auseinandersetzungen nach dem Nanga-Parbat-Gipfelerfolg.

Hier muss man freilich einräumen, dass sich selbst Paul Bauers Expeditionsmannschaften nach 1931 nicht mehr ausschließlich aus seinen Freunden vom Akademischen Alpenverein München rekrutierten. Adi Göttner oder Pert Fankhauser waren keine AAVMler. Auch Paul Bauer schielte mit Recht auf hervorragende Leistungsträger außerhalb seines engeren Freundeskreises.

Wie schon Willy Merkl in den 1930er-Jahren, so schließt auch die Gesellschaft zur Förderung deutscher Forschung im Ausland mit den einzelnen Teilnehmern Expeditionsverträge ab. Deren Wortlaut ähnelt in manchen Paragraphen dem der Merkl-Verträge. Nicht wenige Passagen sind sogar wörtlich übernommen.

Mit diesen Expeditionsverträgen wird vor allem der Zweck verfolgt, dass die Gelder, die einzelne Bergsteiger durch Vorträge und Aufsätze über die Unternehmungen erwirtschaften, größtenteils dem Institut zufließen. Dadurch ist es möglich, neue Expeditionen zu finanzieren. Als problematisch stellt sich – zumindest bei zwei Herrligkoffer-Unternehmungen – der Urheberrechtsparagraf des Expeditionsvertrages heraus, und zwar dann, wenn einzelne Teilnehmer den offiziellen Expeditionsbericht des Leiters nicht als authentisch akzeptieren.

Finanzierung und Taktik

Karl Herrligkoffer kauft sich aus dem gesamten Bundesgebiet Firmenadressen ein. Dorthin schreibt er, mit großem Erfolg, «Bettelbriefe» zur Unterstützung seiner Expeditionen. 1953 zeigen sich auch Mitglieder der Sektion München des Deutschen Alpenvereins, die zwei Teilnehmer (Kempter und Köllensperger) stellt, und viele Privatpersonen als spendenfreudig. Publikationsrechte werden vorab exklusiv an einen Buchverlag und an eine Illustrierte verkauft. Der zu drehende Dokumentarfilm wird vorfinanziert.

Diese Methoden der Geldbeschaffung fordern die Kritik sowohl der Deutschen Himalaja-Stiftung als auch des Deutschen Alpenvereins heraus. Der Vorsitzende des DAV-Verwaltungsausschusses Albert Heizer prägt anlässlich der DAV-Hauptversammlung 1953 in Bad Reichenhall, auf Karl M. Herrligkoffer gemünzt, den Begriff des «Expeditions-Managers». Heutzutage wäre dies kaum eine ehrenrührige Bezeichnung. 1953 aber kochen die Emotionen hoch. Heinrich Klier etwa – Extrembergsteiger, Verfasser des ersten Alpenvereinsführers und Jahrzehnte später Vorstandsmitglied der Stubaier Gletscherbahn – meint, «dass niemand ein Bergsteiger ist, der aus den Bergen etwas herausschlagen will, sei es Bleierz oder Kristall, Kohle oder Silber, Geld oder Ruhm ...»

Herrligkoffers Finanzierungsstrategie, die allein der wirtschaftliche Aufschwung in Deutschland nach dem Zweiten Weltkrieg ermöglicht, ist dem heutigen Bemühen von Expeditionsleitern und -bergsteigern um Sponsoren nicht unähnlich. In dieser Hinsicht ist der Münchner Arzt seiner Zeit um dreißig, vierzig Jahre voraus. 1953 freilich galt seine «öffentliche Bettelei» (böse Zungen sprechen von «Schnorrerei») in konservativen Bergsteigerkreisen als Ungeheuerlichkeit. Doch auch die Nachkriegsexpeditionen der Deutschen Himalaja-Stiftung bettelten – mussten betteln –, wenn auch nicht so laut.

Die bergsteigerische Vorgehensweise bei den Herrligkoffer'schen Expeditionen gleicht denen der Bauer'schen und der Merkl'schen: Von einem Basislager aus werden mit Hilfe der Träger mehrere Hochlager eingerichtet. Vom höchstgelegenen dieser Lager erfolgen dann die Versuche, den Gipfel zu ersteigen. Diese Expeditionstaktik wird zumindest an Achttausendern als die einzig mögliche erachtet.

Kleinexpeditionen wie diejenige von Tichy/Jöchler am Cho Oyu (1954) oder die von Schmuck/Buhl am Broad Peak (1957) bilden Ausnahmen. Sie weisen aber bereits auf den künftigen «Alpen»- beziehungsweise «Alpinstil», den Reinhold Messner und Peter Habeler 1975 am Hidden Peak mit ihrem «beweglichen Hochlager» in großartiger Manier verwirklichen sollten. Daneben behält die von Bruce und Bauer in den Zwanzigerjahren erdachte Vorgehensweise mit Hochlagerketten – insbesondere für kommerzielle Unternehmungen – bis heute Aktualität.

Immer wieder Nanga Parbat

Nach dem Erfolg von 1953 möchte Karl Maria Herrligkoffer im darauf folgenden Jahr zum K2. Hierfür lässt der Arzt Expeditionsgut in Gilgit zurück – eine Taktlosigkeit gegenüber den Amerikanern, die 1953 dort scheiterten, sagen die Kritiker. Indessen zieht 1954 die italienische Großexpedition unter Ardito Desio zum zweithöchsten Berg der Erde, und Herrligkoffer versucht den Broad Peak. Dort werden von Ernst Senn und Michl Anderl 7200 Meter Höhe erreicht.

Ab Anfang der 1960er-Jahre wird erneut der Nanga Parbat zu Herrligkoffers Hauptziel. Bei seiner Expedition 1962 gelingt es Toni Kinshofer, Anderl Mannhardt und Siegi Löw, die 4000 Meter hohe, sehr schwierige Diamirflanke bis zum Gipfel zu durchsteigen. Damit ist die erste Zweitroute an einem Achttausender verwirklicht worden. Eine Pioniertat: ein Vorgriff auf die moderne Phase des Himalaja-Bergsteigens. (Bereits ein Jahr später holen sich die US-Amerikaner Tom Hornbein und William Unsoeld die erste Zweitroute am Mount Everest. Über den Westgrat und durch eine Schlucht an der Nordwand – heute «Hornbeincouloir» – klettern sie auf den Gipfel der Welt.) Leider wird der Erfolg an der Diamirflanke von einem tragischen Unfall überschattet: Löw stürzt während des Abstiegs vom Gipfel und zieht sich dabei tödliche Verletzungen zu (siehe Seite 116). 1970 ist dann die Zeit reif für die großen Himalaja-Wände. Die Durchsteigung der Südwand des Annapurna I bildet den Auftakt, gefolgt von der Direkten Rupalwand am Nanga Parbat. (Letztere ist bis 2001 nicht wiederholt worden, während es an der Annapurna-Südwand mittlerweile mehrere Durchstiege gibt.)

Schon seit 1963 gilt Herrligkoffers Streben der Rupalwand des Nanga, der höchsten Steilwand der Erde. Die vierte Expedition dorthin, die «Siegi-Löw-Gedächtnisexpedition», bringt den Erfolg. Reinhold und Günther Messner und, einen Tag später, Felix Kuen und Peter Scholz erreichen den Gipfel. Doch werden diese unerhörten Leistungen abermals durch eine Tragödie erschüttert: durch den Tod von Günther Messner. Nach einem Notabstieg der Brüder Messner über die Diamirflanke wird der Jüngere praktisch fast am Fuß des Berges von einer Eislawine erschlagen.

Nach zwei vergeblichen Versuchen, den Rakaposhi (7788 m) erstmals über den Nordgrat zu ersteigen, und nach der «Ersten Europäischen Mount-Everest-Expedition», bei der an der heiß umworbenen Südwestwand des höchsten Berges der Erde 8350 Meter erreicht werden, stellen sich 1978 wieder Gipfelerfolge ein. Im Verlauf der von dem bekannten französischen Bergsteiger und Politiker Pierre Mazeaud und Karl Maria Herrligkoffer geleiteten Deutsch-Französischen Mount-Everest-Expedition kämpfen sich dreizehn Europäer und drei Sherpas über die Normalroute bis zu den magischen 8848 Metern.

1978 war die Normalroute durch das Western Cwm, über Lhotse-Wand, Südsattel und Südostgrat auf den Mount Everest noch etwas Besonderes. Szene aus dem damals gefürchteten Khumbu-Eisfall.

1980 zieht eine Herrligkoffer-Expedition zum Kangchendzönga. Über die Yalungflanke (Normalroute) erreichen Georg Ritter und die Sherpas Lhakbar Gyalbu und Nima Dorje den Gipfel sozusagen «in letzter Minute».

Die 1981er-Expedition zum Nanga-Parbat-Südwestgrat bringt keinen Gipfelerfolg. Ein Jahr später aber wird der schwierige und vor allem gefährliche Ostpfeiler des Nanga Parbat – ohne Frage eine der ganz großen Himalaja-Routen – erstmals durchstiegen. Der Schweizer Ueli Bühler erreicht den 8042 Meter hohen Südgipfel. Es ist dies die letzte von Herrligkoffer selbst geleitete Nanga-Parbat-Expedition.

Auf dieser phantastischen Aufnahme von Erwin Schneider aus dem Jahr 1934 sind über den von großen Wechten gesäumten Ostgrat (links der «Mohrenkopf») hinweg Nanga-Parbat-Hauptgipfel, Schulter, Bazhinscharte und Vorgipfel (von links) zu sehen. Links im Profil der 1982 erkletterte Ostpfeiler. Die Route verläuft verdeckt links der Steilkante.

1986 führt der mittlerweile Siebzigjährige eine große internationale Gruppe in den Karakorum. Im Verlauf dieser Unternehmung wird der Broad Peak über seine Normalroute erstiegen. Am K2 hingegen gelingt den Polen Jerzy Kukuczka und Tadeusz Piotrowski eine neue Route an der Südostwand. Während des Abstiegs über den Abruzzengrat stürzt Piotrowski tödlich ab.

Neben all seinen Himalaja-Unternehmungen sollte man Herrligkoffers Faible für die Arktis und für die Antarktis nicht vergessen. Letztere sollte für ihn ein unerfüllter Traum bleiben. Immerhin aber glücken zwei erfolgreiche Grönlandfahrten.

Nach dem Erfolg am K2 plant und versucht das Deutsche Institut für Auslandsforschung weitere hochinteressante Projekte an der Diamirseite des Nanga Parbat. Doch im September 1991 stirbt Karl Maria Herrligkoffer im Alter von 75 Jahren.

Herrligkoffer war als Expeditionsleiter umstritten. Unbestritten aber sind seine Ideen, sein Organisationstalent und die Tatsache, dass er vielen jungen – und nicht nur deutschen – Extremalpinisten zwischen 1953 und 1986 erstmals die Tür in den Himalaja öffnete. Hermann Buhl, Jörg Lehne, Toni Kinshofer, Sigi Hupfauer, Reinhold Messner, Hans Engl, Ueli Bühler – das sind nur einige jener Spitzenbergsteiger, die von Herrligkoffer die Chance geboten bekamen, sich an den Weltbergen zu bewähren und sich dadurch einen guten Namen zu machen. Karl Maria Herrligkoffer hatte Freunde und schuf Freundschaften zwischen «seinen» Bergsteigern. Und er zeigte sich großzügig, wenn es vorkam, dass Expeditionsteilnehmer auf Grund ihrer wirtschaftlichen Situation nicht die volle Höhe des geforderten finanziellen Eigenbeitrags leisten konnten.

Wie das deutsche Expeditionsbergsteigen nach dem Zweiten Weltkrieg ohne einen Karl Maria Herrligkoffer verlaufen wäre, wissen wir nicht. Fest steht, dass es wesentlich durch ihn und seine Unternehmungen geprägt worden ist.

Die Mannschaft der Deutsch-Österreichischen Willy-Merkl-Gedächtnisexpedition 1953. Von links: Walter Frauenberger, Hans Ertl, Kuno Rainer, Hermann Köllensperger, Peter Aschenbrenner, Otto Kempter, Fritz Aumann (direkt über ihm Karl Maria Herrligkoffer), Albert Bitterling, Hermann Buhl.

DEUTSCH-ÖSTERREICHISCHE WILLY-MERKL-GEDÄCHTNISEXPEDITION 1953

Nach dem Annapurna I und dem Mount Everest ist der Nanga Parbat der dritte Achttausender, der erstiegen werden kann. Trotz aller Anfängerfehler, trotz aller Gegner, trotz aller Versuche, die unternommen werden, um Karl M. Herrligkoffers Expedition zu verhindern: Der 35-jährige Arzt schafft es, die Unternehmung an den Nanga Parbat zu führen. Eine Gruppe von Herrligkoffer-Freunden, jungen Extrembergsteigern der Alpenvereinssektion München, «Altstars» – und einen Tiroler Ausnahmebergsteiger, Außenseiter, Bergbesessenen. Peter Aschenbrenner, Fritz Aumann als bergsteigerisch tüchtiger Hauptlagerverwalter, Albert Bitterling, Hermann Buhl, Hans Ertl, Walter Frauenberger, Otto Kempter, Hermann Köllensperger, Kuno Rainer und Rhabar Hassan als Verbindungsoffizier – das sind die Teilnehmer der «Willy-Merkl-Gedächtnisexpedition». Die erste deutsche Himalaja-Expedition nach dem Zweiten Weltkrieg ist zugleich der Beginn der «Ära Herrligkoffer» im deutschsprachigen Expeditionsbergsteigen.

Zunächst sind da Träume. «Mit neunzehn Jahren schrieb ich auf die Rückseite eines Porträtfotos meines Bruders [Willy Merkl; Anm. d. V.], was ich in meinem Leben zu schaffen hoffe und welche Aufgaben ich mir selbst stelle. Da hieß es unter anderem: ‹Habilitation in Medizin – Forschungsexpedition zum Nordpol – Zweitstudium in Psychologie – Blockhaus am bewaldeten Berghang, um dort Muße zu finden für philosophische Studien und zum Schreiben.›»

Wie klar Karl M. Herrligkoffer bereits seinen beruflichen Werdegang sieht! Auch der Wunsch, auf Expedition zu gehen, ist schon vorhanden. Der Nordpol und das Blockhaus bleiben Traum. Schreiben sollte Herrligkoffer trotzdem viel: wissenschaftliche Arbeiten, über ein Dutzend Bücher, eine Vielzahl von Artikeln und Briefe, Briefe, Briefe …

«Am Ende des Zweiten Weltkriegs schien für uns Deutsche der Himalaja in unerreichbar weite Fernen entrückt zu sein. Erst im Jahre 1950 wurden sich bayerische Bergsteiger ihrer Himalaja-Tradition aufs Neue bewusst. Rudl Peters fasste damals als Erster den Plan, mit einer kleinen Mannschaft eine Makalu-Expedition durchzuführen. Er konnte die Unterstützung des Deutschen und auch des Österreichischen Alpenvereins gewinnen. Seine Werbetrommel rüttelte aber auch die ehemalige Deutsche Himalaja-Stiftung wach. […] Zwar schien sie nach dem Zusammenbruch 1945 entschlafen zu sein, doch im Herbst 1951 konstituierte sie sich erneut. Als damals im Münchner Ärztehaus von der Himalaja-Stiftung und der ihr angeschlossenen Himalaja-Gesellschaft – einer Förderungsgemeinschaft, der ich ebenfalls angehörte – eine Gedenkstunde für den im Jahre 1931 am Kanchenjunga abgestürzten Hermann Schaller veranstaltet wurde, hatte ich Gelegenheit, wenigstens losen Kontakt zu Himalaja-Bergsteigern aufzunehmen. Nach Beendigung der Veranstaltung fragte ich Paul Bauer, ob ich als Arzt an einer der nächsten Nanga-Parbat-Expeditionen teilnehmen könne. Bauer aber lehnte strikt ab, obwohl er wusste, dass ich der Bruder von Willy Merkl war. Diese Brüskierung veranlasste mich, nun eigene Pläne für eine Expedition zum Nanga Parbat zu schmieden.» (Herrligkoffer in seiner Autobiografie)

In Herrligkoffers «Nanga Parbat 1953» hingegen ist zu lesen: «Als mein Bruder Willy Merkl im Juli 1934 am Grat unterm Silbersattel des Nanga Parbat starb, war ich siebzehn [richtig: achtzehn] Jahre alt. Ich verstand damals noch nicht, was es bedeutete, einen zehn Tage und Nächte währenden Kampf gegen den Tod zu führen und unterliegen zu müssen. Ich war traurig, weil ich den großen Bruder verloren hatte, mein heimliches Vorbild. Erst im Jahre 1937, als abermals Deutsche am Nanga Parbat starben, als in wenigen Sekunden sieben hervorragende Bergsteiger mit ihren neun treuen Sherpas ihr Leben verloren [während der von Karl ‹Carlo› Wien geleiteten Nanga-Parbat-Expedition der Deutschen Himalaja-Stiftung; Wien kam in der verheerenden Lawine, die Lager 4 auslöschte, selbst um; Anm. d. V., siehe auch Seite 53], da erfasste mich die Tragik des Geschehens mit ihrer ganzen Gewalt. Es war nur allzu verständlich, dass ich damals den Vorsatz fasste, dem Schicksal zu trotzen, einmal mit einer starken Mannschaft auszuziehen und das Vermächtnis aller Toten vom Nanga Parbat zu erfüllen.»

Dies deckt sich mit der betreffenden Passage im (unveröffentlichten) Manuskript «33 Jahre Himalaja-Abenteuer» aus dem Jahr 1987; Herrligkoffer hat diesen Text nahezu unverändert übernommen.

Der vehemente Gegner Paul Bauer

Was immer auch Karl M. Herrligkoffer antreibt: Der Brief an Hans Baumeister vom 10. Oktober 1951 (siehe Seite 60) verrät, dass der 35-jährige Arzt zu einer Nanga-Parbat-Expedition entschlossen ist. Er holt sich von

Paul Bauer, *der* deutsche Expeditionsleiter vor dem Zweiten Weltkrieg (hier bei seiner zweiten «Kantsch»-Unternehmung 1931), war von 1952 an Herrligkoffers großer Widersacher.

Baumeister Rat – und schreitet zur Tat. Dass er ohne Genehmigung des bayerischen Innenministeriums zu Spenden aufruft, bringt sofort Kritiker auf den Plan. Deshalb gründet Herrligkoffer am 30. Oktober 1952 zunächst eine «Gesellschaft zur Förderung deutscher Forschung im Ausland» (am 1. Dezember 1952 als Verein genehmigt; Anm. d. V.), bei der er Schriftführer ist. Aus ihr wird 1953 die fiduziarische (also staatlich unabhängige) Stiftung «Deutsches Institut für Auslandsforschung», das am 23. Dezember 1953 vom Finanzamt für Körperschaften München als gemeinnützig anerkannt und von Herrligkoffer sowie von Dr. jur. Georg Roeber geleitet wird.

Es darf als bekannt vorausgesetzt werden, dass Paul Bauer – der für sich und seinen bergsteigerischen Freundeskreis die alleinige Kompetenz (zwischen 1936 und 1939 hatte er mit seiner «Deutschen Himalaja-Stiftung» das Monopol) für das deutsche Himalaja-Bergsteigen auch nach dem Zweiten Weltkrieg noch in Anspruch nimmt («Peters scheiterte an der Himalaja-Stiftung»; Herrligkoffer) – Karl M. Herrligkoffer bekämpft, wo er nur kann. Auch – man muss es leider so sagen – «unter der Gürtellinie». Für Bauer ist Herrligkoffer eine Persona non grata. Er wirft ihm vor, nicht einmal ein «einfacher Bergsteiger» zu sein (was mitnichten stimmt), dass keinerlei Voranschlag und Plan für die Unternehmung vorlägen und dass er nach dem Tod von Willy Merkl persönlichen Gewinn aus der Expedition 1934 gezogen habe (gemeint ist das Willy-Merkl-Buch; siehe Seite 25).

Dass es so weit kommt, daran ist Herrligkoffer nicht unschuldig. Zwar hatte er für seine «Deutsch-Österreichische Willy-Merkl-Gedächtnisexpedition» ein hochkarätiges Kuratorium, dem der Münchner Oberbürgermeister Thomas Wimmer als Ehrenprotektor, hochrangige Persönlichkeiten aus Medizin und Forschung, Politik und Wirtschaft sowie der gesamte Vorstand der Alpenvereinssektion München angehören, ins Leben rufen können. Doch erweist dieses sich, als es vom Expeditionsleiter nicht weiter über den Fortgang der Vorbereitungen unterrichtet wird, plötzlich als recht «stumpfe Waffe» gegenüber Bauer. Im Sommer 1952 lädt Thomas Wimmer zu einem Treffen ins Alte Münchner Rathaus ein. Mit dabei sind neben Herrligkoffer und Anderl Heckmair – der hier noch

Nach dem Nanga-Parbat-Erfolg 1953 auf dem Flughafen München-Riem. Ganz rechts der Ehrenprotektor der Expedition, der populäre Münchner Oberbürgermeister Thomas Wimmer, der unbeirrt zu Karl Maria Herrligkoffer (links neben ihm) hielt. Links neben Herrligkoffer Hermann Buhl und dessen Frau Generl.

als Vertreter der Expeditionsmannschaft auftritt, später vermitteln wollte und sich zuletzt aus dem potenziellen Teilnehmerkreis zurückzog – unter anderem auch DAV-Funktionäre und Fritz Bechtold sowie Paul Bauer von der Deutschen Himalaja-Stiftung, sozusagen als Fachkompetenz.

Nun werden Karl M. Herrligkoffers Planungsschwachpunkte offenbar. Ein Prüfungsausschuss (laut Herrligkoffer «Aktionsausschuss»; Anm. d. V.), geführt von Albert Heizer – damals zweiter Vorsitzender des Deutschen Alpenvereins und anfänglich durchaus positiv gegenüber Herrligkoffers Expedition eingestellt –, soll nun Herrligkoffers Pläne in die Mangel nehmen. Mit in diesem Ausschuss sitzen natürlich auch Bauer und Bechtold als Vertreter der Deutschen Himalaja-Stiftung.

Bei Bauer, der seine Expeditionen generalstabsmäßig durchzog, rufen Herrligkoffers Planungsentwürfe nur Kopfschütteln hervor. Auch der Deutsche Alpenverein – das Gros der Führungsvertreter des Hauptvereins, nicht jene der Sektion München oder einzelne Funktionäre wie etwa Paul Hübel, Ottmar Raab, Ludwig Aschenbrenner – stellt sich gegen Herrligkoffer, bis zuletzt.

Die Deutsche Himalaja-Stiftung tritt aus dem Prüfungsausschuss aus, Bauer selbst jedoch gibt keine Ruhe. In seinem Innersten möchte er verhindern, dass Herrligkoffer zum Nanga Parbat fährt. Der Hauptausschuss des Deutschen Alpenvereins stimmt im Februar 1953 offiziell gegen eine Unterstützung Herrligkoffers. Dieser tritt daraufhin mit Ober-

Perfekte Medienarbeit: Walter Pause «fütterte» 1953 eine Millionenleserschaft mit News von der Nanga-Parbat-Expedition und Kurzgeschichten über die Teilnehmer.

bürgermeister Thomas Wimmer vor die Medien, berichtet über seine Expeditionsvorbereitungen und poltert gegen den DAV und Paul Bauer. Der Journalist Walter Pause, mit Herrligkoffer gut bekannt, schreibt ein Pamphlet in der Zeitschrift «Revue», das ebenfalls auf Bauer zielt.

Herrligkoffer ist verständlicherweise in Harnisch. Klar, er macht Fehler, krasse Fehler. Zunächst beantragt er die Einreisegenehmigung bei der Regierung von Kaschmir, obwohl der Nanga Parbat nunmehr auf pakistanischem Hoheitsgebiet liegt. Also fährt Karl Herrligkoffer nach Asien und richtet seinen Antrag an die pakistanische Regierung. Vergebens. Herrligkoffer beschreitet ganz einfach falsche Wege. Zurück in Deutschland, läuft das Bewilligungsverfahren endlich richtig. Wenigstens konnte Karl Herrligkoffer in Pakistan Hunzaträger für seine Unternehmung gewinnen. Die bewährten Sherpas bleiben ihm freilich vorenthalten: Die Briten, die das für frühere – auch für Bauers – Himalaja-Expeditionen gemanagt hatten, ziehen selbst zum Mount Everest. Außerdem ist Herrligkoffer, als Himalaja-Neuling, noch ein unbeschriebenes Blatt. Es nützt auch nichts, dass Herbert Eschner aus der Sektion München – er ist ebenfalls für die Teilnahme an der Expedition vorgesehen, bekommt jedoch den erforderlichen Urlaub zu spät bewilligt – eigens mit dem Ziel nach Darjeeling reist, eventuell doch noch Sherpas engagieren zu können. (Nach dem Nanga-Parbat-Gipfelerfolg gratuliert Mrs. Henderson vom Himalayan Club Darjeeling Herrligkoffer, bedauert all die Schwierigkeiten, die er hatte, und vor allem, dass er ohne Sherpas auskommen musste.)

Wie stellt sich die Situation vor Karl M. Herrligkoffers erster Abreise zum Nanga Parbat dar?

Zuspruch von vielen Seiten

Herrligkoffer und sein bergsteigerischer Leiter Peter Aschenbrenner reisen nach Bonn. Es kommt zu einem Treffen im Bundesinnenministerium. Auch der Erste Vorsitzende des DAV Alfred Jennewein ist mit dabei. Immerhin. Herrligkoffer werden Einreisegenehmigungen und Pässe zugestanden. Der Deutsche Alpenverein entschließt sich zu einem windelweichen «Jein» gegenüber der Unternehmung. Vielleicht kommen sie ja doch hinauf auf den Nanga Parbat? DAV-Schriftleiter Fritz Schmitt verweist elegant auf die Alpenvereins-Expeditionstradition seit 1912 und wünscht Herrligkoffers Bergsteigern «eine glückliche Reise und eine gute Heim-

Der Nanga Parbat ruft!

REVUE berichtet als einzige deutsche Jllustrierte über den neuen Angriff auf den unbesiegten Achttausender

Ein Mann allein...

kämpfte neun Monate um das Zustandekommen der Himalaya-Expedition: Dr. Karl Herrligkoffer

Er kam in allerletzter Minute zum Rom-Expreß, an dessen Fenstern seine Mannschaft wartete. Während ihn zwanzig Reporter „blitzten", lächelte er, als ginge es auf eine Sonntagstour. Dabei hatte er zwanzig Stunden vorher die pakistanische Einreisebewilligung noch nicht gehabt. Aber Dr. med. habil. Karl Herrligkoffer aus München hat es gelernt, Ruhe zu bewahren. Die Widerstände, die er besiegen mußte, waren unbeschreiblich. Jeder andere hätte längst kapituliert. Dr. Herrligkoffer könnte wirklich sagen, daß diese „Deutsch-Österreichische Willy-Merkl-Gedächtnisexpedition zum Nanga Parbat" seine Expedition sei, auch wenn sie am Berg von Peter Aschenbrenner geführt wird. Denn ohne seine Energie wäre sie niemals zustande gekommen.

Es sind aufregende Augenblicke am Münchner Hauptbahnhof. Vor dem ersten Wagen des D-Zuges nach Rom stehen dichtgedrängt die Menschen. In den Fenstern lehnen sechs braunverbrannte Männer, Frauen weinen, der Fahrdienstleiter verliert fast die Fassung. Die Abfahrtszeit ist bereits überschritten.

„Wo ist Dr. Herrligkoffer?"

Immer wieder wird die gleiche Frage laut. Der Mann, der neun Monate um das Zustandekommen der neuen Nanga Parbat-Expedition gekämpft hat, ist der einzige, der noch fehlt. Wenn er den Zug versäumt — es wäre nicht auszudenken.

Endlich, buchstäblich in letzter Sekunde, drängt er sich im hellen Mantel durch die Menge. Alles atmet auf. Der Fahrdienstleiter, der sichtlich erleichtert ist, gibt noch eine halbe Minute zu, dann fährt der Zug langsam an. Es ist der 17. April 1953, vier Minuten nach zwölf Uhr...

Dr. Karl Herrligkoffer hätte wirklich pünktlich sein können. Als einziger seiner Mannschaft besitzt er keine Angehörigen. Und schließlich ist er Initiator und Leiter dieser Expedition.

Aber der siebenunddreißigjährige Junggeselle liebt keine publicity. Seine Sorgen in den letzten Monaten waren so beispiellos groß, die Anfeindungen so kraß, daß er die Abfahrt mit Abschied und Berichterstattung als nebensächliche Dinge betrachtet.

„Kommen Sie hinunter in den Wagen!" sagte er 14 Tage vor der Abreise in seiner Münchner Praxis, die zum Hauptquartier der Expedition geworden war. „Da sind wir wenigstens vor Telefonanrufen sicher!" Wir gingen hinunter in den Wagen.

Fortsetzung auf Seite 35

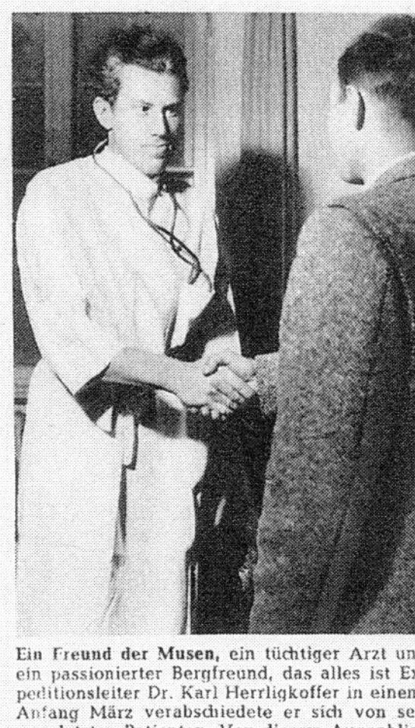

Ein Freund der Musen, ein tüchtiger Arzt und ein passionierter Bergfreund, das alles ist Expeditionsleiter Dr. Karl Herrligkoffer in einem. Anfang März verabschiedete er sich von seinem letzten Patienten. Von diesem Augenblick an gehörte er nur noch dem Nanga Parbat.

kehr» sowie «ein aufrichtiges Berg Heil». (Es ist dies nicht eine offizielle DAV-Stellungnahme, sondern die Meinung das Alpenvereinsmitglieds Fritz Schmitt!) Bauer nörgelt – teilweise nicht zu Unrecht – weiter; versucht auch noch zu intrigieren, hat aber keine Chance. «Ich leihe Ihnen den Nanga Parbat auf zwei Jahre», soll Bauer zu Herrligkoffer einmal gesagt haben.

Endlich steht auch die Finanzierung. «Ich war sehr glücklich, sagen zu dürfen, dass ein Großteil des unbedingt erforderlichen Bargeldes aus vielen kleinen Spenden stammte. Auch die Sammelaktion unter den Mitgliedern der Sektion München wurde mit einer bemerkenswert hohen Summe abgeschlossen. Die restliche Finanzierung konnte durch vertragliche Absprachen auf Gegenleistungen sichergestellt werden. [...] Unsere Ausreise war aber endgültig erst gesichert, als die Deutsche London-Film den Verleih des beabsichtigten Dokumentarfilmes [von Hans Ertl; Anm. d. V.] über unsere Expedition übernahm und dafür eine Summe von etwa 60 000 DM der Expedition vorstreckte.» (Herrligkoffer) Herrligkoffer und seine Männer fahren am 18. April 1953 los.

Hans Ertl hinter seiner 16-Millimeter-Kamera. Er drehte den legendären, wenn auch umstrittenen Nanga-Parbat-Film.

Rechte Seite: Trägerappell im Nanga-Parbat-Hauptlager 1953 – sieht militärisch aus, aber weder Karl M. Herrligkoffer noch der zupackende und beliebte «Basecamp-Sahib» Fritz Aumann waren je Soldaten.

Bei allen Kontrahenten, die Karl M. Herrligkoffer abwehren muss, hat er doch Freunde, Wohlwollende. Die braucht er, um die Ärgernisse durchzustehen, dringend. Die gewandte Gabriele («Mausi») Bitterling, Watzmannhaus-Wirtin und Frau von Albert Bitterling, hilft Herrligkoffer, wo sie kann. Sie nimmt in England sogar mit Eric Shipton Kontakt auf. Die bekannten österreichischen Alpinisten Ernst Senn und Sepp Jöchler (Jöchler war Hermann Buhls Kletterpartner unter anderem in der Eiger-Nordwand 1952; Anm. d. V.) sind pro Karl Herrligkoffer. Ebenso die «Schweizerische Stiftung für alpine Forschungen». Heizers Pendant im Österreichischen Alpenverein, Martin Busch, begrüßt Herrligkoffers Absichten von Anfang an (mutmaßlich wegen der österreichischen Teilnehmer Aschenbrenner, Buhl, Frauenberger und Rainer). Bundeskanzler

Die Expeditionsmannschaft an Deck der «Victoria» während der Überfahrt von Genua nach Karatschi. Karl M. Herrligkoffer ist der dritte von rechts (oben). Das Massiv des Nanga Parbat vom Flugzeug aus (unten).

Konrad Adenauer wünscht Erfolg! Bundespräsident Theodor Heuss betrachtet die Expedition «durchaus als eine deutsche Sache», wenngleich er die Schirmherrschaft für sie ablehnt. Und Karl M. Herrligkoffer erhält doch noch Zuspruch von Seiten des berühmten Forschers Sven Hedin, auch wenn dieser – angeblich – aus dem Expeditionskuratorium ausgetreten war. «In der Sitzung [des Arbeitsausschusses vom 13. September 1952; Anm. d. V.] wurde auch ein Brief von Sven Hedin, dem weltberühmten schwedischen Tibetforscher, vorgelesen. Darin erklärte er seinen Austritt aus dem Kuratorium Herrligkoffers. Wenige Monate, bevor diese Forscherpersönlichkeit im November 1952 starb, bedeutete dies einen ungemein großen Prestigeverlust für den Münchner Arzt.» (Siehe Peter Mierau: Die deutsche Himalaja-Stiftung, München 1999; diese Zeilen sind nicht mit einer Quellenangabe belegt; Anm. d. V.) Hedin schreibt – vermutlich ist es einer seiner letzten Briefe – an einen Freund Herrligkoffers:

«Vielen Dank für Ihre liebenswürdigen Zeilen in der Angelegenheit um die Expedition zum Nanga Parbat. Es ist leider oft so, dass es zu Misshelligkeiten kommen kann, und auch ich habe bei meinen Expeditionen damit zu kämpfen gehabt. – Ich war überrascht, von immerhin bekannten Herren eine solch negative Beeinflussung zu hören. [...] Sie können den Herren der Expedition versichern, dass ich mit heißen Wünschen bei dem Unternehmen dabei sein werde und den Segen mit auf diese Reise gebe! Es wird gelingen, den Berg zu bezwingen, und im Geiste werde ich mit auf der Wanderschaft sein! So bitte ich, dem Leiter der Expedition, Herrn Dr. Herrligkoffer, zu sagen, dass ich, wie schon vor Monaten geschrieben, gern wieder bereit sein werde, das Seniorat der Expedition zu übernehmen. [...] Mit herzlichen Grüßen an Sie und alle meine lieben Expeditionsteilnehmer, Ihr sehr ergebener Sven Hedin.»

Der untere Teil des «Willy-Merkl-Weges» bis hinauf nach Lager 5, in Wirklichkeit nur ein kleines Zweimannzelt auf etwa 6950 Meter Höhe. Von jenem Zeltchen aus startete Hermann Buhl am frühen Morgen des 3. Juli 1953 zu seinem legendären Gipfelgang.

Der Anblick des Berges

Per Eisenbahn geht es nach Genua und per Schiff in zwölftägiger Seereise nach Karatschi. Von Rawalpindi wird nach Gilgit geflogen, was wertvollen Zeitgewinn bringt. «Wir flogen gerade über das Kagantal, da holte mich der Kopilot in die Führerkanzel und deutete nach vorne oben. ‹Nanga Parbat cloudy›, schrie er, und ich starrte voller Spannung nach der angezeigten Richtung. Der ganze Himmel war wolkenlos, aber dort vorne oben hatte sich eine mächtige Wolkenbank gehalten. Dahinter muss er wohl versteckt sein, der Nanga? Noch während ich überlegte, stand plötzlich über dem Wolkenmeer eine Erscheinung, die mich in ihrer Reinheit und in ihrem Glanz derart gefangen hielt, dass ich zunächst

Hermann Buhl, noch gezeichnet von den Strapazen des Gipfelgangs, fotografiert von Fritz Aumann am 5. Juli 1953 zwischen Lager 3 und 2 (oben); Kuno Rainer, langjähriger Seilpartner Buhls, jedoch glücklos am Nanga Parbat (unten). Ihre ehemals herzliche Freundschaft bekam schon Jahre vor dem Nanga einen Knacks.

nur das Gesamtbild des Berges auf mich wirken lassen konnte. Zu gewaltig, gleich einer Fata Morgana, erhob sich der Riese in Eis und Schnee über den Wolken. Und unwillkürlich musste ich mich der Worte erinnern, die mir der deutsche Botschafter bei seinem München-Besuch über seinen Flug um den Nanga Parbat sagte: ‹Dieser Berg ist eine derart majestätische Erscheinung, dass man seinen Gipfel niemals betreten sollte. Ewig unbetreten sollte er der Herrscher von Kaschmir bleiben.›»

Der Nanga Parbat wird betreten. Am 3. Juli 1953 gegen 19 Uhr von dem Tiroler Spitzenbergsteiger Hermann Buhl, nachdem er um halb 3 Uhr morgens vom 6950 Meter hoch gelegenen Sturmzelt des Lagers 5 aus gestartet und über Ostgrat, Silbersattel, Hochfirn und Bazhinscharte allein bis 8125 Meter aufgestiegen war. Otto Kempter, der später aufbrach, vermochte Buhl nicht einzuholen und gab auf über 7500 Metern auf.

Die Märchenwiese

Doch zunächst war der Anmarsch zu bewältigen. «Zu früher Stunde brachen wir bereits auf (von Tato, dem letzten Dorf im Rakhiottal) und erreichten nach etwa zwei Stunden über steile Serpentinen die lang ersehnte ‹Märchenwiese›. Sie ist umgeben von einem herrlichen Tannenwald, aber sie trägt um diese Jahreszeit (Anfang Mai) noch nicht den aus früheren Expeditionen bekannten Teppich von Edelweiß. Die Einheimischen nennen die Märchenwiese weniger romantisch einfach ‹Sumpfwiese›. Leider sind wir alle etwas voreingenommen. Wir hörten doch immer schon von diesem reizenden Fleck Erde, sahen Bilder und bekamen auf diese Weise ideale Vorstellungen. Nun standen wir auf ihr und waren berauscht. Aber die Wiese ist viel kleiner, als wir sie uns vorgestellt hatten. [...] Seitdem die erste Expedition meines Bruders 1932 von der Märchenwiese in so bunt schillernden Worten berichtete und die ersten Aufnahmen von dieser Gegend an der Nordflanke des Nanga Parbat bekannt wurden, verband sich bei vielen der Begriff ‹Märchenwiese› mit der Vorstellung eines Naturparadieses: eine von Edelweißsternen übersäte Wiese, ein lichter, hoher Tannenwald, der sie einrahmt, und eine gigantische Eiskulisse – die Nordostwand des Nanga Parbat – im Hintergrund. Und dies alles in reiner Höhenluft von 3200 Metern.» (Herrligkoffer)

Peter Aschenbrenner, den Bauarbeiten am eigenen Berghaus, das oberhalb von Kufstein am Rand des Kaisergebirges entsteht, aufhalten, trifft erst auf die Expeditionsmannschaft, als diese sich schon im vorläufigen Hauptlager befindet. «Mit Peter Aschenbrenner kam ein herrlich frischer Wind ins Lager. Ich hatte auch schon in der Heimat immer das Empfinden, dass bei allen Vorbereitungsarbeiten, bei denen Peter Berater war, sich eine beruhigende Atmosphäre verbreitete. Auch jetzt wieder und bereits in den ersten Stunden seines Eintreffens machte Peters gediegenes Wissen um die wichtigsten Dinge der Expedition auf alle einen angenehmen Eindruck. Meine Ansicht war immer schon, dass eine solch große Expedition nur dann erfolgversprechend sein kann, wenn neben den besten Bergsteigern auch ein Mann mit von der Partie ist, dessen hervorragendes allgemeines Bergsteigerkönnen mit der speziellen Kenntnis vom Berg, in unserem Falle vom Nanga Parbat, gepaart ist. Ich hätte seinerzeit jeden interessierten Freund in der Heimat den Tag der Ankunft von Peter Aschenbrenner gerne miterleben lassen. Alle, die auch nur im Geringsten an Peters Befähigung als Führer einer solchen Expedition zweifelten, wären in dieser ersten Stunde seines Hierseins bereits von seiner Fähigkeit überzeugt gewesen.» (Herrligkoffer)

Hermann Buhl (rechts) und Peter Aschenbrenner im Hauptlager. Zwischen beiden gab es mehrmals Plänkeleien – ein Generationenproblem. Vielleicht wurde Buhl ja auch «gesteckt», dass Aschenbrenner ihn «in den Griff» hätte kriegen sollen. Doch keiner konnte Hermann Buhl zügeln.

Buhl und die anderen

Die Expeditionsmannschaft arbeitet hart. Harmonisch ist sie nicht. Hermann Buhl und Kuno Rainer legen zwar miteinander die Spur durch den Eisbruch des Rakhiotgletschers, doch ihr Verhältnis zueinander ist nicht mehr so, wie es einmal war, damals, als Buhl und Rainer 1942 durch die Nordwand der Praxmarerkarspitze im Karwendel kletterten. Buhl, der sich seines überragenden Könnens bewusste Star, war es schon 1950 am Walkerpfeiler zu langsam gegangen, als Kuno vorauskletterte. 1952 tat Buhl sich dann mit Sepp Jöchler zusammen – für die Pilastrowand an der Tofana di Rozes und auch für die legendäre Durchsteigung der im oberen Teil vollkommen vereisten Eiger-Nordwand.

Hier, am Nanga Parbat, bilden Buhl und Rainer noch einmal eine Zweckgemeinschaft. Überhaupt hat Hermann Buhl keinen Freund bei dieser Willy-Merkl-Gedächtnisexpedition. Durch seinen unbedingten, kompromisslosen Willen, den Nanga Parbat zu ersteigen, schließt er – der Besessene, Überehrgeizige – sich aus der Gruppe derer, die zwar auch hinaufmöchten, die aber in letzter Konsequenz von Vernunft gesteuert sind, aus. Hinzu kommt, dass Leistungsträger wie Hermann Köllensperger und Kuno Rainer während der entscheidenden Expeditionsphase unter gesundheitlichen Beeinträchtigungen leiden. Auch Bitterling erkrankt – Umstände, die bewirken, dass die Lagerkette während Buhls Gipfelgang Anfang Juli nur äußerst dürftig bis überhaupt nicht besetzt ist. Und haben Männer wie Ertl und Frauenberger nicht den Zenit ihrer Bergsteigerkarriere überschritten? Hätten sie Buhl am 4. Juli 1953 nicht entgegensteigen sollen, als er am Abend vorher nicht nach Lager 5 zurückgekehrt war?

So finden sich Buhl und der junge Otto Kempter zusammen – trotz des bergsteigerischen Klassenunterschieds. Kempter hat seinen Beruf, ist Hobbybergsteiger. Buhl ist für damalige Verhältnisse vom alpinistischen Profi nicht weit entfernt. Buhl und Kempter steigen gemeinsam zum Rakhiot Peak (7070 m) hinauf. Hermann Buhl setzt noch eins drauf und erklettert sogar die Gipfelnadel. Damit ist er höher gekommen als Aschenbrenner, der 1932 zusammen mit Kunigk ebenfalls den Rakhiot Peak erreicht hatte.

Unterschwellig gärt es zwischen Aschenbrenner und Buhl – ein Generationenproblem. Von Aschenbrenner glaubten sie vor der Expedition, er wäre der Einzige, der den als schwierig verschrienen Buhl «in den Griff bekommen» könne. Aber ein Hermann Buhl ist zügellos. Er fügt sich nur so lange in das Team ein, wie es ihm nützlich ist, um das «Sprungbrett» zum Gipfel zu erreichen. Keiner kriegt Buhl in den Griff. Und der Aschenbrenner von 1953 ist nicht mehr jener von 1934; der Haudegen, der zusammen mit Erwin Schneider bislang am nächsten an den Nanga-Parbat-Gipfel herangekommen war. Peter Aschenbrenner hat Fritz Aumann und mir persönlich einmal gesagt, er sei bei der Willy-Merkl-Gedächtnisexpedition mit dem Kopf mehr zu Hause bei seinen Bauarbeiten als am Nanga gewesen. Aumann erzählt bis heute davon, wie er zu Peter nach Kufstein gefahren war, ihn fragte, ob er nicht noch einmal zum Nanga Parbat mitgehen wolle, und Peter gesagt habe: «Da muass i schon zerscht mei Frau fragn.»

Der bergsteigerische Leiter der Expedition ist nicht mehr so entscheidungsstark, wie Herrligkoffer dies gern glauben möchte. Während der wichtigsten Phase der Unternehmung fährt er nach Hause. Aus seiner Sicht verständlich. Und was kurz zuvor geschehen war, dürfte Peter Aschenbrenner die Heimreise nicht allzu schwer gemacht haben.

Hermann Buhl, fotografiert von Otto Kempter, erklettert in einem Anfall von purer Lebensfreude die bis dahin unbetretene Gipfelnadel des Rakhiot Peak (7070 m).

Entgegen dem «Rückzugsbefehl»?

«Am 29. Juni 1953 war am Nanga Parbat schlechtes Wetter. Dementsprechend war die Stimmung in allen Lagern gedrückt. Jeder von uns war der Überzeugung, dass uns der Monsun eingeholt hatte. Aber im Hauptlager gab man ebenso wenig die Hoffnung auf wie bei der Angriffsgruppe in den Hochlagern. Ich arbeitete unter dem Eindruck der abgekämpften Männer und des Monsuneinbruchs sofort einen neuen Angriffsplan aus. Nach ihm sollte sich die gesamte Mannschaft erst einmal im Hauptlager erholen, um dann mit frischen Kräften zum zweiten Sturm anzusetzen. Aumann, Bitterling und einige Träger bauten Lager 1 neu aus und überprüften die dort deponierten Lasten. [...] Ein Lichtblick ergab sich, als sich einige Träger [...], die sich noch im Hauptlager befanden, verpflichteten, gegen eine Sondervergütung von jeweils zehn Rupien Lasten über die Rakhiot-Eiswand bis zum Mohrenkopf zu tragen.

Auch die Spitzengruppe glaubte an den Monsuneinbruch. Sie hatte im Lager 3 am meisten unter den Neuschneemassen zu leiden. Hans Ertl schrieb am Nachmittag des 29. Juni 1953 einen Brief an mich: ‹Lieber Karl! Soeben sind trotz Schneetreibens drei Träger von Lager 2 mit Post, Trägerproviant und Funkgerät gekommen. Gestern haben von Lager 4 am Rakhiot Peak aus unsere Kameraden Buhl, Kempter, Frauenberger und Köllensperger das Lager 5 vergeblich zu erreichen versucht. Ich konnte sie

Wildschöne Séracs im Eisbruch des Rakhiotgletschers nahe Lager 2.

nur mit kleinen Lasten am Seil hochturnen sehen und nehme an, dass sie wieder auf Lager 4 zurück sind. Es schneit hier erst seit gestern Nachmittag ununterbrochen. Es ist der typische Monsunschnee, der schnell wieder versackt. Ich halte die ganze Lage trotz Monsuneinbruch noch nicht für hoffnungslos. Wir müssen uns eben noch einige Tage gedulden …›

Der Wetterbericht, den wir täglich über Radio Rawalpindi durchbekamen, lautete am 29. Juni, 18 Uhr: ‹For 22 000 feet cloudy weather with chances of snowfall or snowstorm – wind south westerly 15 to 20 knots – temperature 16 degrees Fahrenheit› – und die Wettervorhersage für 30. Juni, 18 Uhr: ‹For 22 000 feet cloudy weather with chances of snowfall late at night or tomorrow morning – wind south west 20 knots – temperature 17 degrees Fahrenheit.›

Aschenbrenner war bereits vom Lager 3 aus ins Hauptlager abgestiegen, um sich auf den Heimweg zu begeben. Er hatte an diesem Tag die bergsteigerische Leitung Dr. Frauenberger übertragen, war aber noch im Hauptlager und führte nun über Fritz Aumann, der das Teleportgerät (Funkgerät; Anm. d. V.) bediente, mit Ertl ein Gespräch, in dem es darum ging, ob man bei dem gegebenen schlechten Wetterbericht anderntags bereits den Angriff auf den Gipfel wagen könne oder noch abwarten solle. Es war etwa 12 Uhr mittags. Die Witterungsverhältnisse im Hauptlager waren schlecht, jene im Lager 3 aber nach Aussagen der Spitzengruppe bereits wieder besser. An dieser unterschiedlichen Wettersituation entzündeten sich die Gemüter. Doch am Ende, nach dem zweiten Gespräch um 13 Uhr, erklärte Peter Aschenbrenner dann sinngemäß: Wenn ihr der Meinung seid, dass das Wetter gut wird, dann können wir euch nur die Daumen halten und werden alle Aktionen aufmerksam beobachten.

Es war also am 30. Juni 1953 keinesfalls so, dass sich die Spitzengruppe entgegen der Meinung der Expeditionsleitung anderntags auf den Weg nach Lager 4 machte, sondern es bestand zu diesem Zeitpunkt bereits weitgehende Übereinstimmung zwischen beiden Gruppen. Zum anderen aber hatte Aschenbrenner schon einen Tag früher im Lager 3 die bergsteigerische Leitung an Dr. Frauenberger übergeben, und es bestand von diesem Zeitpunkt an für Frauenberger eigentlich keinerlei Grund, sich für eine Aktion Richtung Gipfel bei Aschenbrenner noch einmal rückzuversichern. Aber als vorsichtiger Jurist scheute er wohl, eine solche Verantwortung auf sich zu nehmen, und wollte nun noch den Segen des scheidenden bergsteigerischen Leiters Aschenbrenner, den er schließlich dann auch erhielt.

Was meine Person betraf, so war ich 1953 lediglich organisatorischer Leiter. Frauenberger aber war Stellvertreter des organisatorischen und des bergsteigerischen Leiters und konnte somit in Lager 3 nach freiem Ermessen handeln.» (Herrligkoffer)

Karl Maria Herrligkoffer 1953 vor dem Nanga Parbat, sichtlich hin und her gerissen zwischen Entschlusskraft und Zweifeln.

Diese Herrligkoffer'sche Darstellung ist geschönt. Sogar sehr geschönt. In Hermann Buhls Tagebuch steht unter 30. Juni, Lager 3: «Rasttag, schönes Wetter, alles klar. Post erledigt. Befehl vom Hauptlager. Alles hinunter, Peter fährt weg. Nur Hermann [Köllensperger] steigt ab, da er sich nicht wohl fühlt. Mehrmaliger Anruf vom Hauptlager, dass absteigen. Hochstimmung bei uns, narrischer Auftrieb.»

1. Juli, Lager 4: «[...] dreimal Teleportgespräch mit Hauptlager. Rückzugsbefehl; wir müssten uns erholen, dann neuen Angriffsbefehl befolgen. Sagen aber nicht, wie er lautet. Wir denken gar nicht daran abzusteigen, waren noch nie so gut in Form. Aschenbrenner noch im Hauptlager. Bergsteigerischer Leiter ist immer noch er, obwohl er schon vor Tagen dies dem Walter abgetreten hat. Gespräche, welche Ertl in sehr angeregter Form führt, enden mit l. m. a. A., und wir gehen weiter. Ertl macht darauf aufmerksam, dass sie uns noch einmal dankbar sein werden.»

Der kürzeste «Weg» nach Lager 2 führte durch den Bruch des Rakhiotgletschers; Buhl und Rainer hatten die Route gelegt, die nach und nach für die Hunzaträger gangbar gemacht wurde.

2. Juli, Lager 4: «Hans weckt sehr früh; sehr kalt, aber klar. Wetter wunderbar. Teleportgespräch mit Hauptlager. Walter wird verlangt. Nochmaliger Rückzugsbefehl – Walter macht sie auf ihren Irrtum aufmerksam, und nach langem Reden Antwort von unten: ‹Also gehts zu, unsern Segen habts.›»

Auch Buhls Tagebucheintrag ist noch geschönt. Ertl war wesentlich unflätiger, als der feinfühlige Buhl es niederschreibt. Mit ein Keim für die Auseinandersetzungen nach der Expedition? Herrligkoffers Rolle während dieser entscheidenden Phase ist nicht sehr glücklich. Er weiß nicht, was er machen soll, hält sich zurück, man hört nichts von ihm.

Aber eines steht fest: Die Spitzengruppe geht nicht ohne das erlösende Okay aus dem Hauptlager. Es ist daher falsch, was Peter Mierau in «Die Deutsche Himalaja-Stiftung» (München 1999) schreibt: «Buhl hatte sein Ziel nur durch Lossagung vom Expeditionsleiter Herrligkoffer erreicht. Auf eigene Faust war er im Alleingang auf 8125 Meter gestiegen, während Herrligkoffer per Funk bereits den Befehl zum Rückmarsch aus den Hochlagern zum Hauptlager gegeben hatte.» Eigenartig, wie sich die Legende «Entgegen dem Rückzugsbefehl» nunmehr seit fast fünfzig Jahren durch Bücher und Journale zieht und selbst in ein «wissenschaftliches Werk» Eingang gefunden hat.

Ernüchterung nach der großen Tat

Weiter bei Herrligkoffer: «Trotz schlechten Wetterberichts kam es, was niemand erwartet hatte, am 1. Juli zu einer dramatischen Wendung der Wetterlage. Plötzlich waren alle Monsunwolken vom Himmel wie weggefegt – das Hygrometer sank auf 50 Prozent Luftfeuchtigkeit und im Laufe der nächsten Tage sogar auf 25 Prozent. Keiner von uns allen ahnte, dass dieses strahlend schöne Wetter nun volle dreizehn Tage anhalten sollte.»

Gott sei Dank. Denn nur deshalb sollte Buhl nach seiner Freinacht im Stehen auf 8000 Metern ohne Biwakausrüstung (vom 3. auf den 4. Juli 1953) mit verhältnismäßig glimpflichen Frostschäden am rechten Fuß aus der Gipfelregion des Nanga Parbat zurückkehren. Was für eine Tat, diese Ersteigung! Welch eine Willenskraft steckt dahinter! Die Erstersteigung des Nanga Parbat durch Hermann Buhl stellt alles bis dahin im

Bergsteigen Geschehene in den Schatten. Als pure Leistung auch die Erstersteigung des Mount Everest.

Und dann, nach dem Abend der großen Gefühle am 5. Juli 1953, als Buhl ins Lager 5 zurückkehrt, Ertl ihn weinend umarmt, Frauenberger, der ins Lager 4 absteigen möchte, von Ertl «zurückgepfiffen» wird und sie alle drei im kleinen Zelt die Nacht verbringen, die Ernüchterung. Buhl soll zwar von Lager 5 aus über Teleport, heiser in den Apparat flüsternd, zu Herrligkoffer gesagt haben: «Ich danke dir, dass ich an der Expedition habe teilnehmen können, es sind die glücklichsten Stunden meines Lebens!» Und Herrligkoffers Antwort sei gewesen: «Wir alle danken dir und dem Schicksal für deinen großartigen Sieg, den du für uns alle erkämpft hast.» Doch Buhl bestreitet seinen angeblichen Dank in einem Manuskript ohne Datum vehement: «Dies wie auch vieles andere ist unwahr!»

Immerhin kommt es zwischen Lager 3 und Lager 2 zu einer freundlichen Begegnung zwischen der absteigenden Spitzengruppe und dem «Abräumkommando», das von Fritz Aumann geführt wird: «Es wurde eine spontane Freudenkundgebung in ehrlicher Kameradschaft. Aus den Rucksäcken holten wir die Flaggen Deutschlands, Österreichs und Pakistans hervor, und ich machte einige dokumentarische Aufnahmen. (Unter anderem jenes Bild von Hermann Buhl, das fälschlicherweise fast immer Hans Ertl zugeschrieben wurde und leider immer noch wird; Anm. d. V.) Nach einem ‹Berg Heil› der Sahibs und einem ‹Zindabad› der Hochträger setzten beide Gruppen ihren Weg fort.» (Aumann)

Im Hauptlager aber scheint die Stimmung nicht so zu sein, wie sie Buhl, Ertl und Frauenberger euphorisch erwarten. Ich sage in meinen Hermann-Buhl-Vorträgen immer wieder: Man hätte Hermann Buhl feiern sollen, wie ihn die italienischen Kletterer 1952 auf dem Gipfel des Piz Badile gefeiert haben, nachdem Buhl erstmals die Nordostwand im Alleingang geklettert war. Berücksichtigt man, was wir heute über den introvertierten Karl Maria Herrligkoffer wissen, war er ganz einfach nicht der Mensch für so etwas. Er schafft es nicht, dem Außenseiter und Individualisten Buhl spontan, uneingeschränkt und begeistert die Anerkennung zu zollen, die dem Gipfelersteiger zusteht. Da kann und konnte Herrligkoffer nie über seinen Schatten springen. 1977 (!) noch schreibt er in einem Artikel: «Wir dürfen nicht vergessen, dass er [Buhl] bildlich gesehen nur auf den Schultern seiner Kameraden die letzten Meter zur

eisigen Gipfelkalotte des Berges hatte hochklettern können. Es waren seine Kameraden, die ihm den Gipfelerfolg ermöglichten [...].» Wiewohl doch in Herrligkoffers unveröffentlichtem Buchmanuskript und auch in seinem Nanga-Parbat-Buch von 1953 zu lesen steht: «Der einsame Gipfelgang von Hermann Buhl – in der Geschichte der Bergsteigerei eine beispiellose Leistung – war ein Triumph des Willens und des Mutes und krönte alle bisherigen Mühen und Opfer um den Nanga Parbat.»

Hermann Buhl am Ostgrat des Nanga Parbat, den Blick auf den Hauptgipfel (8125 m) gerichtet. Ahnte er in diesem Augenblick schon, dass er einen Tag später als erster Mensch dort oben stehen würde?

Welche Tragik in Karl Herrligkoffers Denken. Es kommt, wie es kommen muss. Buhl, zweifelsohne von Ertl «aufgehetzt», kritisiert, dass Herrligkoffer seinen Gipfelbericht verändert hat (in der Tat redigierte Karl Herrligkoffer in diese Berichte hinein; Sinnentstellungen waren deshalb immer möglich), bricht den Expeditionsvertrag, macht international mit Hans Ertls Ausschussmaterial vom Nanga-Parbat-Film begeisternde Vorträge und wird zum Star. Und er ist wirklich aufgebracht ge-

Dieses Foto ging um die Welt: Hermann Buhls Eispickel mit dem Tiroler Wimpel (links davon und dahinter das Silberplateau) auf dem Gipfel des Nanga Parbat. Buhl ließ den Pickel im Schnee stecken. 1999 fand ihn unweit des höchsten Punktes ein japanischer Bergsteiger.

genüber seinem Expeditionsleiter. Es kommt zu (auch gerichtlichen) Auseinandersetzungen, die sowohl Buhl als auch Herrligkoffer seelisch belasten. So liegt ein immer währender Schatten über dem großartigen, einmaligen Expeditionserfolg; ein Missklang, ein irritierender Geschmack.

Herrligkoffer, der dem Erfolg – der zwar auch seiner, aber nicht vorwiegend seiner ist – ein ungetrübtes Erfolgserlebnis anhängen möchte, denkt bereits während der Endphase der Willy-Merkl-Gedächtnisexpedition für das darauf folgende Jahr an den K2. Es sollte nicht klappen. Ardito Desio erhält die Bewilligung. Auch mit dem Hidden Peak, den Herrligkoffer zum Ersatzziel auserkoren hat, wird es nichts. «Der Professor [Desio] erblickte schon darin, dass in dem sechzig Kilometer langen Baltoro-Gletschergebiet, etwa dreißig Kilometer von seinem eigenen Lager entfernt, eine andere Unternehmung ihr Hauptlager aufschlüge, eine Beeinträchtigung seiner Arbeiten.» Letztendlich geht Herrligkoffer 1954 an den Broad Peak.

Aus der Expeditionsmannschaft von 1953 leben bis heute noch Hermann Köllensperger und Fritz Aumann. Hans Ertl starb 2000, Peter Aschenbrenner 1998, Otto Kempter 1997, Albert Bitterling 1995, Kuno Rainer 1993. Walter Frauenberger beging, wie bereits an anderer Stelle erwähnt, 1958 Selbstmord. – Hermann Buhl erreichte 1957 den Gipfel des Broad Peak. Damit glückte ihm die zweite Achttausender-Erstersteigung. Buhl war nun unbestritten der erfolgreichste Bergsteiger weltweit. Nur zweieinhalb Wochen später trat er beim Rückzug vom Südostgrat der Chogolisa – er war mit Kurt Diemberger im Alpinstil an diesem hohen Siebentausender unterwegs und sie gingen seilfrei – über den Wechtenrand. Hermann Buhl wurde nie gefunden.

Die Unwirtlichkeit des Karakorum, vom DAV erkannt … Diese Kalligrafie, gefunden im Bildarchiv des DIAF, könnte auch zum einen oder anderen Schlitzohr der Deutsch-Österreichischen Himalaja-Karakorum-Expedition 1954 der Deutschen Himalaja-Stiftung passen.

DEUTSCHE HIMALAJA-EXPEDITION ZUM BROAD PEAK 1954

Nach seinem erfolgreichen Einstand als Expeditionsleiter strebt Karl Maria Herrligkoffer nach neuen Herausforderungen. Von Bergsteigerstars hat er die Nase voll. Aus dem Kreis der Nanga-Parbat-Mannschaft sind noch Albert Bitterling, Hermann Köllensperger und Kuno Rainer mit dabei. Insgesamt ist diese Gruppe unkompliziert. Es gibt keine größeren Reibereien, und Herrligkoffer vermerkt zuletzt, dass er sich «an die Deutsche Himalaja-Expedition 1954 zum Broad Peak, die leider ohne Gipfelsieg heimkehrte, viel lieber erinnere und stets erinnern werde als an die erfolgreiche Nanga-Parbat-Expedition 1953, deren schöner Erfolg schließlich durch die Begierden Einzelner getrübt wurde. Wir hatten während unserer Broad-Peak-Expedition eine vorbildliche Kameradschaft, die uns auch jetzt noch in der Heimat freundschaftlich verbindet.»

Die Expeditionsteilnehmer sind bereits in Pakistan angelangt, als Herrligkoffer zu Hause in München immer noch um die Finanzierung der Unternehmung kämpft. «Eben, als ich wieder einmal fast verzagt war [...] – gerade in diesem Augenblick schenkte mir Fortuna die Begegnung mit einem Mitglied unseres Kuratoriums. Halb zufällig, halb absichtlich traf ich mit dem damaligen Bundesminister Franz Josef Strauß auf dem Bahnsteig in München zusammen, und da er nicht mit dem angesagten Zug eingetroffen war, wurde er auch nicht von seinen Freunden abgeholt. So konnte ich ihm in aller Ruhe meine quälenden Sorgen unterbreiten. Ich fand bei ihm volles Verständnis: Er setzte sich für unsere Sache ein und räumte die größten Hindernisse aus dem Wege. Mit den übrigen Schwierigkeiten wurde ich schließlich auch noch fertig – vor allem dank der Unterstützung unseres unermüdlichen Protektors [des bayerischen Staatsministers Hanns Seidel; Anm. d. V.]. [...]

Auch meine Kameraden durchlebten damals nervenaufreibende Tage in Pakistan. Sie hatten inzwischen Rawalpindi erreicht, hatten in ihrer schlimmen Notlage mich fernmündlich um Geld gebeten, nach dessen Erhalt sie schließlich nach Skardu einfliegen konnten. Dort erhielten sie dann, wiederum nach vielen bangen Wartetagen, mein Telegramm: ‹Harret aus – nachfliege in einigen Tagen!› So hoffte ich wenigstens ... Erst als ich eines Tages leibhaftig auf dem Flugplatz von Skardu vor ihnen stand und melden konnte: ‹Expeditionsleiter mit drei Sack Geld einge-

Heikler Zugang zum Baltorogletscher entlang dem Braldu: In anspruchsvollem Gelände, von Steinschlägen bedroht, liefen Einheimische wie Sahibs immer Gefahr, in den Fluss zu stürzen.

troffen!›, wich aus den Gesichtern der guten Freunde die quälende Spannung der letzten Wochen, und nun war die Freude des Wiedersehens unbeschreiblich groß.»

Am 23. September 1954 sind sie also abmarschbereit: Herrligkoffer, Michl Anderl, Albert Bitterling als stellvertretender Expeditionsleiter, Joachim Fischer (Expeditionsarzt), Günter Hauser (der sich mit der ersten Winterbegehung der klassischen Route an der Marmolada-Südwand einen Namen gemacht hatte), der Geodät Wilhelm Kick, Gerhard Klammet als Kameramann, Hermann Köllensperger, Sepp Maag, Rudl Marek, Toni Messner, Kuno Rainer und Ernst Senn, die beiden Tiroler. Und als Verbindungsoffizier Captain Aleem.

Der Broad Peak, auch Falchen Kangri (8047 m), wurde aus Zeitnot zum Ersatzziel für den Gasherbrum I oder Hidden Peak (oben); die Herrligkoffer-Expedition wählte die Eisflanke in Bildmitte in ihrem linken Teil als Anstiegsroute in Richtung der Scharte zwischen dem ganz links befindlichen Mittelgipfel und dem Vorgipfel (unten). Es wurde eine Höhe von etwa 7200 Metern erreicht.

Tierische Begegnungen

«Als der Vortrupp beim Anmarsch [...] nach Urdokas gelangte, dort sein Nachtlager aufschlug, schliefen alle fünf Sahibs in dem einen und die sie begleitenden Hunzas in einem anderen Zelt. Toni Messner, Sepp Maag und Kuno Rainer lagen bereits in Morpheus' sprichwörtlichen Armen, als Michl Anderl plötzlich ein seltsames Geraschel im Vorraum des Pionierzeltes vernahm. Er dachte: Sicher hat sich einer der Träger eingeschlichen, um den Zuckersack zu plündern. Mit ‹schussbereiter› Taschenlampe zog er blitzschnell den Reißverschluss der Trennungswand hoch, leuchtete in den Vorraum hinein – und riss den Verschluss ebenso schnell wieder zu. ‹A Viech!›, schrie er aufgeregt. Die Zeltgenossen fuhren aus ihrem Schlummer, man rief die Hunzas, sie sollten mit Eispickeln kommen. Die Träger aber verharrten mäuschenstill. Sie waren offenbar längst im Bilde.

‹Was für a Viech denn!?›, fragten die Aufgeschreckten. ‹Anderthalb Meter lang is, braun getupft und mit einem großen Kopf!› – ‹Sell woll: Dös is a Schneeleopard!›, sagte Kuno Rainer. Er hatte schon damals am Nanga Parbat vom Vorkommen dieses Raubtieres hier herum gehört.

Nun schien aber auch der Schneeleopard etwas gehört zu haben, was ihn störte, und zog es vor, zu verduften. Und bald herrschte wieder süßer Schlummerfrieden im Zelt. Umso eifriger wurde morgens bei Tageslicht nach Spuren des nächtlichen Besuchers geforscht, und siehe da: Einer Feldflasche hatte er die Filzhülle abgefressen, einem Trägerschuh die Lederzunge angenagt und im Übrigen seinen Hunger am Würfelzucker gestillt.

[...] Wir hatten das Leoparden-Schmankerl noch kaum so richtig verdaut, da wartete uns Kuno Rainer am Abend dieses Tages mit einer weiteren Sensation auf: Er steuerte [...] Allerneuestes bei zu einem Thema, das bisher schon viel diskutiert, aber sehr wenig geklärt worden war. Auf dem über 4000 Meter hoch gelegenen Baltorogletscher hatte plötzlich eine tiefe Einzelspur den Weg des Vortrupps gekreuzt. Auffällig an dieser Nacktfußfährte war vor allem, dass sie nicht von einem menschlichen Fünfzeher stammte, sondern neben ihrer großen Zehe nur die Abdrücke von drei kleineren Zehen aufwies. Im Übrigen aber entsprach sie nach Durchmesser und Schrittlänge völlig den menschlichen Ausmaßen. Kuno war der Fährte bis auf eine Anhöhe nachgestapft und hatte dabei

festgestellt, dass er selbst genauso lange Schritte machte, ohne sich anzustrengen. Also eine höchst merkwürdige Erscheinung!

[...] An diesem Abend ging das Gespräch um den Schneemenschen hin und her, und es kamen die verrücktesten Ideen zur Sprache. So nahm zum Beispiel unser Kameramann an, es könne sich hierbei um meditierende Einsiedlermönche handeln, die aus Tibet über die Hochpässe in noch einsamere Gebirgstäler wallfahrten. [...] Bitterling dagegen schrieb die Karakorum-Fährten den dort lebenden Bären zu. Es kann sich also im Karakorum allen Ernstes nur um Braun- oder Schwarzbären handeln, die in den Hochtälern hier herum zahlreich vorkommen und zur Hochsommerzeit, wie uns die Einheimischen oftmals bestätigt haben, gerade auch den Baltorogletscher bis hoch hinauf mit ihren Spuren bedecken.» (Herrligkoffer)

Von der Aumann'schen Hauptlagerordnung 1953 ist man im Broad-Peak-Basecamp noch weit entfernt. Doch immerhin: Die Lebensmittelhersteller hatten wieder fleißig gespendet.

Bis 7200 Meter am Broad Peak

Die Expedition gerät in Zeitnot. Nachdem die Italiener ihre K2-Unternehmung längst abgeschlossen hatten, wäre nunmehr ja auch der Hidden Peak wieder «frei» gewesen. Doch muss ein näher gelegenes Ziel angepeilt werden: der 8047 Meter hohe Broad Peak. An seiner Westflanke glaubt Herrligkoffer eine Ersteigungsmöglichkeit entdeckt zu haben.

Am 22. Oktober wird das Broad-Peak-Hauptlager errichtet. Der Aufstieg beginnt. Ernst Senn überlebt eine Hundert-Meter-Rutschpartie an einem 50 Grad geneigten Hang, was ihm neben Hautabschürfungen auch eine leichte Gehirnerschütterung einbringt. Die hindert ihn aber nicht daran, zwei Tage später mit Michl Anderl bis auf 7200 Meter hinaufzusteigen.

Das Tor zum Gipfel ist offen! Auch Karl M. Herrligkoffer erreicht an der Westflanke des Broad Peak eine beachtliche Höhe:

«Während hoch über uns Ernst und Michl beharrlich und zähe sich an den Gratfelsen des ‹Eiswalls› emporarbeiteten, während die übrigen Kameraden eifrig damit beschäftigt waren, auf halber Höhe schwierige Stellen durch fixe Seile für den eventuellen Abstieg vom Gipfel in ge-

schwächtem Zustand sicherer zu machen, stieg ich nachmittags allein zur ‹Eiskapelle› auf, um zu fotografieren und zu filmen. Dort, an meinem vorläufigen Ziel angelangt, stand ich nachdenklich vor den schwarzen Granitfelsen und steckte schließlich einen der dunklen Steinsplitter in die Tasche. Dann stieg ich die Eisflanke noch etwa 400 Meter hoch [bis auf etwa 6700 Meter Höhe; Anm. d. V.], um den weiteren Aufstieg noch besser in Augenschein nehmen zu können. Als ich die beiden Kameraden oben rückwärts heruntersteigen sah, kehrte ich schließlich auch um. Es wurde bereits dämmrig, und wir wollten ja noch rechtzeitig vor Einbruch der Dunkelheit unser Hochlager erreichen. Aber dieses Absteigen war schon wie ein gewisser Abschied, das fühlte ich. So saugte ich [...] noch die heroische Bergwelt des Baltoro, die von dieser Höhe aus ein unvergessliches Bild bot, in mich hinein.»

Flache Gletscherterrasse an der Südwestflanke des Broad Peak mit Ausblick zum K2. In Bildmitte ist deutlich das «Sichelcouloir» zu erkennen, das im Rahmen der Herrligkoffer-Expedition 1986 durch Jerzy Kukuczka und Tadeusz Piotrowski erstmals durchklettert wurde.

Aufstieg im unteren Teil der Broad-Peak-Südwestflanke. Den Erstersteigern von 1957 (Schmuck, Wintersteller, Diemberger, Buhl) war diese Route zu lawinengefährlich. Sie gelangten über den Westsporn in die oberen Zonen der Flanke.

Der letzte Aufstieg – ohne Chance

November 1954. Es wird stürmisch und kalt. Schneefälle drohen – und damit Lawinengefahr! Herrligkoffer glaubt an eine letzte Chance. Noch einmal starten alle Teilnehmer in die Westflanke des Broad Peak. Schneeböen peitschen ihnen in die Gesichter. Es wird ein Grenzgang zwischen Durchhalten und Aufhören. Kuno Rainer und der junge Günter Hauser glauben nach wie vor an einen Erfolg, kämpfen sich noch einmal bis 7000 Meter empor. «Zuletzt wurde es unerträglich. Der Wind hatte sich zum wütenden Sturm gesteigert. Die Füße hingen uns wie schwere tote Eisklumpen an den Beinen, und wir hatten kaum Atem mehr in der dünnen Luft. Heute hätten wir das Zelt [für Hochlager 4; Anm. d. V.] bestimmt nicht mehr nach oben schaffen können.» (Hauser)

Hauser, der Enthusiast, möchte das fast sichere Scheitern nicht wahrhaben. Am Abend des Rückzugs, in Lager 3, «erbot sich Günter [...], anderntags wiederum aufzubrechen und den Gipfelsieg zu ertrotzen. Gemeinsam mit einem Kameraden wollte er losziehen, nur mit einem Zeltsack und dem nötigen Proviant versehen. Günters heischende Blicke wanderten von einem Kameraden zum anderen: Stumm forschend ruhte Blick in Blick. Doch ein Seilgefährte fand sich nicht, und jetzt erst sank die himmelstürmende Begeisterung des Jungen auf die allzu irdische Ebene des Verzichts nieder. Müde zuckte er mit den kräftigen Schultern und ließ sie resignierend sinken.

Ich konnte den lieb gewonnenen Freund bis ins Letzte verstehen. Doch ebenso musste ich die anderen Kameraden verstehen, die mit Erfrierungen an Gesicht, Händen und Füßen ins Lager zurückgekommen waren, nicht den entsprechenden Auftrieb empfanden, um noch einmal den Eiswall hochzusteigen. Was aber weit schwerer wog: Die Wetterlage hatte sich inzwischen eindeutig gegen uns erklärt, und selbst dann, wenn eine völlig ausgeruhte und frische Gipfelseilschaft verfügbar gewesen wäre, hätte ich sie unter diesen Witterungsverhältnissen nicht losschicken dürfen.

Mir selbst war seinerzeit der Entschluss zum Verzicht weiß Gott nicht leicht gefallen. Aber jeder Expeditionsleiter, der seine Himalaja-Mannschaft wieder mit in die Heimat zurückbringt, kann sich glücklich preisen. Auch wir hatten großes Glück gehabt. Einige Unfälle hätten schlimm ausgehen können. Der Absturz von Ernst Senn wie auch die

An der «Eiskapelle» im Aufstieg zum so genannten «Knie»; Annäherung an den höchsten von der Herrligkoffer-Expedition erreichten Punkt. Die Scharte auf 7800 Meter Höhe zwischen Mittel- und Hauptgipfel ist links bereits zu ahnen. Diese Passagen wurden auch von den späteren Erstersteigern berührt, die noch Fixseile von der 1954er-Unternehmung vorfanden und in ihre Sicherungskette integrierten.

Spalteneinbrüche von Sepp Maag und Rudl Marek, der während des Abstiegs in eine unverschämt tiefe Gletscherspalte einbrach. Mit gesteiftem Nacken und mit der linken Ferse konnte er sich gerade noch am Spaltenrand festkrallen. Wir spannten sofort ein Seil und zerrten den sichtlich schockierten Rudl ‹aufs Festland› – er war mit dem Schrecken davongekommen.

Natürlich will jede Mannschaft möglichst den Gipfel mit heimbringen. Doch ich mache aus der Not keine Tugend, wenn ich behaupte, dass zwar der Gipfelsieg die stolze Krönung jedes Unternehmens ist, aber das Bergerlebnis als solches kaum von ihm berührt wird. Ob man mit oder ohne Gipfel in die Heimat zurückkehrt: Der Himalaja bietet jedem einzelnen Fahrtenteilnehmer eine so unerhörte Fülle von großartigsten Bildern und Eindrücken, dass er bis ans Lebensende von diesen einmaligen Erinnerungen zehren wird.» (Herrligkoffer)

Der Broad Peak wurde am Pfingstsonntag, den 9. Juni 1957, von Marcus Schmuck und Fritz Wintersteller sowie von Kurt Diemberger und Hermann Buhl erstmals erstiegen. Die Expedition hatte auf Hochträger verzichtet.

Der Pforzheimer Günter Hauser, der in der Endphase von Herrligkoffers Karakorum-Expedition 1954 noch den stärksten Auftrieb besaß, erstieg 1957 erstmals den Nevado Alpamayo in der peruanischen Cordillera Blanca. 1965 war er Leiter der erfolgreichen Gangapurna-Expedition des Deutschen Alpenvereins, bei der neben anderen er und auch Hermann Köllensperger den bis dahin unbetretenen Gipfel (7450 m) erreichten. 1981 kam Günter Hauser in einer Gletscherspalte am chilenischen Vulkan Osorno ums Leben.

Toni Kinshofer (rechts) war 1961 und 1962 an der Diamirflanke des Nanga Parbat. Blick zur Bazhinmulde und auf das noch weit entfernte Gipfeltrapez.

DEUTSCHE DIAMIR-
EXPEDITION
1961

Die rund 4000 Meter hohe Nordwestflanke (Diamirflanke) des Nanga Parbat. In Bildmitte der Hauptgipfel, etwas rechts der Bildmitte unten die Mummeryrippen. Die Route von 1961/62 verläuft zuerst links des ersten großen Felsbollwerks, berührt die Felsen darüber und zieht sich dann über das große, flachere Kinshofer-Eisfeld nach links aufwärts.

Im Frühjahr 1961 zieht Karl Maria Herrligkoffer zum zweiten Mal an den Nanga Parbat, diesmal zur 4000 Meter hohen Nordwestflanke (Diamirflanke). Herrligkoffer kennt die Himalaja-Literatur. Er weiß, dass Albert Frederick Mummery schon 1895 an dieser Wand bis auf über 6000 Meter hinaufgekommen war. Er weiß selbstverständlich auch über die Versuche von Peter Aufschnaiter, Heinrich Harrer, Hans Lobenhoffer und Lutz Chicken 1939 Bescheid, und er ist sich dessen bewusst, dass der Erfolg davon abhängt, ob an der Flanke eine verhältnismäßig lawinensichere Route gefunden werden kann. Die lawinengefährdeten Mummeryrippen kommen dafür nicht in Frage. Eher schon der Bereich der «Mittelrippe», an der Harrer und Lobenhoffer ebenfalls bis auf etwa 6000 Meter gekommen waren. Herrligkoffer hingegen dachte an eine Linie zwischen dieser Mittelrippe und dem Felspfeiler südlich von ihr. Das funktionierte auch. Doch der ersten deutschen Diamir-Expedition blieb der Gipfelanstieg noch versagt.

Herrligkoffer setzt zu Recht seine Hoffnungen auf die jungen Expeditionsmitglieder, die zwar – wie 1953 auch Hermann Buhl – noch keine Himalaja-Erfahrung, jedoch enormes bergsteigerisches Können besitzen. Siegi Löw und Jörg Lehne hatten 1958 zu den Erstdurchsteigern der Nordwand der Großen Zinne gehört, und sie hatten als gut aufeinander eingespielte Seilschaft große Alpenrouten – wie etwa die Dru-Westwand – zusammen unternommen. Im Winter 1966 sollte Lehne zum deutsch-britisch-amerikanischen Team, das die Direttissima durch die Eiger-Nordwand realisierte, gehören. Löw, der gebürtige Dresdner, der in Berlin geborene Lehne wie auch der ebenfalls aus Dresden stammende Harry Rost haben allesamt phantastische Tourenverzeichnisse aufzuweisen. Der stärkste Expeditionsteilnehmer dürfte Toni Kinshofer aus Bad Wiessee am Tegernsee sein: einer der besten deutschen Bergsteiger – vielleicht einer der weltweit besten Alpinisten – der späten Fünfziger- und frühen Sechzigerjahre, der die von Toni Hiebeler für 1961 initiierte erste Winterdurchsteigung der Eiger-Nordwand zum Erfolg brachte. Kinshofer lebt das und für das Bergsteigen. In seinem Lebenslauf vermerkt er: «Außer Turnen betrieb ich nicht viel Sport, denn die Freizeit verbrachte ich fast ausnahmslos in den geliebten Bergen.»

Aus der Broad-Peak-Mannschaft von 1954 sind noch Rudl Marek als stellvertretender Expeditionsleiter, Michl Anderl und Toni Messner, der alte Garhwal-Himalaja-Kämpe, mit von der Partie. Zudem gehen der Geograf Gerhard Wagner und als Hauptlagerverwalter der Münchner Rechtsanwalt Ludwig Delp, seit 1954 Fiduziar des Deutschen Instituts für Auslandsforschung, mit an den Nanga Parbat. Herrligkoffer hält eine Erkrankung zunächst in Deutschland fest. Er sollte später zusammen mit Michl Anderl nachkommen.

Mitte Mai 1961 erledigt Marek in Rawalpindi die aufreibende Bürokratie und die noch notwendigen Einkäufe, und am 17. Mai wird nach Gilgit geflogen. Während der folgenden Tage fährt die Expedition den Indus entlang abwärts bis zur Bunarbrücke, von der am 20. Mai ein Vortrupp aufbricht – der Diamirseite des Nanga Parbat entgegen. Nachdem sich die Kuli-Obmänner weigern, mit ihren Trägern direkt durch das Diamirtal zu gehen – sie behaupten, die Kletterstellen in der Diamirschlucht seien für Träger mit schweren Lasten zu riskant –, muss ein Umweg über einen 4000 Meter hohen Pass in Kauf genommen werden, um das Basislager zu erreichen. Herrligkoffer bezeichnet dies als «nackte Geldschinderei: Man wollte sich zwei weitere Trägertage bezahlen lassen!»

Trotzdem: Am 24. Mai 1961 wird der Hauptlagerplatz erreicht. Er liegt 4050 Meter hoch auf einer mit Weidengebüsch bestandenen Wiese nahe der nördlichen Moräne des Diamirgletschers. Am 1. Juni errichten Kinshofer, Lehne, Löw und Rost Lager 1. Am 4. Juni werden an der Diamirflanke 5750 Meter erreicht, nachdem die vier Bergsteiger eine bis zu 50 Grad steile Eisrinne durchstiegen und mit Reepschnüren abgesichert hatten. An just diesem Tag stoßen auch Herrligkoffer und Anderl zur Expedition.

Schwierige Felskletterei

Anderntags spricht Herrligkoffer über das Teleport-Funkgerät mit einem frustrierten Toni Messner, der sich über den Weiterweg mit Pessimismus äußert und an den eher «windigen» Reepschnursicherungen herummäkelt. Was letzteren Punkt angeht, so hat Messner Recht. Es gibt Meinungsverschiedenheiten zwischen den Jungen und dem Älteren, der letztendlich bockt. Michl Anderl sollte schließlich dafür Sorge tragen, dass die Eisrinne mit Stahlseilen abgesichert und so für die Hochträger besser gangbar gemacht wird. Ein exponiertes Zwischenlager mit einem Sturmzelt erhält den bezeichnenden Namen «Adlerhorst». Die oberhalb befindliche Felswand, Platten immerhin im V. Schwierigkeitsgrad, laut Jörg Lehne «eine recht ansprechende Kletterstelle», wird von diesen gemeistert. Darüber folgen ein Schneegrat, ein Firnhang und auf 6000 Meter Höhe endlich ein idealer Platz für Lager 2. Nachdem es für die Träger anstrengend und zudem gefährlich ist, ganz bis dort hinaufzusteigen, errichten Lehne und Kinshofer mit Seilen einen primitiven Aufzug, der den Lastentransport – trotz etlicher «Seilsalate» – tatsächlich erleichtert.

Im Neuschnee gescheitert

Für die Tage zwischen 17. und 21. Juni 1961 legen Karl Maria Herrligkoffer und der engagierte Michl Anderl ihren Zeitplan für die Gipfelersteigung fest. «Pläne solcher Art müssen nun einmal so entworfen werden, als gäbe es überhaupt keine Hemmungen oder Hindernisse, keinen Zufall und keine Pannen. Für Letztere pflegt ohnehin das Schicksal zu sorgen; sie stehen auf einem anderen Blatt, und man kann sie nur in Rechnung stellen.» (Herrligkoffer)

Dieser Zeitplan lässt sich sogar in etwa halten. Am 19. Juni steigen Kinshofer, Löw und Lehne zum geplanten Lagerplatz 3 (6600 m) auf, Michl Anderl, Hidayat Kahn und Hidayat Shah rücken bis dorthin nach. Anderntags starten die drei Jungen zu ihrem Gipfelversuch. Auf 7150 Metern biwakieren sie, brechen am 21. Juni 1961 zwar in Richtung Gipfel auf, kommen aber insbesondere wegen des bis über Hüfthöhe reichenden Schnees nicht weiter. Die Nanga-Parbat-Expediton 1961 bringt zwar nicht den Achttausender-Erfolg, doch der technisch schwierige Teil der Diamirflanke ist durchstiegen.

Ohne sie wären die Erfolge nicht möglich gewesen: ein Teil der Trägermannschaft 1962 auf dem Weg zur Diamirflanke des Nanga Parbat.

DEUTSCHE DIAMIR-
EXPEDITION
1962

Herrligkoffer zieht aus der 1961er-Unternehmung seine Lehren. Er hatte während des Rückmarsches vom Basislager zur Bunarbrücke erkannt, dass der Anmarsch bei gutem Willen und bei Absicherung der leichten Kletterstellen in der Diamirschlucht auch von Trägern mit 28-Kilogramm-Lasten unmittelbar durch das Diamirtal erfolgen kann. Er plant, anstatt des provisorischen Seilaufzuges eine richtiggehende Transportseilbahn mit Kurbelbetrieb nach Lager 2 einrichten zu lassen. Zudem findet Kinshofer ins Lager 3 hinauf eine gegenüber dem Vorjahr sicherere Anstiegsroute, und letztendlich wird auf über 7000 Metern nicht nur ein Biwak in Erwägung gezogen, sondern ein Sturmlager 4 eingerichtet.

Gegen Abend des 22. Juni 1962 erreichen Toni Kinshofer, Anderl Mannhardt und Siegi Löw den Gipfel des Nanga Parbat. Der 8125 Meter hohe «Diamir», der «König der Berge», ist zum zweiten Mal – und noch dazu auf einer neuen Route – erstiegen worden. Ein glänzender Erfolg, leider mit hohem Preis: Während des Abstiegs stürzt Siegi Löw entkräftet durch eine Rinne oberhalb der Bazhinmulde hinunter und verletzt sich dabei so unglücklich am Kopf, dass er Stunden später stirbt. Mannhardt und Kinshofer können sich mit schwersten Erfrierungen an den Füßen ins Basislager zurückkämpfen.

Jörg Lehne, der 1961 zu den Stärksten gehört hatte, kann im Jahr darauf nicht mit. Auch Toni Messner nicht. Dafür kommt Kinshofers bewährter Seilpartner und Freund Anderl Mannhardt aus Rottach-Egern (auch er gehörte zu den Winter-Erstdurchsteigern der Eiger-Nordwand) ins Team, außerdem der Münchner Manfred (Mani) Sturm, der neben großen Alpenrouten schwierige Anstiege in der Cordillera Huayhuash für sich verbuchen kann, und der unter Insidern bestens bekannte Extreme Hubert Schmidbauer. Auch der leistungsfähige Franke Armin Erdenkäufer ist für die Teilnahme vorgesehen, er muss jedoch verletzungsbedingt verzichten. Aber Michl Anderl und Rudl Marek (er ist für Nachschubfragen im Einsatz) sind wieder mit dabei. Schließlich ist noch die medizinisch-technische Assistentin Sieglinde Ulbrich mit von der Partie. Eine starke Mannschaft – auch ohne Lehne.

Am 24. Mai 1962 erreicht die Expedition die Bunarbrücke und am vierten Anmarschtag ab dort direkt durch das Diamirtal den unterhalb der Diamirflanke gelegenen Hauptlagerplatz.

Lager 1 auf etwa 5000 Meter Höhe wurde im Schutz eines Felspfeilers am Fuß der später so benannten Löw-Eisrinne eingerichtet.

Die bereits vom Vorjahr her bekannte Eisrinne zwischen Lager 1 und Lager 2 erweist sich als nicht lawinensicher. Löw und Kinshofer werden von einer Lawine gestreift. Am 10. Juni kann die Seilbahn für den Lastentransport installiert werden. Sie weist eine Länge von 250 Metern auf; man kann mit ihr Lasten bis zu fünfzig Kilogramm in jeweils etwa einer Stunde über die Schlüsselpassagen der Diamirflanke hochkurbeln.

Zur Bazhinmulde

Am 20. Juni wird trotz der vorhergegangenen üblichen Schlechtwettereinbrüche von Lager 3 aus in Richtung Gipfel gestartet. «Das Trio Kinshofer/Lehne/Löw von 1961 hielt sich damals an die nördliche Felsbegrenzung des Eisfeldes. Diesmal aber hat man den Aufstieg gegen die südliche Felsbegrenzung gerichtet, um möglichst unmittelbar in die Bazhinmulde zu gelangen. Um 4 Uhr morgens versucht Manfred Sturm mit allen vorhandenen Kochern möglichst viel Schneewasser zu schmelzen. Dann verschwindet er noch einmal für eine Stunde im warmen Schlafsack. Um 6 Uhr ist allgemeiner Aufbruch. Die Rucksäcke sind, in Anbetracht der Höhe von nahezu 7000 Metern, nicht leicht, da keiner der Hunza-Hochträger Lasten zum Lager 4 [7200 m; Anm. d. V.] hinauftragen will. Kinshofer spurt voraus, Mannhardt, Sturm und Anderl folgen, alle mit einem etwa sieben Kilogramm schweren Rucksack voll lebenswichtiger Dinge. [...] Toni Kinshofer hat den leichtesten Rucksack, er nimmt auch keine Kamera mit; dafür hat er die nicht ganz leichte Aufgabe, wie schon im ganzen Aufstieg zum Lager 4 in der Bazhinmulde hinaufzuspuren. Wenn man Toni so vorausspuren sah, bekam man den Eindruck, als hätte sich in diesem sensiblen Bauernsohn vom Tegernsee alle Urkraft der Väter vereint und ihn zu solch übermenschlichen Leistungen prädestiniert.» (Herrligkoffer)

Herrligkoffer sah Kinshofer nur von unten, mittels Fernglas, vorausspuren. Der Expeditionsleiter ist an der Diamirflanke niemals über den Hochlagerplatz 1 (5000 m) hinausgekommen. Wie 1953 bleibt ihm auch jetzt nichts anderes übrig, als die seelische Anspannung zu ertragen, wie es seinen Gipfelstürmern wohl ergehen möge. Durch den Feldstecher schauend, bekommt er später den Absturz des Siegi Löw mit – unwissend, was tatsächlich geschieht. Erst tags darauf erfährt er die genauen Umstände. Wie verarbeitet Herrligkoffer es, praktisch nichts für die da droben tun zu können, ohnmächtig der Tragödie gegenüberzustehen, die bereits am 16. Juni zu keimen beginnt – mit den Erfrierungen Löws, die er sich bei Sicherungsarbeiten zugezogen hat? «Schon während des Aufstiegs [von Lager 3 nach Lager 4; Anm. d. V.] klagt Löw über Schmerzen in den Zehen. [...] Eine Zehe ist aufgeplatzt, wie er berichtet, aber er will durchhalten und beim Vorstoß zum Gipfel unbedingt mit dabei sein.» (Herrligkoffer) War Löw überehrgeizig? Hätte ihn Herrligkoffer, der Arzt, nicht stoppen müssen? Ins Basislager hinunterbefehlen?

Aufbruch zum Gipfel

Am 21. Juni herrscht kein «Gipfelwetter». Aber am nächsten Tag um 1 Uhr morgens ist es sternenklar. Michl Anderl, der Senior unter den fünfen, ist zwar als Erster abmarschbereit, muss aber schon nach wenigen Schritten umkehren. Siegi Löw spurt die ersten zwei Stunden lang wie ein Berserker voraus. Nach vier Stunden anstrengenden Aufstiegs kommt für Sturm der Moment der Umkehr. Er steigt noch am gleichen Tag zusammen mit Michl Anderl ins Lager 3 ab.

Währenddessen führt Kinshofer in Richtung Gipfelaufbau. Viel später als erhofft erreicht das Spitzentrio die Bazhinscharte und hat damit Anschluss an Hermann Buhls Route aus dem Jahr 1953 gewonnen. Nehmen wir für die weiteren Ereignisse Einblick in den Originalbericht Toni Kinshofers, der nach Erreichen des Nanga-Gipfels nur geäußert haben soll: «Den Zapfn ham ma jetzt a.»

«Das Wetter verschlechterte sich im Lauf des Tages, Höhensturm trat auf, und immer mehr Wolken schoben sich aus dem Industal herauf. Aber unser Auftrieb war riesengroß, und so mühten wir uns über die Schulter des Hauptgipfelmassivs, trafen sehr schlechte Verhältnisse des felsigen, von Schnee- und Eisbändern durchzogenen Geländes an und brauchten daher relativ lange, bis wir als Dreierseilschaft die Schulterhöhe von 8000 Metern erreichten. Es war bereits nachmittags, und nach mehreren Rasten, die noch eingeschaltet werden mussten, drangen wir dann über grobes Blockwerk auf der Diamirseite des Gipfeltrapezes gegen Süden vor. Nach Überwindung des letzten Gipfelaufschwunges von etwa hundert Metern waren wir schließlich glücklich am höchsten Punkt des Berges, am Gipfel des 8125 Meter hohen Nanga Parbat. Es war halb 6 Uhr abends. Eine glückhafte Gipfelsicht war uns nicht vergönnt. Dichte Wolken brauten um uns herum, und

Siegi Löw am Ausstieg aus dem Felsaufschwung. Die so genannte «Deutsche Route» an der Diamirflanke gilt heute – da meist bestens präpariert – als Normalanstieg zum Nanga Parbat. 1962 stellte sie ein schwierig zu lösendes Problem (teilweise Schwierigkeitsgrad V) dar.

Siegi Löw, von unbändigem Ehrgeiz getrieben, 1962 auf jeden Fall den Gipfel zu erreichen, hatte während der entscheidenden Aufstiegsphase schon tagelang kein Gefühl mehr in den Zehen. Mit Pervitin gedopt, erreichte er zwar den Nanga-Gipfel, doch stürzte er nach einem bitterkalten Biwak im unteren Teil des Gipfelaufbaus und zog sich dabei tödliche Verletzungen zu.

nachdem wir die üblichen Gipfelaufnahmen gemacht hatten, nach dem Eispickel von Hermann Buhl gesucht und lediglich ein kleines Steinmännchen, das von Buhl seinerzeit errichtet wurde, gefunden hatten, drängten wir, bevor die Nacht hereinbrach, nach unten, um uns einen geeigneten Biwakplatz zu suchen. Gleich unterhalb des Gipfelaufbaues, also in etwa 8050 Meter Höhe, fanden wir auf der Diamirseite des Berges eine geeignete Stelle und verbrachten aneinander gekauert, wenig schlafend, nur so dahindösend, die Nacht.

Der kommende Tag, der 23. Juni, brachte den Abstieg. Während wir bereits kurz vor der Bazhinmulde unschwieriges Gelände erreichten, seilten wir uns gegenseitig ab [das heißt, die Dreierpartie löste sich vom Seil; Anm. d. V.], um schneller vorwärts zu kommen. Das Wetter war nicht gut. Immer mächtiger fegte der Höhensturm über den Grat. Unsere Gesichter waren total vereist, die Füße angefroren, die Hände steif. Da passierte es um die zweite Stunde nachmittags, dass die Erschöpfung von Siegi Löw derartig zugenommen hatte, dass er unser Tempo nicht mehr einhalten konnte. Wir warteten und hörten unseren Kameraden rufen. Daraufhin ging ich gegen die Stelle, wo ich ihn ausmachen konnte, und kaum war ich fünfzig Meter hochgestiegen, da sauste etwas an mir vorüber. Siegi Löw war abgestürzt und erlitt bei diesem Unglück tödliche Verletzungen.

Schreckliche Stunden des Hoffens und Bangens folgten. Während Kamerad Mannhardt mit dem Aufgebot seiner letzten Kräfte in vier Stunden zum Lager 3 hinabstürmte, um Hilfe zu holen, hielt ich die Wacht in 7500 Meter bei dem schwer verletzten Siegi, der in seinen letzten Stunden nicht mehr zum Bewusstsein kam. Erst als er nach 8 Uhr abends verschieden war, machte ich mich wie ein Traumwandelnder auf den nächtlichen Abstieg, irrte stundenlang in der Bazhinmulde umher, immer wieder erschöpft zusammenbrechend, mit den Ellbogen eine flache Schneewanne grabend, mich hineinkauernd und dann wieder durch den Höhensturm unsanft geweckt, riss ich mich wieder zusammen und versuchte, weiter abzusteigen. Wie durch ein Wunder gelang es mir, die Nacht zu überstehen und in den Morgenstunden gegen 9 Uhr aus eigener Kraft das rettende Lager 3 zu erreichen.»

Löw – ein Unsicherheitsfaktor?

56 Stunden war Toni seit seinem Aufbruch von Lager 4 unterwegs gewesen.

Im Verlauf des Anstiegs hinauf zur Schulter soll Siegi Löw durch eine Schneebrücke gebrochen und gestürzt sein. Kinshofer habe den Sturz halten können. Da Löw jedoch über eine überhängende Wandstelle (der obersten Ostwand; Anm. d. V.) gestürzt sei, hätten Kinshofer und Mannhardt ihren Kameraden hochziehen müssen. Löw habe bei dem Sturz seinen Eispickel verloren.

Die Situation nach Erreichen des Nanga-Parbat-Gipfels schilderte laut Herrligkoffer Anderl Mannhardt folgendermaßen: «Wir sind nicht auf die Idee gekommen, das Steinmandl [von Hermann Buhl; Anm. d. V.] zu vergrößern. Wir haben geglaubt, wir haben unsere Gipfelfotos, und das genügt als Beweis unseres Erfolges. Wir waren überhaupt recht phlegmatisch herumgehockt, bis plötzlich Toni zum Abstieg treibt und vorschlägt, dass jeder eine Pervitin-Tablette nehmen soll, damit wir heute noch das Zelt von Lager 4 erreichen. Ich weiß [...] nicht mehr genau, ob ich dieser Aufforderung nachgekommen bin, ich glaube aber sicher, dass Toni keine, Siegi aber mit großer Wahrscheinlichkeit Tabletten eingenommen hat, denn er war für so etwas anfällig.»

Herrliche Plattenkletterei im V. Grad am Felsaufschwung der «Deutschen Route» oberhalb des «Adlerhorstes». Jörg Lehne hatte diese Schlüsselpassage 1961 erstmals bewältigt und von einer «recht ansprechenden Kletterstelle» erzählt.

Der ohnehin bereits durch Erfrierungsschäden beeinträchtigte, am frühen Morgen des Gipfeltages mit Pervitin gedopte, durch seinen Sturz am Anstieg zur Nanga-Parbat-Schulter zumindest erschrockene, während der Biwaknacht ausgezehrte Siegi Löw hatte wohl verzweifelt versucht, mittels des Pervitins vom Berg herunterzukommen. Mannhardt gab Löw noch sein Eisbeil als Pickelersatz. Doch es war vergebens. Löw, immer wieder mit Schwindelanfällen kämpfend, stürzt im unteren Teil einer Rinne, die in die Bazhinmulde ausläuft, ab – unfähig zu jedweder für ihn rettenden Reaktion – und fällt dabei so unglücklich auf den Kopf, dass er sich tödliche Verletzungen zuzieht.

Wie erwähnt, Karl Maria Herrligkoffer konnte vom Basislager aus diesen Absturz beobachten: «Ich habe meinen Feldstecher fast unentwegt gegen diese Firnschneise [gegen Lager 3 hin; Anm. d. V.] gerichtet, und nur so nebenbei suche ich auch manchmal die Bazhinmulde nach den Kameraden ab. Da plötzlich – es ist genau 13.30 Uhr – erblicke ich durchs Glas einen schwarzen Punkt im unteren Teil der Mulde. Sekunden später bereits gleitet ein weiterer schwarzer Strich nahezu die ganze Länge der Mulde herab und entschwindet schließlich meinen Blicken. [...] Was ich gesehen habe, war nicht ein gewolltes Abfahren durch die Bazhinmulde, sondern der tödliche Absturz unseres Siegi Löw. [...] Wieder vergehen vier Stunden, bis wir etwas von den Kameraden dort oben in über 7500 Metern zu sehen bekommen. Gegen 17.30 Uhr taucht plötzlich ein kleiner Strich an der oberen Begrenzung jener Schneise auf, die über den Nordgipfelgrat hinweg ins Kinshofer-Eisfeld hinableitet. Alle bergsteigerische Vorsicht außer Acht lassend, steigt der von oben Kommende [Mannhardt; Anm. d. V.] den letzten Hang zum Lager 3 in direkter Falllinie ab. Das Tempo des Absteigenden und der Umstand, dass er ohne die Gefährten kommt, lässt uns vermuten – noch bevor er das Lager 3 erreicht hat und wir mit ihm sprechen können –, dass dort oben in der Mulde etwas Außergewöhnliches passiert sein muss. Und dann, gegen 18 Uhr, erreicht uns die erschütternde Kunde: Siegi Löw liegt bewusstlos und schwer verletzt bei seinem Seilgefährten Toni Kinshofer auf 7500 Meter Höhe, und Toni erwartet unsere Hilfe.»

Manfred Sturm erzählt und reflektiert

Das ist gut gesagt. Wer hätte Toni Kinshofer tatsächlich helfen können? Herrligkoffer nicht. Michl Anderl und Manfred Sturm unter Einsatz all ihrer Kräfte – vielleicht. Doch sie hatten mit Höhenproblemen zu kämpfen. Als Löw gestorben war, rettete sich Kinshofer selbst. «Bei hereinbrechender Nacht macht er sich auf den Weg. Er folgt der Spur von Anderl Mannhardt, solange sie noch erkennbar ist. Seinen Eispickel hat er bald verloren. Dass beide Fotoapparate mit den Gipfelbildern in jenem Rucksack liegen, in den er Siegis Füße steckte, hat er längst vergessen.» (Herrligkoffer)

Wie erlebt Manfred Sturm den 22. Juni 1962, den Gipfeltag am Nanga Parbat? Sein Bericht ist offen, ehrlich, mit Reflexionen und Rückblenden, aber auch schonungslos in der Fehleranalyse.

«Unglaublich, wie schnell der Siegi losmarschiert. Es ist stockfinster, aber sternenklar. Gleich nach dem Frühstück, gegen Mitternacht, waren wir aufgebrochen. Schon bald erklärte Michl [Anderl; Anm. d. V.], dass er sich nicht wohl fühle und deshalb umkehren werde. So sind wir jetzt nur noch zu viert, Toni, Anderl, Siegi und ich. Nach einer nahezu schlaflosen Nacht – zu fünft in einem winzigen Perlonzelt, das wir im Schutz eines Eiswulstes in etwa 7200 Meter Höhe vor zwei Tagen aufgeschlagen hatten – machen wir uns auf den Weg, um dem Nanga Parbat seine zweite Besteigung abzuringen.

Manfred Sturm, heute Vorsitzender des Deutschen Instituts für Auslandsforschung, gehörte 1962 mit zum Gipfelteam, musste jedoch etwa 400 Höhenmeter unterhalb des Nanga-Parbat-Gipfels umkehren.

Ein erster Versuch war gestern Nacht wegen schlechten Wetters gescheitert. Tagsüber wurde es dann schön und die Sonne brannte erbarmungslos auf das dunkelbraune Zelt, in dem wir sehnsüchtig – halb nackt und zusammengekauert wie Embryos – darauf warteten, dass dieser Tag zu Ende gehen möge.

Im fahlen Mondlicht liegt nun vor uns der unendlich weite Bazhinkessel. Eigentlich ein Spaziergang nach dreieinhalbtausend Meter Eis- und teilweise phantastischer Felskletterei. Vor mir stapft Siegi durch den vom Wind gepressten Schnee, so als ob er gestern von einem Kuraufenthalt zurückgekommen wäre. Ich denke an seine Worte auf der Überfahrt mit dem Schiff von Genua nach Karatschi: ‹Dieses Mal komme ich auf den Gipfel, koste es, was es wolle.› Später, auf dem Weg zu Lager 4, blieb Siegi immer wieder stehen, um seine Zehen warmzuklopfen. ‹Die spüre ich schon seit einigen Tagen kaum mehr.› Siegi Löw hatte nicht nur die Direkte Nordwand der Großen Zinne erstmals durchklettert, sondern auch bei vielen Winterbegehungen seine Härte bewiesen. Und jetzt? Er wusste, dass er sich sehr wahrscheinlich einige Zehen erfroren hatte, und er hatte Angst davor, die Schuhe auszuziehen.

Aufgeben? Umkehren? Diese Worte gehörten nicht zum Wortschatz eines Siegi Löw.

Wir hatten damit gerechnet, bei Tagesanbruch die Bazhinscharte zu erreichen, wo wir auf den Felsgrat stoßen würden, über den Hermann Buhl 1953 bei seinem legendären Alleingang erstmals den Gipfel des Nanga Parbat erstieg. Ob ich das Tempo mithalten kann? Ich bleibe zum ersten Mal stehen. Obwohl unsere Rucksäcke nicht allzu schwer sind, spüre ich einen unangenehmen Druck zwischen den Schulterblättern. Toni und Anderl gehen an mir vorbei. Toni Kinshofer, dieser stille Mensch und großartige Alpinist. Wie war das noch auf dem Schiff? Wir glaubten, jeden Tag Klimmzüge machen zu müssen, während Toni ruhig im Schatten saß und irgendein Romanheftl las. Da bin ich ja neugierig, dachte ich mir, wo der am Berg dann seine Kondition hernimmt.

Und wie war es am Berg? Es gab kaum einen wichtigen Meter an der riesigen Diamirflanke des Nanga, wo Toni nicht die Nase vorn gehabt hätte. Ganz selbstverständlich, nicht abgesprochen, nicht vordränglerisch. Toni war ganz einfach der Mann des Augenblicks, mit einem unwahrscheinlichen Gespür für die richtige Route. Zusammen mit dem jungen Anderl Mannhardt bildete er sicher eine der besten Seilschaften, die es um diese Zeit in Deutschland gab.

Die Stapferei ist äußerst mühsam. Manchmal trägt der Schnee, dann bricht man wieder bis zu den Knien durch. Der Abstand zu den Kameraden wird größer. Die Morgendämmerung beginnt, und die Scharte scheint noch genauso weit entfernt zu sein wie bei unserem Aufbruch. Deprimierend! Ich schau nicht mehr hin. Wichtig ist nur, dass ich mich vorwärts bewege. Langsam wird es hell, und wir sind schon mindestens vier Stunden auf den Beinen. Die Scharte? Endlos weit am Horizont. Gott sei Dank ist das Wetter gut. Langsam formiert sich in meinem Kopf erstmals der Gedanke an Umkehr. Ich habe Zeit, nachzudenken. Wie hat das eigentlich alles angefangen?

‹Mein Name ist Manfred Sturm, und ich hätte gerne Herrn Dr. Karl Maria Herrligkoffer gesprochen.› Mit diesen Worten stellte ich mich im vergangenen Herbst in der Praxis von Dr. Herrligkoffer vor und schämte mich gleichzeitig über meine blödsinnige Formulierung. Ich war im Sommer 1961 mit Kameraden unserer Hochtouristengruppe in der Cordillera Huayhuash in Peru, wo uns einige großartige Erstbegehungen glückten. Allerdings endete diese Expedition mit einer Katastrophe. Beim Versuch, den Siulá Chico (6256 m) erstmals zu ersteigen, stürzten drei meiner besten Freunde mit einer riesigen Wechte in den Tod. Monatelang konnte ich danach keine vergletscherten Berge mehr sehen, geschweige denn an eine neue Expedition denken.

Da flatterte eine Einladung von Toni Kinshofer ins Haus: Ob ich mit einer Herrligkoffer-Expedition zur Diamirflanke des Nanga Parbat fahren wolle? Die seelischen Wunden waren zwar noch nicht ganz verheilt, doch die Verlockung war zu groß. So stand ich nun da und wartete auf Dr. Herrligkoffer, über dessen umstrittene Persönlichkeit ich einiges gelesen hatte, was mir aber mit meinen 25 Jahren ziemlich gleichgültig war. Kannte ich doch fast alle anderen Teilnehmer: Toni, Anderl, Hubi Schmidbauer und Michl Anderl, und ich wusste, dass ich mich mit denen verstehen würde.

Schlank, aufrecht, mit einem leichten Lächeln unter dem schon grauen Oberlippenbart kam Herrligkoffer auf mich zu. Das Gespräch dauerte fünfzehn Minuten, und ich hatte einen Expeditionsvertrag in den Händen, den ich zwar noch studieren konnte, aber von dem ich jetzt schon wusste, dass ich ihn unterschreiben würde.

In den sechziger Jahren fuhr man noch mit dem Schiff zu den großen Bergen der Welt. Das war billiger und ermöglichte eine sanftere Annäherung an das fremde Land – und an die Mannschaftskameraden. Bis auf den üblichen Behörden- und Stempel«krieg» in Karatschi und in Rawalpindi verlief unser Anmarsch zum Hauptlager problemlos und äußerst abwechslungsreich. Wir hatten im Hauptlager noch kaum alle Kisten ausgepackt, als wir schon loszogen, um das Lager 1 einzurichten. [...] Nach unserem ersten Vorstoß kamen wir abwechselnd noch ein- oder zweimal ins Hauptlager, um dann den grünen Wiesen um die Zelte für längere Zeit «Ade» zu sagen. Genau genommen für dreieinhalb Wochen. Heute weiß man, dass dies einem Kapitalfehler gleichkommt: Ein derart langer Aufenthalt in der Höhe ist abträglich sowohl für die Akklimatisierung als auch für die Moral innerhalb der Mannschaft.

Harte Arbeit wartete auf uns. Zunächst galt es, die lange, eisschlag- und lawinengefährdete Rinne hinauf zu dem 150 Meter hohen, senkrechten Felsaufschwung, der die Rinne abschließt, für die Träger gangbar zu machen und zu versichern. Um die Lasten der Träger über die senkrechten Felsen zwischen Lager 1 und Lager 2 zu transportieren, bauten wir eine Materialseilbahn, an deren Winde wir abwechslungsweise die nächstfolgenden Tage verbrachten.

Mit Michl Anderl saß ich einmal an der ‹Talstation›, und wir beobachteten die Lawinen, die in regelmäßigen Abständen durch unser Aufstiegscouloir fegten. Wir wollten zurück ins Lager 1 und warteten auf unsere Chance. Michl war ein hervorragender Langläufer und hatte mit über vierzig Jahren in ganz kurzer Zeit die Nordwände von Eiger, Matterhorn und Grandes Jorasses durchstiegen. Darüber hinaus hatte er Herrligkoffer schon auf einigen Expeditionen begleitet (siehe Seite 95 und 108). Michl Anderl war bestimmt derjenige von uns, der die meiste Expeditionserfahrung besaß. Schade, dass ihm schließlich der Gipfelerfolg nicht gegönnt war. An den fixierten Stahlseilen sausten wir dann wie die Feuerwehr zum sicheren Lager 1, das eigentlich auch nur aus zwei an eine Felswand angelehnten Zelten bestand.

Irgendetwas sticht im Rücken, kann das die Lunge sein? Immer öfter muss ich stehen bleiben, und immer wieder beschäftigt sich mein Gehirn mit der Tatsache, dass ich den Gipfel ‹vergessen› kann, wenn ich jetzt umkehren würde. Das hat es in meinem Leben bisher eigentlich noch nie gegeben. Und wie sage ich das meinen Kameraden? Vier Wochen lang haben wir gemeinsam geschuftet und einige Male gemeinsam Glück gehabt. Und jetzt, vielleicht 400 Meter unterhalb des Gipfels, soll ich aufgeben?

Ich trage den einzigen Kocher, den wir dabeihaben, im Rucksack. Der Abstand zu den anderen beträgt jetzt mindestens hundert Meter. Ich rufe und winke müde mit den Armen, denn sie brauchen doch den Kocher. Damit war die Entscheidung bereits gefallen. Sie brauchen den Kocher – ich brauche ihn nicht mehr. Der Rückzug zu unserem Biwak und weiter zum Lager 3 ist für mich kein Problem.

Was habe ich an diesem Tag versäumt? Ein unbeschreibliches Glücksgefühl? Oben zu stehen, auf der anderen Seite hinunterzuschauen, hinaus auf ein Meer von weißen Gipfeln, von denen keiner mehr höher ist? Den Handschlag mit den Freunden, der gleichsam die gemeinschaftliche Leistung besiegelt, der aber auch Anerkennung, Dank und innere Verbundenheit bedeutet?

Was war nach meiner Umkehr geschehen?

Erst nach weiteren vier Stunden hatten die drei Freunde die Bazhinscharte und damit den Beginn der Felsen des Gipfelaufbaus erreicht. Sie bewegten sich nun auf den Spuren des Erstbesteigers Hermann Buhl, der damals schon von klettertechnischen Schwierigkeiten des V. Grades berichtete. Als sie dann gegen 17.30 Uhr den Gipfel des Nanga Parbat er-

Anderl Mannhardt, bewährter Seilpartner von Toni Kinshofer und einer der Gipfelersteiger des Nanga Parbat 1962, im Lager 3 an der Diamirflanke.

reichten, steckte dieser bereits in den Wolken. Keine Sicht auf erhabene Berge. Die Erschöpfung zu groß, um glücklich zu sein, und wohl wissend, dass das Abenteuer noch nicht zu Ende war.

Die Nacht verbrachten sie, wie schon Hermann Buhl, in über 8000 Metern ohne jegliche Biwakausrüstung. Leicht und schnell, das war schon Buhls Devise. Die hatten sich auch Toni und Anderl zu Eigen gemacht. In den Alpen war das immer gut gegangen. Doch hier am Nanga Parbat hatten wir uns alle verrechnet. Wir waren davon überzeugt gewesen, dass wir den Aufstieg zum Gipfel und auch den Rückweg zum Lager 4 an einem Tag schaffen konnten. Aber in solchen Biwaknächten, wie sie Toni, Anderl und Siegi durchlitten, werden Minuten zu Stunden. Und am Ende von schier endlos erscheinenden Stunden steht eine bitterkalte, böse Erfahrung.

Beim weiteren Abstieg am nächsten Morgen stürzte Siegi Löw in einer Eisrinne, die die drei als direkten Abstieg in den Bazhinkessel gewählt hatten, und zog sich dabei schwere Verletzungen zu. Anderl stieg ab, um Hilfe zu holen. Toni blieb bis in die Nacht bei Siegi – so lange, bis dieser seinen Verletzungen erlag.

Es war schon Nacht, als Toni sich auf den Weg machte, um ins Leben zurückzukehren. Zwei lange, anstrengende Tage und eineinviertel Nächte ohne Biwakausrüstung, ohne ausreichende Verpflegung und Getränke hatten auch an der Substanz dieses außergewöhnlichen Bergsteigers ihre Spuren hinterlassen.

Toni stolperte über die endlose Weite des Bazhinkessels. Ein Steigeisen hatte sich gelockert, doch er wollte es nicht wieder festmachen. Er schämte sich vor den Zuschauern eines Fußballspiels, das – wie er später erzählte – ganz in seiner Nähe stattfand. Dann waren es wieder Tabakplantagen, durch die er sich bewegte. Die Realität jedoch kannte kein Erbarmen. Ein Mann allein in einer unerbittlichen Eiswüste! Immer wieder kauerte er sich in den Schnee, um sich vor dem ständigen Wind zu schützen. Toni wusste, dass er auch gegen seine Halluzinationen ankämpfen musste. Zu schön wäre es doch gewesen, einfach unter den Tabakpflanzen liegen zu bleiben …

Am frühen Vormittag erreichte Toni Kinshofer das Lager 3. Er hatte gar nicht erst versucht, Lager 4 zu finden, das sich ziemlich abseits des direkten Abstiegs befand und von dem er ja wusste, dass es dort nur eine leere Perlonhülle geben würde.

Sowohl Anderl als auch Toni hatten schwerste Erfrierungen erlitten, und sie schafften nur unter Aufbietung aller gemeinsamen Kräfte den Weg zurück ins Hauptlager, wo sie von Herrligkoffer und Sieglinde Ulbrich sofort medizinisch betreut wurden.

Keiner von uns sprach davon, dass die Diamirflanke erstmals durchstiegen, der Gipfel des Nanga Parbat zum zweiten Mal von Menschen betreten worden und damit unserer Expedition ein großer Erfolg gelungen war. Im Gegenteil. Im Hauptlager herrschte eine bedrückende Stimmung, die sogar die aus dem Diamirtal heraufgekommenen Träger ergriff.

Was hatten wir falsch gemacht? Nicht viel, doch Grundsätzliches. Unser Hauptfehler war, dass wir uns zu lange in großer Höhe aufgehalten hatten. Nach der ersten Nacht und nach dem Schlechtwettertag in Lager 4 hätten wir sofort nach Lager 3 oder noch weiter absteigen müssen, um uns wieder erholen zu können. Für den Gipfelversuch besaßen wir zu wenig Nahrungsmittel, und vor allem führten wir viel zu wenig Brennstoff mit, als dass wir uns ausreichend mit Flüssigkeit hätten versorgen können. Ich hatte des Öfteren gelesen, dass man in großer Höhe nur leichte Nahrung verträgt. Von wegen. Am begehrtesten war eine fette Hartwurst auf einem Stück Bauernbrot, garniert mit scharfem, französischem Senf.

Wir trugen nach Maß gefertigte Lederbergstiefel. Das Beste, was es damals gab. Nur waren sie leider zu eng. Wir wollten sie so haben, weil wir davon überzeugt waren, dass wir mit enger sitzenden Stiefeln die schwierigen Felspassagen besser klettern konnten. Allein ich hatte das Glück, dass meine Schuhe gestohlen wurden und ich ersatzweise die Stiefel unseres Begleitoffiziers übernahm, die mir etwa zwei Nummern zu groß waren.

Wir hätten auch Siegi dazu bringen müssen, dass er seine Schuhe ausgezogen und den Ernst seiner Situation erkannt hätte. Und Siegi hatte bereits beim Aufbruch zum Gipfel das Aufputschmittel Pervitin zu sich genommen, das nach seiner Wirkungsdauer erst recht zum Zusammenbruch führt.

Schlussendlich bedeutet ‹leicht› zwar meistens auch ‹schnell›, doch ist ein solcher Stil allemal riskant. Vor allem in großer Höhe. Wir waren für den Vorstoß zum Gipfel schlichtweg zu primitiv ausgerüstet. Das war allerdings auch unsere eigene Entscheidung. Eines weiß man hingegen schon seit Jahrhunderten: dass man hinterher immer gescheiter ist.

Siegi Löw bezahlte den Erfolg mit seinem Leben. Toni und Anderl bezahlten ihn mit schwersten Erfrierungen. Welch ein hoher Preis! Doch es wird immer wieder Bergsteiger geben, die nicht vorher nach dem Preis fragen, wenn es um das große Abenteuer geht.

Siegi Löw konnte nicht geborgen werden. Sein Körper liegt heute noch am Fuß des letzten Aufschwungs zum Gipfel des Nanga Parbat.»

Nach der Diamirwand

Kinshofer und Mannhardt müssen beim Rückmarsch von der Basis des Berges hinaus durchs Diamirtal getragen werden, was an die tragischen Annapurna-Sieger von 1950, Herzog und Lachenal, erinnert. Zurück in Deutschland, folgen monatelange Krankenhausaufenthalte, Amputationen. Anderl Mannhardt werden nicht nur die Zehen, sondern auch Teile des Vorderfußes und der Ferse abgenommen. Toni Kinshofers Amputationen fallen nicht ganz so schlimm aus (nicht umgekehrt, wie der Journalist Ulrich Link in seinem Nachruf für Kinshofer schreibt; siehe Seite 127). Trotzdem: Noch Mitte November 1962 sind beide Bergsteiger zu hundert Prozent arbeitsunfähig. Die Versicherung, mit der Herrligkoffer einen Vertrag für die Expeditionsteilnehmer abgeschlossen hatte, zahlt an Kinshofer 9000 und an Mannhardt 14 000 DM aus. Die beiden Verletzten erklären, dass sie keine weiteren Ansprüche erheben werden. Im Grunde gesund, durchtrainiert und optimistisch, finden die Nanga-Zweitersteiger trotz allem wieder zurück in ein normales Leben.

Toni Kinshofer ist bereits wieder bei der Deutschen Rupal-Kundfahrt 1963 mit dabei. Am 24. Oktober 1964 jedoch verunglückt er am Bockgrat, einer Route des IV. Schwierigkeitsgrades, im Schwarzwälder Klettergebiet Battert tödlich. Der Seilzweite konnte den wenig oberhalb von ihm an einer glatten Stelle ausgerutschten Kinshofer nicht halten. Toni stürzte über die ganze Seillänge hinunter. Er zog sich dabei so schwere Verletzungen zu, dass er nach wenigen Stunden im Krankenhaus von Baden-Baden starb.

Anderl Mannhardt, der schon 1963 mit Kinshofer die Franzosenroute an der Nordwand der Westlichen Zinne geklettert war, lebt heute im Chiemgau. Er geht trotz seiner erheblich kleineren Schuhgröße noch begeistert zum Bergsteigen, Klettern und Mountainbiken.

Für Manfred Sturm war die Nanga-Expedition 1962 – wie er sagt – ein aufwühlendes Erlebnis, weil er zum zweiten Mal nach 1961 die Nähe des Todes spürte. Auch seine persönliche «Niederlage» machte ihm lange Zeit zu schaffen. Dem Bergsteigen und Klettern blieb er bis heute treu. «Die Faszination ist unverändert, selbst wenn sich die Werte etwas verschieben und die kleineren Berge mehr an Bedeutung gewinnen.»

Toni Kinshofer abgestürzt

Die unfaßbare Nachricht vom Samstagmittag traf wie ein Schlag: Toni Kinshofer im badischen Klettergarten am Battert tödlich abgestürzt. Zwölf Stunden vorher hatte im überfüllten Kongreßsaal des Deutschen Museums Albert Bitterling nacheinander die Teilnehmer an den sechs Himalaja-Expeditionen Dr. Herrligkoffers benannt und herausgerufen. Als er aufrief: „Toni Kinshofer, Bad Wiessee, 1961 Nanga-Parbat-Diamirflanke, 1962 über die Diamirflanke bis zum Gipfel des Nanga Parbat" war es atemlos still im Saal, bis Toni Kinshofer neben seinen Expeditionskameraden erschien: der zweite, der je auf dem Gipfel des Nanga Parbat gestanden hatte. Dann gab es Beifall für den dreißigjährigen Wiesseer — Anerkennung, Hochachtung und Freundschaft des ganzen alpinen Münchens ausdrückend. Das wird nun die letzte Erinnerung an diesen echten und wirklich großen Bergsteiger bleiben. Es ist eine schöne Erinnerung.

Die Expeditionskameraden hatten nach dem Herrligkoffer-Vortrag noch in der Scheck-Alm zusammengesessen und sich da um Mitternacht herum verabredet, durch die paar Nachtstunden in den Battert bei Baden-Baden hinüberzufahren, um zu klettern. Die Ausrüstung war bald zusammengeholt. Wenige Stunden später war Toni Kinshofer als Vorangehender an diesem „lächerlichen" Felsen vierzig Meter frei ins Seil gestürzt. Ohne das Bewußtsein wieder erlangt zu haben, starb er im Krankenhaus von Baden-Baden. Sein engster Freund und Gefährte auf fast allen seinen großen Wegen, Anderl Mannhardt aus Rottach-Egern, telefonierte das Unabänderliche an den Tegernsee.

Als Anderl Mannhardt, Toni Kinshofer und Siegfried Löw im Juni 1962 vom Gipfel des Nanga Parbat abstiegen, stürzte Sigi Löw ab. Mannhardt eilte allein voraus, um noch Hilfe zu holen, Kinshofer blieb bei dem schwerverletzten Freund, bis er in seinen Armen gestorben war. Dann rettete er sich in der tiefen Nacht über den Gletscher. Seine Rückkehr war ein Wunder. Mit schweren Erfrierungen lagen Toni und Anderl lange im Krankenhaus; Anderl verlor die Zehen, Toni einen Vorfuß. Und er ging doch wieder in die Berge. Als die beiden Freunde, viel bewundert, sogar die Nordwand der Westlichen Zinne (ein schwerer oberer Sechser) machten, war Mannhardt noch mit Krücken bis zum Einstieg gegangen.

Das Jahr drauf fand Toni Kinshofer bei seiner dritten Expedition die Möglichkeit, den Nanga Parbat auch über die Rupalflanke zu ersteigen, die höchste Wand der Erde.

Aus dem höchsten Ruhm stürzte der zuletzt in einem Münchner Sporthaus beschäftigte liebenswerteste bayerische Bergsteiger ins Grab. Es fällt sehr schwer, der abergläubischen Empfindung nicht nachzugeben, daß die, die den Gipfel des Nanga Parbat betreten, nicht alt werden.

Ulrich Link

Toni Kinshofer, Anfang der Sechzigerjahre einer der weltbesten Bergsteiger (unter anderem mit Anderl Mannhardt, Walter Almberger und Toni Hiebeler Winter-Erstdurchsteiger der Eiger-Nordwand), fand nach Amputationen und Ausheilung seiner Erfrierungsschäden an den Füßen wieder zurück zum extremen Bergsteigen. 1964 stürzte er im Schwarzwälder Klettergebiet Battert tödlich ab.

Vor dem Expeditions-lager in München-Ober-sendling wird für die Siegi-Löw-Gedächtnis-expedition zur Rupal-wand des Nanga Parbat sortiert und gepackt.

DIE RUPAL-KUNDFAHRTEN UND -EXPEDITIONEN 1963 BIS 1968

Es liegt auf der Hand, dass der ehrgeizige Karl M. Herrligkoffer nach dem Erfolg an der Diamirflanke auf die Rupalwand, auf den höchsten Wandabbruch der Erde, schielt. Die erste Reise, die er dorthin unternimmt, dient allein der Erkundung. Vor allem Kinshofer fällt die Aufgabe zu, festzustellen, ob die Rupalwand des Nanga Parbat Durchsteigungsmöglichkeiten bietet. Er hält zwei Wege für möglich, darunter eine ziemlich direkte Linie, die im Winter und Frühjahr 1964 erstmals versucht wird. Werden bei dieser Unternehmung 5800 Meter erreicht, so gelingt es der starken Mannschaft von 1968, die Rupalwand bis auf etwa 7100 Meter hinauf zu durchsteigen. Die Gesamtdurchsteigung indessen sollte erst 1970 glücken.

Zusammen mit Toni Kinshofer, dessen Verletzungen inzwischen ausgeheilt sind, Gerhard Haller und Klaus Scheck, dem Juniorchef des bekannten Münchner Sporthauses, reist Herrligkoffer im Frühjahr 1963 nach Rampur am Eingang des Rupaltales. Über Churit und Tarishing erreicht die Expedition den Chhungpargletscher, quert ihn, gelangt zu einer Alm (Tap-Alpe) und steigt bis zur Hochweide Shaigiri hinauf, wo gelagert wird. Die Gruppe verfolgt zwei Aufgaben: die Rekognoszierung der Rupalflanke in ihrem südwestlichen Teil sowie die Erkundung des so genannten Südsüdostsporns, der Direkten Rupalwand. Beide «Ausflüge» werden von Toni Kinshofer und Gerhard Haller unternommen. Beim Aufstieg in Richtung Westsattel, der sich zwischen den Mazeno Peaks und dem Nanga Parbat befindet, erreichen sie etwa 5000 Meter. Danach ersteigen Kinshofer und Haller erstmals den 5595 Meter hohen Rupal Peak, der dem Nanga Parbat genau gegenübersteht und somit einen hervorragenden Überblick über die Rupalwand gewährt. Auch eine «Direkte» wird als möglich erachtet.

«Der Hang kommt!»

1964 wird es ernst. Noch mitten im Winter reist die Herrligkoffer'sche Expeditionsgruppe an. Die Teilnehmer Erwin Hofmann, Gottfried Lapp, Reinhold Obster, Raphael Hang, Karl Reinhold, Wilhelm Schloz, Gebhard Plangger und Peter Müller sind allesamt zum ersten Mal im Himalaja. Der üblicherweise mit Jeeps befahrbare Karawanenweg nach Rampur liegt noch unter einer teilweise bis zu den Knien reichenden

Schneedecke. Mühsam gestaltet sich der Aufstieg zum Hauptlagerplatz auf der Tap-Alpe (3560 m), die am 28. Februar 1964 erreicht wird. Tags darauf steigen Hang, Müller, Obster und Plangger an der Direkten Rupalwand bis auf 4500 Meter auf. Einen Tag später gelangen Hofmann, Reinhold, Lapp und sechs Träger an den Platz für das erste Hochlager. Die zum Wielandgletscher führende Felsquerung wird mit Stahlseilen gesichert. Doch als sich Gebhard Plangger anschickt, über diesen Gletscher aufzusteigen, schreit Gottfried Lapp plötzlich: «Der Hang kommt!» Eine Lawine. Plangger, Lapp, Schloz und Hofmann werden etwa 500 Meter in die Tiefe gerissen. Es gelingt ihnen, sich an der Schneeoberfläche zu halten und sich nach Stillstand der Lawine selbständig aus dem Schnee zu befreien. Alle vier kommen mit nicht allzu schweren Verletzungen davon. Doch sitzt ihnen der Schock in den Knochen, sie haben Erholung im Basislager nötig. Tagelang schneit es. Hinzu kommt, dass der Begleitoffizier der Expedition Exkursionen über das genehmigte Ziel hinaus kategorisch untersagt.

Ein mysteriöser Fund

«Eines Nachmittags platzt plötzlich ein Churit-Bauer mit einem uralten Bergstiefel ins Lager. Der Schuh erweckt sofort unsere Neugier. Die Sohle des abgetragenen Bergstiefels ist mit Flügelnägeln verstärkt, eine Benagelung, wie sie bei uns noch vor einigen Jahrzehnten üblich war. Der Schuh wurde vor etwa zwanzig Jahren am oberen Bazhingletscher von einem Jäger aus dem Eis herausgeschnitten. An ihm soll – nach Aussage des Bauern – noch ein Stück einer Hose gehangen haben. Da vor uns noch keine Expedition in diesem Gebiet war, konnte der Schuh wohl nur von einem Träger der Rakhiot-Expeditionen stammen. Er musste vom Ostgrat auf das obere Gletscherbecken heruntergestürzt sein. Willy Merkl und Gay Lay wurden bekanntlich 1938 über die Südwand des Bazhinkessels herab beigesetzt. Der Stiefel aber ist kein Sahib-Schuh, denn der war seinerzeit mit Tricouni-Nägeln versehen. Es liegt daher die Vermutung nahe, dass er von dem Sherpaträger Gay Lay stammte, dem zweiten Orderly von Willy Merkl.» (Herrligkoffer)

Mitte März wird der Wielandgletscher als tatsächlich logischste Anstiegsmöglichkeit durch den unteren Wandteil erachtet, und am 21. März steht Hochlager 2 auf 5400 Meter Höhe. Obster, Müller, Hang und

Plangger statten die Gletscherstrecke mit Fixseilen aus. Am 29. März ist die sich darüber befindende Eiswand mit Reepschnüren gesichert. Reinhold Obster und Raphael Hang erreichen am Nachmittag dieses Tages den vorgesehenen Hochlagerplatz 3 auf einer Höhe von 5800 Metern.

Die halbe Wandhöhe ist geschafft! Doch dieser Platz auf einem Felskamm oberhalb des Wielandgletschers und der Eiswand sollte der höchste Punkt bleiben, den die 1964er-Unternehmung erreicht hatte. Behördlicherseits wird ein weiteres Aufsteigen verboten. Die Expedition befände sich auf einer falschen Route, weshalb man das Permit entziehe. «Ein übler Aprilscherz für uns – Missverständnis oder Intrige? Die Kunde von dieser Hiobsbotschaft ist durch Sprechfunk bald in aller Munde. Anstatt zum Aufstieg nach Lager 3 muss nun zum Abmarsch geblasen werden!» (Herrligkoffer)

Ein Fünftel der Wandhöhe fehlt noch

1968 dann «die große Chance», wie Herrligkoffer es ausdrückt. Stark und homogen ist die Mannschaft. Wilhelm Schloz geht zum zweiten Mal an die Rupalwand. Mit den Schwaben Karl Golikow, Günter Strobel, Sigi Hupfauer, Rolf Rosenzopf und Roland Votteler befindet sich ein Großteil der deutschen Eiger-Nordwand-Direttissima-Mannschaft von 1966 mit im Team. Stellvertretender Expeditionsleiter ist Günter Schnaidt. Außerdem mit dabei sind Wolfgang Theurer, der hoch talentierte Peter Scholz und Wilhelm Dirmhirn als Hauptlagerverwalter. Der Bildreporter Karl Breyer begleitet die Expedition bis auf 4700 Meter. Beatrice Kaltenbach unterstützt Herrligkoffer als medizinisch-wissenschaftliche Hilfskraft.

Am 11. Juni wird der Wielandgletscher betreten. Bald danach gibt es harte Arbeit: Über die Eiswand hinauf schleppen die Bergsteiger eine Seilwinde samt Zugseil – die Vorarbeiten zum Installieren eines Lastenaufzugs. Die Winde wird auf 5800 Meter Höhe im Eis verankert. Nun können Lasten, durch so genannte «Plastikbomben» geschützt, über den steilen Eisabbruch oberhalb des Wielandgletschers gezogen werden. Inzwischen steigen Golikow, Scholz und Strobel über die darauf folgende Eisstrecke, den Welzenbachgletscher, empor.

Danach folgt ein mehrtägiger Schlechtwettereinbruch, während dessen die drei Bergsteiger noch vier Tage lang in Lager 3 ausharren, ehe sie

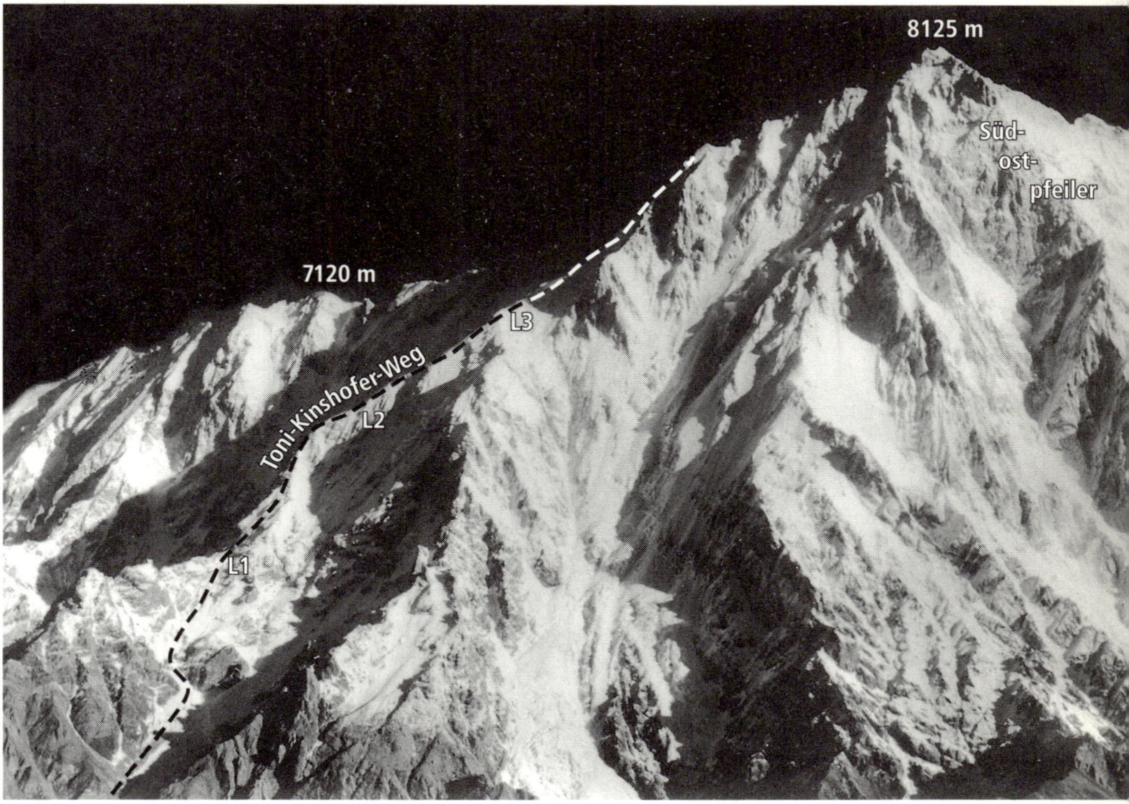

Der projektierte «Toni-Kinshofer-Weg» führt durch den südwestlichen Teil der Rupalflanke des Nanga Parbat. Auf dieser Route kam kein Teilnehmer der Herrligkoffer-Expeditionen bis zum Gipfel. 1976 glückte den Steirern Hanns Schell, Robert Schauer, Hilmar Sturm und Siegfried Gimpel der Gesamtdurchstieg.

sich durch tiefen Schnee ins Hauptlager zurückkämpfen. Auch die Leute aus dem so genannten «Windenlager» – Schloz, Hupfauer sowie die Träger Hidayat Shah (er war bereits auf der Diamir-Expedition 1961 dabei) und Gohariat – verlassen fluchtartig ihre Bleibe, nachdem die Zelte eingestürzt waren und die Einheimischen sich nicht mehr wohl fühlten.

Die Lawinengefahr wächst stündlich. Eine der mächtigen Lawinen kommt erst etwa 400 Meter vor dem Hauptlager zum Stehen.

Dann geht es wieder in die Wand. Scholz und Schloz errichten auf 6600 Metern das Hochlager 4, und am Abend des 9. Juli brechen sie, zusammen mit Karl Golikow, auf, um die Merklrinne zu erreichen. Nach zwei Stunden Aufstieg muss Golikow zurück. Er ist nicht in bester Form, außerdem hat er gefühllose Zehen. Peter Scholz und Wilhelm Schloz hingegen erreichen um Mitternacht den letzten Bergschrund vor der Merklrinne. Sie sind 7100 Meter hoch. 300 Meter über ihnen setzt die

Einblick in den unteren bis mittleren Teil der 4500 Meter hohen Direkten Rupalwand (Wielandgletscher). 1968 wurde sie bereits zu vier Fünfteln durchstiegen. Peter Scholz und Wilhelm Schloz konnten sich bis fast an den Beginn der Merklrinne hinaufarbeiten.

steile, felsige Merklrinne an – das letzte Hindernis vor dem Gipfel. Die beiden Bergsteiger biwakieren im Schrund. Schloz hat sich die Zehen angefroren, sie schmerzen. Das Biwak ist hart, sie finden kaum Schlaf.

Am Morgen ist das Wetter nicht besonders gut. Schloz möchte wegen seiner beginnenden Erfrierungen zurück; Scholz will zuerst allein weitermachen, kehrt aber schließlich doch mit Wilhelm Schloz zusammen um.

Urplötzlich kommt das Aus für die bis dahin so erfolgreich agierende Expedition: Günter Strobel springt über den vier Meter hohen Bergschrund oberhalb von Lager 2 und bricht sich den linken Unterschenkel mehrfach. Alle sind jetzt beim Abtransport des Verunglückten gefordert. Vierzehn Stunden dauert es, bis Strobel an den Wandfuß abgeseilt und getragen worden ist. Sigi Hupfauer leitet die Rettungsaktion bravourös. Danach aber möchte niemand mehr in die Wand.

3500 Meter sind an der Rupalwand bewältigt worden. Tausend Meter fehlen noch bis zum Gipfel …

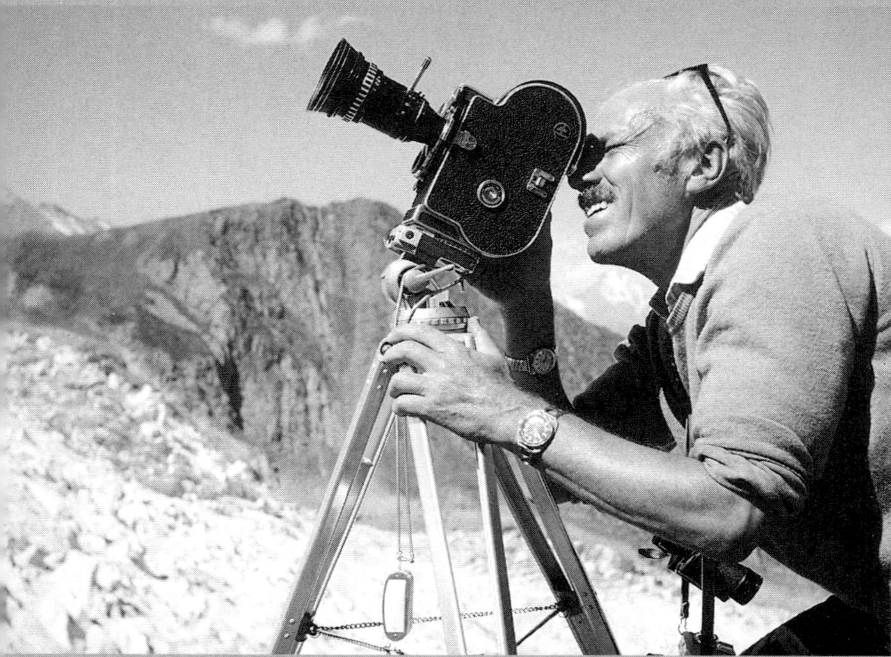

Karl Maria Herrligkoffer
1970 bei Filmarbeiten im
Basislager der Siegi-Löw-
Gedächtnisexpedition.
Noch ist der Expeditions-
leiter guter Dinge.

SIEGI-LÖW-GEDÄCHTNISEXPEDITION 1970

Die vierte Expedition zur Rupalwand des Nanga Parbat bringt den Erfolg: Am 27. Juni 1970 erreichen die Südtiroler Reinhold und Günther Messner, am 28. Juni 1970 der Nordtiroler Felix Kuen und der Deutsche Peter Scholz den Gipfel des Achttausenders vom obersten Lager der Rupalwand aus. Damit ist die höchste Steilwand der Erde von vier Bergsteigern erstmals vollständig durchstiegen worden.

Diese glänzenden Taten werden jedoch mit einer Tragödie bezahlt. Der erschöpfte und höhenkranke Günther Messner traut sich eine seilfreie Rückkehr über den obersten schwierigen Wandteil ins Ausgangslager nicht mehr zu. Reinhold Messner sieht sich gezwungen, den jüngeren Bruder über die oben weniger steile Diamirflanke aus der Todeszone heraus und zum Wandfuß zu führen. Im unteren Teil der Diamirflanke wird Günther Messner wahrscheinlich von einer Eislawine erschlagen. Reinhold Messner schleppt sich mit Frostschäden an den Händen und schweren Erfrierungen an den Füßen ins Diamirtal, wo ihm Einheimische weiterhelfen. Er wird zur Bunarbrücke im Industal getragen und mit einem Jeep in Richtung Gilgit gefahren. In einem Rasthaus treffen Reinhold Messner und die auf dem Heimweg befindliche Expedition zufällig wieder zusammen.

Nicht genug, dass ein junger, sympathischer, leistungsstarker Extrembergsteiger sterben musste: Der Unternehmung erwuchs ein (auch gerichtliches) Nachspiel, das zu den traurigsten und erschütterndsten Begebenheiten des Expeditionsbergsteigens weltweit zu zählen ist.

«Ich war dem Wahnsinn nahe. Es war in diesem Augenblick, als ich hinfiel und mein Geist sich über den Körper erhob. Ich sah mich von außen den Berg hinabrollen. Noch einmal hatte ich die Energie, zurückzugehen in meinen Körper, ich musste den Bruder in Sicherheit bringen.»

Reinhold Messner ist verzweifelt. Er und sein jüngerer Bruder Günther mussten, nachdem sie am 27. Juni 1970 den Gipfel des Nanga Parbat aus der Rupalwand heraus erreicht hatten, eine fürchterliche Biwaknacht auf 8000 Meter Höhe durchleiden – ohne Daunenzeug, ohne hinreichende Biwakausrüstung, ohne Essen, ohne Getränk.

Nach dem mörderischen Biwak, am Morgen des 28. Juni, rief Reinhold aus einer Gratscharte in den obersten Teil der 4500 Meter hohen Rupalwand hinunter zwei oder drei Stunden lang um Hilfe.

Peter Scholz, fotografiert von Felix Kuen, kurz vor dem Nanga-Parbat-Gipfel. Das Dreieck markiert den Biwakplatz der Brüder Messner, die am 28. Juni 1970 mit ihrem Notabstieg über die Diamirflanke begannen.

Günther war während der Nacht höhenkrank geworden und litt unter Halluzinationen. Bereits am Vortag, während des Absteigens vom Gipfel, war er sehr müde gewesen. Er hatte sich das Zurückgehen über die Aufstiegsroute – ohne gesichert zu werden – nicht zugetraut. Deshalb stiegen Reinhold und Günther an der einfacheren Diamirseite des Gipfelaufbaus ab. Reinhold Messner hoffte auf die Möglichkeit, dass sie von einer Scharte oberhalb der Merklrinne wieder in diese hineinqueren könnten.

Reinhold ging zwischen der Gratscharte und dem Biwakplatz, an dem sich Günther befand, hin und her. Plötzlich tauchten zwei kleine Gestalten in der Merklrinne auf.

Reinhold rief: «Hilfe, wir brauchen ein Seil.» Und noch lauter: «Hilfe!»

Doch die dort unten waren noch außer Rufweite.

Reinhold sagte seinem Bruder, dass zwei heraufkämen. Dann stieg er wieder zur Scharte und wartete, bis ihn die beiden Aufsteigenden sehen konnten. Es waren Felix Kuen und Peter Scholz. Sie gingen in Seilschaft. Messner nahm an, dass sie auf Grund seiner Hilferufe aufgestiegen wären. Reinhold rief: «Halloo!»

Felix: «Wart ihr am Gipfel?» – «Ja.»

«Wir haben noch länger hin und her gerufen. Den genauen Wortlaut weiß ich nicht mehr. Auch verstand ich nicht alles. Es war sehr stürmisch auf der Scharte.» (R. Messner)

Die Distanz zwischen Felix Kuen und Reinhold Messner mag etwa achtzig bis hundert Meter betragen haben. Messner hoffte, dass Kuen und Scholz zu ihm in die Scharte aussteigen und von dort weiter zum Gipfel gehen würden.

Kuen aber wandte sich nach rechts. Messner rief ihn noch einmal an. «Hallo.» Kuen blieb stehen. «Ihr könnt auch von uns aus zum Gipfel gehen, direkter, links um die Südschulter herum, dort wo wir abgestiegen sind. Das geht schneller.»

Reinhold Messner hoffte, dadurch das Seil zu bekommen. Er und Günther hätten sich seiner Meinung nach nur einmal abzuseilen brauchen. Danach hätten Kuen und Scholz das Seil wieder haben und weiter zum Gipfel gehen können.

Laut Felix Kuen aber wäre es «unmöglich gewesen, diese Entfernung [diese achtzig bis hundert Meter; Anm. d. V.] von uns aus zu überwinden. Der Grat war gegen meinen Standort überwechtet. In 7900 Meter Höhe eine solche Stelle zu überwinden bedeutet Selbstmord. Wer hier stürzt, findet Tausende Meter keinen Halt mehr.»

Felix Kuen rief nach oben: «Ist alles in Ordnung?» Reinhold bejahte dies. Er fasste die Frage so auf, ob er und Günther noch gesund seien.

Daraufhin stiegen Kuen und Peter Scholz endgültig weiter in Richtung Gipfel. Messner rief noch einmal und deutete mit der Hand nach Westen, nach der Diamirseite.

Messner: «Er hat mich nicht verstanden. Bei dieser Höhe, im Wind, über hundert Meter hinweg sind Missverständnisse möglich, durchaus.»

«Aber es fiel kein Wort wegen des Seiles! Wir hätten geholfen, wären links um die Südspitze herum aufgestiegen und von dort zu Reinhold und Günther gegangen. [...] Wir hätten vielleicht fünf Stunden gebraucht, aber wir wären mit kompletter Ausrüstung dort gewesen.» (Kuen)

So sah es Scholz …

«Gegen 6 Uhr bilden wir uns ein, Rufe zu hören. Das mussten die Messners sein! Wir freuen uns schon auf die Begegnung. Die Freude bricht aber jäh ab, als Kuen Hilferufe zu hören glaubt. Was ist passiert? […]

Später kommen wir in Rufnähe. Jetzt erfahren wir, dass die Messners am Gipfel waren und nun vorhaben, auf einem anderen Weg abzusteigen. Komisch!»

[Anm. d. V.: Scholz hörte die Rufe nicht, nur Kuen vernahm sie: «Ich horchte angespannt nach oben, fragte Peter, ob er auch die Rufe gehört hätte. Er verneinte.»]

Reinhold (oben) und Günther Messner 1970. Reinhold Messner hatte am 27. Juni 1970 die Merklrinne bereits durchklettert, als er seinen Bruder Günther unterhalb von ihm aufsteigen sah. Der Jüngere war dem Älteren gefolgt, als er bei Absicherungsarbeiten die Geduld verloren hatte.

… und so Kuen

«Reinholds und Günthers Stimmen konnten wir schon seit dem Morgengrauen hören. [Anm. d. V.: Auch dies kann, in Anbetracht der von Messner geschilderten Situation, nicht gut möglich gewesen sein. Günther Messner befand sich im Biwak an der Westseite des Grates. In der Merklrinne hatte man seine Rufe sicher nicht hören können.]

Einmal meinte ich, Hilferufe zu hören. […] Gegen 9.30 Uhr bemerke ich eine Gestalt am Grat, die zeitweise dort auftaucht. Wir winken uns zu. In achtzig bis hundert Meter Entfernung kann ich Reinhold Messner erkennen. Er ruft ‹Hallo› und schreit uns dann zu, dass der Aufstieg westlich der Südspitze wesentlich kürzer sei als jener östlich davon. […] Ich erinnere mich der Hilferufe zwischen 6 und 8 Uhr und frage hinauf zu Reinhold, ob alles in Ordnung sei. Er ruft zurück: Ja, es ist alles in Ordnung. Ich atme auf, denn ich hatte nach den Hilferufen befürchtet, dass etwas passiert sei. […]

Und nun trägt mir Reinhold auf, den anderen auszurichten, er wolle über eine andere Route absteigen und werde dann schon wieder ins Basislager gelangen. Ich rate ihm von diesem Vorhaben dringend ab, worauf er sich mit einem Grußwort verabschiedet und sich bückt, um etwas aufzuheben; seinen Bewegungen nach sieht es so aus, als wäre es ein schwerer Rucksack. Dann verschwindet Reinhold am Grat.»

In Kuens Original-Tagebuch liest sich das anders. «Seine [Reinhold Messners; Anm. d. V.] letzten Worte, bevor wir uns trennten (ruflich), waren: Er gehe den westlichen Weg hinunter und komme schon sicher zum Basislager! Meine Entgegnung war: Das würde ich nie machen bei

Günther Messner (links) und Felix Kuen im komfortabel eingerichteten Lager 2 an der Direkten Rupalwand – die Körpersprache der beiden spricht Bände (oben); Felix Kuen nach seinem Gipfelaufstieg zum Nanga Parbat und einem Biwak in Nähe des Südgipfels zurück in Lager 4, links Werner Haim (unten).

so einem großen Berg. Daraufhin sind sie beide Richtung Westen verschwunden.»

Felix Kuen und Peter Scholz erreichen am Spätnachmittag des 28. Juni 1970 den Gipfel des Nanga Parbat und haben damit ebenfalls die Rupalwand vollständig bis zum höchsten Punkt des Achttausenders hinauf durchstiegen. Nahe des Südgipfels biwakieren sie, überstehen die sehr kalte Nacht ohne Erfrierungen und kehren am 29. Juni etwa gegen 14 Uhr ins Lager 5 zurück. Eine hervorragende, eine mustergültige Leistung! – Von den Brüdern Messner haben Kuen und Scholz von dem Augenblick an, da Ersterer Reinhold am Grat verschwinden sah, nichts mehr gesehen.

Reinhold Messner verlässt den Grat. In seinem 1971 erschienenen Buch «Die rote Rakete am Nanga Parbat», das wie ein Filmdrehbuch aufgebaut ist, beschreibt er die folgenden Minuten so:

«Reinhold geht zu Günther zurück. Völlig außer sich. Verzweifelt, zitternd läuft er über den Schneehang, stolpert und überschlägt sich einige Male.

(Dabei habe ich mir mit einem Steigeisen ein Loch in die Hand gerissen. Wie ein Bündel rollte ich selbst hinter mir her.)

Verstört läuft er an Günther vorbei und hinaus in die Sonne, die den linken Hang streift.

(Eine heftige innere Erregung hatte mich gepackt. Ich hatte für einen Augenblick die Sinne verloren. Wild jagten Gedanken durch meinen ganzen Körper.)

Reinhold stützt seine Brust auf den Pickel und brüllt.

(Ich höre es heute noch, weiß aber nicht mehr, warum.)

Günther geht zu ihm hin.

Günther: Jetzt bist du verrückt.

Die Betonung lässt darauf schließen, dass er jetzt weiß, dass vorher er verrückt war.

(Damit erwachte ich aus diesem furchtbaren Traum. Es war das einzige Mal, dass ich die Herrschaft über mich verloren hatte. Nun galt es etwas zu tun. Wir mussten handeln.)»

Reinhold Messner sieht nur eine Chance, seinen Bruder verhältnismäßig rasch aus der großen Höhe herauszubringen: den Abstieg über die im oberen Teil relativ wenig steile Diamirflanke.

Die Siegi-Löw-Gedächtnisexpedition vor ihrer Abreise. Ganz links Reinhold Messner; Herrligkoffer ist der sechste von links, rechts von ihm Günther Messner.

Eine starke Mannschaft

Doch zurück zum Beginn: Nach der Rupal-Kundfahrt 1963, der Winterexpedition 1964 und der Toni-Kinshofer-Gedächtnisexpedition 1968 gelingt es Karl M. Herrligkoffer, für die Siegi-Löw-Gedächtnisexpedition eine besonders starke Mannschaft «mit erfahrenen deutschen und österreichischen Bergsteigern» (R. Messner) zu gewinnen.

Aus der 1968er-Unternehmung ist noch der Spitzenbergsteiger Peter Scholz mit dabei. Reinhold Messner genießt bei Insidern den Ruf eines der europaweit besten Alpinisten. Felix Kuen und Werner Haim, starke österreichische Bergführer, sind geradezu eine «Bank». Gerd Baur aus Friedrichshafen – er sollte später als Bergfilmer bekannt werden – gilt als verwegener Extremer. Auch Jürgen Winkler, Profifotograf, verbucht schwierige Fahrten auf der Habenseite seines bergsteigerischen Kontos. Die Münchner Hans Saler und Gerd Mändl, der Ulmer Peter Kroh und der Allgäuer Peter Vogler glänzen mit beeindruckenden Tourenbüchern. Hermann Kühn aus Heidelberg ist der «alpinistische Lehrmeister» von Reinhard Karl. Auch dieser, der acht Jahre später als erster Deutscher auf dem Mount Everest stehen sollte, könnte mit zum Nanga Parbat. Doch das Abitur geht vor: «Schweren Herzens verzichte ich auf die Expedition – sonst wären alle Mühen meines Todeskampfes mit der Schule vergebens gewesen.»

Zunächst sind auch der Zillertaler Peter Habeler und der Osttiroler Sepp Mayerl, der «Blasl-Sepp» (der seinerseits als bergsteigerischer Lehrmeister von Reinhold Messner gilt) für die Teilnahme vorgesehen. Doch Habeler geht im Dezember 1969 nach Amerika, und Mayerl reizt mehr noch als die Durchsteigung der Rupalwand der unbetretene Achttausendergipfel Lhotse Shar.

Ersatz muss her. Reinhold Messner schlägt seinen Bruder Günther, mit dem zusammen er alpenweit schwierigste Klettertouren durchgeführte hatte. «Zwei Wochen später legte ich ein Telegramm für ihn unter den Weihnachtsbaum. Darin stand: BIN MIT GÜNTHER EINVERSTANDEN. KARL.» (R. Messner)

Mit zur Expeditionsmannschaft von 1970 gehören noch Michl Anderl, der einmal mehr als stellvertretender Expeditionsleiter eingesetzt ist, die Apothekerin Alice («Alex») von Hobe – von Herrligkoffer mit der Durchführung medizinisch-wissenschaftlicher Aufgaben betraut –, Wolf-Dietrich Bitterling, der Sohn des Watzmannhaus-Wirts Albert Bitterling (dieser leitete den Konvoi der drei Lkws, mit denen die neun Tonnen Expeditionsgepäck auf dem Landweg nach Rawalpindi transportiert wurden), Elmar Raab, der zunächst nur für den Gepäcktransfer vorgesehen und als Letzter in die Expeditionsmannschaft aufgenommen wurde, und als Expeditionsgast Max Engelhardt von Kienlin.

Zum Hauptlager

Am Abend des 26. April 1970 trifft sich die gesamte Expeditionsmannschaft in Rawalpindi. Nach Abwicklung der üblichen Bürokratie und nach Wartetagen wegen Schlechtwetters kann endlich am 9. Mai nach Gilgit geflogen werden. Captain Quayyum steuert die kleine «Herkules» so nahe wie möglich an den Nanga Parbat heran. «Bald fliegen wir über die Felsköpfe hinweg, die zum Hauptgipfel hinaufführen, sehen hinab in die Eisrinnen, die zwischen den Köpfen fast senkrecht gegen die Rupalwand hinabstürzen – eine davon ist die Merklrinne.» (Herrligkoffer)

Am 12. Mai geht es mit Jeeps weiter ins Astortal. Dort ist nach drei Meilen Fahrt wegen der kaputten Straße Endstation. Die Expeditionsteilnehmer kommen nur noch per pedes voran. Bergbauern mit ihren Pferden und Eseln machen sich als Kulis verdient.

Einige Tage später wird der Hauptlagerplatz auf der Hochweide Tap (3560 m) erreicht. Die Durchsteigung der Rupalwand des Nanga Parbat, der höchsten Wand der Erde, kann beginnen.

Reinhold (links) und Günther Messner im Lager 3 an der Direkten Rupalwand, wo sie etliche Tage lang – bei schlechtestem Wetter – ausgeharrt hatten, um bei Besserung sofort wieder den Aufstieg vorantreiben zu können (oben); Günther Messner schaufelt Hochlagerplatz 3 aus (unten).

An der Rupalwand

Am 17. Mai 1970 wird das Hochlager 1 auf 4600 Metern errichtet. Vier Tage später versichern die Brüder Messner, Haim, Mändl und Baur die untere Hälfte der Wieland-Eiswand. Tags darauf vollenden Peter Scholz und Gerd Mändl diese Arbeit.

Nach zwei Schlechtwettertagen gelingt es Kuen, Mändl, Saler und Scholz, den Platz des Windenlagers (5800 m) zu erreichen. Wiederum zwei Tage später pickeln und schaufeln Kuen und Scholz die Seilwinde der 68er-Expedition aus dem eineinhalb Meter dicken Eis. «Auch das drei Millimeter dicke und 350 Meter lange Drahtseil fanden wir unversehrt.» (Kuen) Bald darauf versichern Reinhold und Günther Messner den unteren Teil des Welzenbach-Eisfeldes, und Lager 3 wird in einer Eishöhle als Akklimatisationsstützpunkt ausgebaut.

Während der ersten Junitage statten die Bergsteiger den Welzenbachgletscher und das Welzenbachcouloir mit Sicherungen aus, und am 3. Juni kann der letzte Teil der Route bis zum vierten Hochlagerplatz hinauf mit Fixseilen abgesichert werden.

«Um 5 Uhr morgens sind Felix, Peter, Günther und ich zu Lager 4 aufgebrochen. Das Wetter war gut, und bald hatten wir die ersten 400 Meter hinter uns. Dann kam blankes Eis, steil wie die Ortler-Nordwand. Es begann zu schneien – dauernd kleine Schneerutsche. Die letzten hundert Meter zum Eiswulst mussten noch versichert werden. Am Nachmittag erreichten wir die Stelle vom Lager 4 von 1968. Wir konnten uns kaum noch verständigen, der Schneesturm wurde von Minute zu Minute stärker. Einer grub ein Loch in den Schnee, Peter legte seinen Biwaksack hinein, dann begruben wir unsere Lasten.

Sofort stiegen wir wieder abwärts, an den fixen Seilen – mehr als 800 Meter schwieriges Gelände. Jeder kämpfte mit den vereisten Seilen. Am blanken Eis rutschten die Eisen. Abwärts. Um 17 Uhr waren wir alle zurück. Das war bisher unser härtester Tag am Nanga.» (R. Messner)

Danach folgt miserabelstes Wetter. Bis auf die Messner-Brüder steigen alle ins Hauptlager ab. Reinhold und Günther harren zunächst noch in Lager 3 aus. Das Wetter wird für zwei Tage schön, aber danach so schlecht, dass sich endlich die gesamte Mannschaft im Hauptlager wiederfindet.

Am 17. Juni 1970 ersteigen Reinhold und Günther Messner den 5950 Meter hohen Shaigiri Peak (Reinhold Messner bezeichnete ihn als

Schwerstarbeit bei starkem Schneefall im Windenlager (5800 m), wohin von so genannten «Plastikbomben» ummantelte Lasten über die Wieland-Eiswand hochgekurbelt wurden.

Rechte Seite: Lager 4 auf 6700 Meter Höhe im Merkl-Eisfeld (oben); das geräumige Lager 2 inmitten des Wielandgletschers (unten).

Heran Peak) zum ersten Mal. Max von Kienlin gelangt bis zum Mittelgipfel. Während dieser Expeditionsphase erkrankt Karl M. Herrligkoffer an einer Lungenentzündung, die ihn zehn Tage lang ans Zelt fesselt.

Vor den entscheidenden Tagen

Am 18. Juni 1970 bricht die Mannschaft erneut in die Rupalwand auf. Eine Schönwetterperiode bahnt sich an. Am 23. Juni wird der vierte Hochlagerplatz erreicht, anderntags das Lager 4 hundert Meter weiter nach oben verlegt.

Am 25. Juni steigen die Messner-Brüder über das Merkl-Eisfeld hinauf und legen, nahe des Einstiegs in die Merklrinne, den Hochlagerplatz 5 fest. Am gleichen Tag schleppt Hermann Kühn zwei Sauerstoffflaschen vom Lager 3 zum Lager 4. Nicht zur Erleichterung der Gipfelersteigung, sondern «für den äußersten Notfall. Höhenkoller, Lungenentzündung? Wer weiß es?» (Kuen)

Am 26. Juni errichten Felix Kuen und Peter Scholz in kräfteraubender Arbeit Lager 5. Aus einem 50 bis 60 Grad steilen Hang hauen und schaufeln sie einen etwa fünf Quadratmeter großen, ebenen Zeltplatz heraus. Vor allem das Aufblasen der Luftmatratzen ist sehr anstrengend. «Gegen 11.30 Uhr haben sie es geschafft. Ein kleines rotes Klepperzelt bildet in 7350 Meter Höhe den letzten Stützpunkt vor dem Gipfel – eher ein Biwak als ein Lager.» (Herrligkoffer)

«Alle Lager waren besetzt. Jeder gab sein Bestes, um die Besteigung zu einem erfolgreichen Abschluss zu bringen. Sogar Peter [Vogler; Anm. d. V.], der lange krank gewesen war, stieg wieder in die Wand ein, um mitzuhelfen.» (R. Messner)

Das umstrittene Funkgespräch

Am Nachmittag des 26. Juni erfolgt das für die weiteren Geschicke der Expedition mit entscheidende Teleportgespräch. In Reinhold Messners «Roter Rakete» klingt das folgendermaßen:

«Es ist knapp vor 14 Uhr. Gerhard sitzt auf seiner Luftmatratze. Felix und Peter kochen. Günther ist im Zelt. Als er heraustritt, blinzelt er, so grell ist die Sonne. Reinhold nimmt das Teleportgerät und drückt eine Taste. Man hört ein Geräusch.

Reinhold: Hier Lager 4. Basislager bitte kommen.

Stimme: Hier Basislager. Wie gehts?

Man sieht Karl im Basislager, das Teleportgerät in der Hand.

(Wir haben viel miteinander gesprochen: über Ausrüstung, die heraufzubringen war, über Sauerstoffflaschen und Proviant, über den geplanten Gipfelangriff und Arbeitsaufteilung. Dann kam das Gespräch auf das Wetter.)

Reinhold: Meinst du, das Wetter hält noch? Im Westen und Osten steht eine breite Wolkenbank.

Karl: Ja, ich weiß, das ist der anrückende Monsun.

Reinhold: Die Wolken kommen stündlich näher. Wir müssen uns sehr beeilen.

Karl: Lange wird es nicht mehr halten.

Reinhold: Günther, Gerhard und ich wollen heute noch ins Lager 5 aufsteigen. Wir gehen hier weg, wenn die Sonne hinterm Westsattel verschwindet, so gegen 5 Uhr. Wenn der Wetterbericht gut ist, werden wir morgen die Merklrinne versichern, so weit wir kommen. Wenn der Wetterbericht schlecht ist, will ich versuchen, allein hinaufzugehen, so weit ich komme, eventuell auch bis zum Gipfel. Wir haben bei einem neuen Schlechtwettereinbruch sonst keine Chance mehr. Eine stufenweise Präparierung der Merklrinne wäre dann ausgeschlossen.

Karl: Reinhold, du sprichst mir aus der Seele. (Karl war sehr begeistert von meinem Vorschlag. Auch er wusste, dass bei einer Wetterverschlechterung allein ein Blitzversuch den Erfolg bringen konnte.)

Reinhold: Kannst du uns den Wetterbericht abends um 8 Uhr mit Raketen durchgeben? Rot bei schlechtem Wetter, Grün bei gutem Wetter [eine Idee von Gerd Baur; Anm. d. V.]. Im Lager 5 haben wir kein Funkgerät mehr.

Karl: Das ist eine gute Idee. Ich gehe nachsehen, ob auch rote und grüne Raketen da sind.

(Karl ließ das Funkgerät liegen und ging ins Lager. Nach einigen Minuten kam er zurück an das Gerät.)

Karl: Wir haben nur rote und blaue.

Reinhold: Also machen wir es so: Rot bedeutet schlechter Wetterbericht, ich werde es allein versuchen. Ich gehe, so weit ich komme, und will schauen, dass ich am Abend im Lager 5 zurück bin. Blau bedeutet guter Wetterbericht, wir werden zu dritt den untersten Teil der Merklrinne versichern und in den nächsten Tagen zu viert einen Gipfelvorstoß versuchen. Wenn der Wetterbericht zweifelhaft ist, schieß bitte eine blaue und eine rote Rakete. Wir werden dann oben entscheiden, was wir machen. Je nachdem.

Karl Maria Herrligkoffer am Teleportgerät. Diese schweren Funkgeräte wurden nur bis Hochlager 4, nicht bis Lager 5, dem Ausgangsstützpunkt für den Gipfelaufstieg, mitgetragen. In einem Teleportgespräch zwischen Basislager und Lager 4 trafen Herrligkoffer und Reinhold Messner ihre Absprache mit den Signalraketen.

Karl: Einverstanden.

(Er hat die Raketenzeichen und die Bedeutung noch öfter wiederholt. Es gab keinen Zweifel über unsere Vereinbarungen an diesem 26. Juni.)

Herrligkoffers Version

«Am Nachmittag des 26. Juni meldet sich Reinhold Messner am Teleport aus Lager 4. Noch heute Abend will er mit seinem Bruder und Gerd Baur zum Lager 5 aufsteigen, das Felix Kuen und Peter Scholz am Morgen errichtet haben. Er spricht von einer breiten Wolkenfront im Süden, die eilige Entscheidungen veranlasse. Ein Funkgerät würden sie nicht mit nach Lager 5 hinaufnehmen. Wir wollen deshalb den Spezialwetterbericht für unsere Expedition, den wir täglich gegen 18 Uhr aus Peshawar durch das Radio erhalten, mittels Raketensignal nach Lager 5 durchgeben. Zu diesem Lager haben wir ebenso wie zu den Lagern 2 und 3 Sichtverbindung.

Zunächst ist von zwei Raketenfarben die Rede – von Rot und Grün. Rot soll schlechten, Grün guten Wetterbericht bedeuten. Ich unterbreche kurz das Teleportgespräch. Michl Anderl und ich gehen ins Zelt, stellen aber fest, dass wir lediglich zwei Raketen mit roter und zwei mit blauer Banderole haben. Vermutlich sind die andersfarbigen Raketen in den Hochlagern. [Diese Vermutung erwies sich als richtig: Alle anderen Raketen wurden von Gerd Baur in die Hochlager mitgenommen; Anm. d. V.]

Beim weiteren Teleportgespräch korrigiere ich die Farben von Rot und Grün auf Rot und Blau.

Im Hauptlager: Ich bediene das Teleportgerät – Michl Anderl hört mit mir zusammen an der Muschel. Alice von Hobe und Wolf-Dietrich Bitterling stehen vor uns und bekommen alle meine Antworten genau mit. Nach Ende des Gesprächs diskutieren wir gemeinsam das eben Gesagte noch einmal durch. Wir vier haben folgende Vereinbarung in Erinnerung:

Schönes Wetter: blaue Rakete. – Die Besatzung von Lager 5 versichert am nächsten Morgen die Merklrinne mit der dort lagernden Reepschnur, um am 28. Juni, also am nächsten Tag, gemeinsam mit Felix Kuen und Peter Scholz zum Gipfel aufzubrechen.

Zweifelhaftes Wetter: blaue und rote Rakete zusammen. – Eigene Entscheidung der Besatzung von Lager 5. Dazu sagt Reinhold Messner: Für diesen Fall würde ich wenigstens einen Vorstoß die Merklrinne hoch versuchen. – Darauf erwidere ich: ‹Du sprichst mir aus der Seele.› Denn auch ich bin der Meinung, dass man jetzt, nach der Errichtung des Lagers 5, alles versuchen sollte, was die Wetterverhältnisse zulassen.

Schlechter Wetterbericht: rote Rakete. – Stop. Abwarten im Lager 5 oder Rückzug. Die rote Rakete wird nicht besonders besprochen. Bei schlechtem Wetter – das bedeutet Schneefall und Höhensturm – wäre der Gipfel des Achttausenders aus 7350 Meter Höhe sowieso nicht zu erreichen, und ein Vorstoß käme schon im Bereich der Merklrinne wegen Lawinen- und Steinschlaggefahr einem Selbstmordversuch gleich.

Im Lager 4: Reinhold Messner bedient das Teleportgerät. Die andere Lagerbesatzung – Günther Messner, Felix Kuen, Peter Scholz, Gerd Baur – hört allenfalls Reinhold Messner sprechen, nicht aber meine Antworten.

In den Lagern 3 und 2: Dort sind Dr. Kühn bzw. von Kienlin am Teleport; sie schließen sich der Auslegung Reinhold Messners an, das heißt Gipfelgang im Alleingang bei roter Rakete!»

Gruppenbild mit Dame. Neben Einheimischen posieren die Apothekerin Alice von Hobe und Herrligkoffer.

Zwei Zeugenaussagen

Interessant sind in diesem Zusammenhang Zeugenaussagen von Expeditionsteilnehmern beim Landgericht München I:

«Ich habe gehört, dass Reinhold Messner gesagt hat, er werde bei drohendem Schlechtwetter, das durch eine rote Rakete angekündigt werden sollte, er den Alleinversuch zum Gipfel unternehmen werde, das heißt so weit gehen werde wie möglich.» (Originalwortlaut der Zeugenaussage von Gerhard Baur)

«Ich kann mit Sicherheit ausschließen, dass eine Vereinbarung zwischen Dr. Herrligkoffer und Reinhold Messner getroffen wurde für den Fall des Abschusses einer roten Rakete dergestalt, dass Reinhold Messner im Alleingang den Gipfel nehmen sollte. Von einer entsprechenden Weisung kann danach schon gar keine Rede sein. (Originalwortlaut der Zeugenaussage von Felix Kuen)

Felix Kuen konnte jedoch, wie Herrligkoffer selbst einräumte (siehe Seite 152), dessen Antworten gar nicht mithören. In seinem 1972 erschienenen Buch «Auf den Gipfeln der Welt» schreibt Kuen denn auch: «Ich hörte Reinhold sprechen, Dr. Herrligkoffer aber nicht. Wenn das Wetter schlecht würde, dann wolle er, Reinhold, probieren, ob die Merklrinne durchsteigbar wäre. Dann hätten wir zumindest die Wand zur Gänze hinter uns. – ‹Ich werde es allein versuchen›, sagte er leise. Er wolle abends wieder im Lager 5 sein. Wir glaubten fest, er meine nur die Merklrinne; das mussten wir schon deshalb annehmen, weil auf Grund der örtlichen Verhältnisse eine Rückkehr vom Gipfel ins Lager 5 noch am gleichen Tag total unmöglich erschien.»

Die rote Rakete

Der Wetterbericht aus Peshawar lautet: «Weather fair.» Herrligkoffer gibt dies zu den Hochlagern 2, 3 und 4 durch. Aber:

«Punkt 8 Uhr steigt eine rote Rakete in den Himmel. Wir warteten auf eine zweite. Sie kam nicht.

Für einige Minuten habe ich gezweifelt. Dann stand es für uns fest. Ich sollte am nächsten Tag einen Gipfelangriff versuchen, so war es zwischen Karl und mir vereinbart.» (R. Messner)

«Zwei Stunden später [nach der Radioansage des Wetterberichts; Anm. d. V.] schießt Michl Anderl, dem Wetterbericht entsprechend, eine Rakete mit blauer Banderole ab. Wir sind nicht wenig schockiert, als eine rote Leuchtkugel in den Himmel steigt. Würde die Besatzung von Lager 5 daraus eine schlechte Wetterankündigung ableiten und den nächsten Tag ungenutzt verstreichen lassen, könnte trotz tatsächlich schönen Wetters unser Angriffsplan samt der Versicherung der Merklrinne gefährdet werden. Bis zum nächsten Morgen ist keine Nachrichtenübermittlung zu den Hochlagern möglich.

Für alle Fälle suchen wir sofort im Zelt von Gerd Baur. Vielleicht liegt dort noch eine andersfarbige Rakete. Aber wir finden keine. Wir müssen auf die Wettererfahrung der Spitzenmannschaft vertrauen, die ja auch weiß, dass Wettervorhersagen stimmen können oder nicht. Wie wir später von Gerd Baur erfahren, wird die rote Rakete tatsächlich skeptisch aufgenommen.» (Herrligkoffer)

Aufbruch zum Alleingang

Jedenfalls steht Reinhold Messner am 27. Juni 1970 um 2 Uhr morgens im Lager 5 auf – angezogen mit fünf Bekleidungsschichten unten, sieben oben; er braucht lediglich noch Überhose, Schuhe und Anorak anzuziehen. In diesen hatte er am Abend vorher das Wichtigste für den Gipfelsturm verstaut. (Gerd Baur erinnert sich noch sehr gut an die Worte Reinhold Messners vor seinem Aufbruch. Reinhold bat eindringlich, dass sie – sein Bruder Günther und Gerd – unbedingt warten sollten, bis er wieder zurückkäme. Das sei ihm sehr wichtig gewesen. Und: Es straft alle Spekulationen, Reinhold Messner hätte eine Nanga-Parbat-Überschreitung vorgehabt, Lügen! Anm. d. V.)

Reinhold Messner befestigt die Steigeisen an seinen Stiefeln und geht los, beginnt im Schein der Stirnlampe in der Merklrinne aufwärts zu klettern. Manche Stellen bewertet er mit dem IV. Schwierigkeitsgrad. Einen überhängenden Aufschwung im oberen Teil der Rinne kann er auf einer Rampe im III. Grad umgehen. Über eine weitere Rampe verlässt er die Rinne gegen die Südschulter hin.

Günther klettert seinem Bruder nach

Reinhold Messner bleibt stehen, um zu rasten, und schaut zurück; er erschrickt, als er ein Stück unterhalb jemanden aufsteigen sieht. Es ist sein Bruder Günther. «Hast du ein Seil?», fragt ihn Reinhold. Günther verneint. «In weniger als vier Stunden hat er die gesamte Merklrinne durchstiegen. Fast 600 Meter und in dieser Meereshöhe, eine unglaubliche Leistung.» (R. Messner)

Gerd Baur und Günther Messner hatten in aller Frühe damit begonnen, die Reepschnur für die Absicherung der Merklrinne vorzubereiten. «Ein ‹Seilsalat› bringt Günther Messner in Zorn. Er wirft das Seil hin und steigt seinem Bruder nach. Gerd Baur bleibt im Lager 5. Später hören wir, dass er wegen Halsschmerzen den ganzen Tag über im Zelt lag.» (Herrligkoffer)

Der Gipfel und ein anderer Abstieg

Reinhold und Günther Messner steigen gemeinsam bis zum Gipfel des Nanga Parbat, den sie am 27. Juni 1970 etwa um 17 Uhr erreichen. Damit sind sie die ersten Menschen, die die gesamte Rupalwand durchstiegen haben. «Wir fotografierten uns gegenseitig, schauten viel, blieben eine Stunde. Als wir wieder gingen, wollte ich die großen Norwegerhandschuhe wieder anziehen. Sie waren so hart gefroren, dass ich sie nicht mehr über die beiden anderen Paare streifen konnte. Da ich ein Paar in

Reserve hatte, legte ich die beiden Klumpen auf die ersten Steine westlich der Gipfelkuppe und legte einige Steine darauf. Ein Steinmann. Ich wusste an diesem Abend noch nicht, dass diese Handschuhe der einzige Beweis unserer Gipfelbesteigung sein würden. Ich wusste nur, dass große Leute immer Beweise wollen, und deshalb hatten wir viele Bilder geschossen.» (R. Messner)

Die beiden Messners beginnen mit dem Abstieg. An der Scharte zwischen Südschulter und oberstem Gipfelgrat muss Reinhold auf seinen Bruder warten. Dieser ist sehr müde und möchte nach Westen, auf einer einfacheren Route, absteigen. Der Aufstiegsweg erscheint ihm als zu schwierig.

«Reinhold: Hier gegen Westen ist es auch nicht ganz leicht.

Günther: Aber leichter.

Reinhold: Und morgen?

Günther: Vielleicht können wir unten an der Scharte hineinqueren. Sonst müssen wir um ein Seil rufen. Die anderen werden die Rinne versichern. [...]

Reinhold (zeigt nach Westen): Dann steigen wir da ab.»

Nach mehr als einer Stunde erreichen sie ihren Biwakplatz.

Am nächsten Tag setzen Reinhold und Günther ihren Abstieg in der Diamirflanke des Nanga Parbat fort. Da hält der Ältere noch einmal inne und schlägt vor, dass er allein zum Lager 5 hinuntersteigen, das Seil nehmen und wieder heraufklettern wolle. Doch Günther erwidert, dass dies einen ganzen Tag Zeit in Anspruch nähme, er ein weiteres Biwak in dieser Höhe nicht aushalten könne und sicher sterben würde. Also gehen sie endgültig über die Diamirflanke hinunter.

Reinhold sucht die besten Abstiegsmöglichkeiten. Er findet einen Durchschlupf zwischen den beiden großen Séraczonen. Die Brüder steigen über blankes Eis abwärts, bis sie die oberste der Mummery-Felsrippen erreichen. An ihr klettern sie tiefer.

«Ab und zu hatte ich den Eindruck, dass wir zu dritt sind, wusste aber, dass dies eine Täuschung war. Um Mitternacht erst begannen wir mit dem Biwak, mitten an der obersten Mummeryrippe. Um 3 Uhr kam der Mond. Günther hatte sich einigermaßen erholt. Wir stiegen weiter ab und erreichten bei Tagesanbruch leichte Firnhänge links der beiden unteren Rippen.

Peter Scholz, fotografiert von Felix Kuen, am 28. Juni 1970 auf dem Gipfel des Nanga Parbat. Scholz und Kuen hatten einen Tag nach den Brüdern Messner als Zweite die gesamte Direkte Rupalwand durchstiegen.

Zwischen zwei Gletschern wollten wir unten durchgehen, um ins Grüne zu kommen. An der ersten Quelle im Grünen wollten wir aufeinander warten. Wir liefen einen harten Firnhang hinunter, einer hinter dem anderen. Ich war schneller, wartete ab und zu. Schwierigkeiten waren keine mehr da.»

Günther kommt nicht

«Unten, auf einem Gletscherboden am Fuße der Wand, entschloss ich mich, nach links abzubiegen und einen langen Lawinenkegel auszunutzen. Die Sonne kam. Der Gletscher begann zu fließen. Ich trank viel, wurde müde und müder. Immer wieder schaute ich zurück, und weil Günther nicht kam, nahm ich an, dass er oben näher am Wandfuß geblieben war, um dort schneller ins Grüne, zum Quellwasser zu kommen.

Ich sah Leute, die mir entgegenkamen, einer mit einem Pferd stand am Rand der Eislawine. Ich winkte. Erst spät kam ich darauf, dass es eine Täuschung war. Ich setzte mich an einen Gletscherbach und trank. Ich

NANGA PARBAT (8125 m)
Südschulter
Merkl-Rinne
Lager 5
(7400 m)
Merkl-
Eisfeld
Lager 4
(6700 m)
Welzenbach-
Couloir
Welzenbach-
Eisfeld
Lager 3
(5900 m)
Winden-Lager
(5800 m)
300 m Seilaufzug
Herrligkoffer-Route
Lager 2
(5500 m)

UNTE-Exklusiv:

ls erste Bergsteiger ezwangen einhold und Günter lessner, Peter cholz und Felix Kuen on der Herrligkoffer-xpedition den chicksalsberg im imalaja über die öchste Steilwand er Erde.

Bitterer Sieg am Nanga Parbat

Nach dem Triumph kam der Tod

Kühn zieht sich die Herrligkoffer-Route durch die Rupal-Flanke des Nanga Parbat (ganz links). Auf diesem Weg bezwangen Reinhold und Günter Messner, Peter Scholz und Felix Kuen am 27. und 28. Juni zum erstenmal die gewaltigste Steilwand der Erde: 4500 Meter hoch steht sie über dem Rupal-Tal. Namen erinnern an die ersten deutschen Opfer des Berges: Merkl, Wieland, Welzenbach. Auch diesmal mußte sich das Team durch Monsunsturm und Neuschnee hinaufkämpfen (l.). Auch diesmal forderte der „Schicksalsberg der Deutschen" tödlichen Tribut.

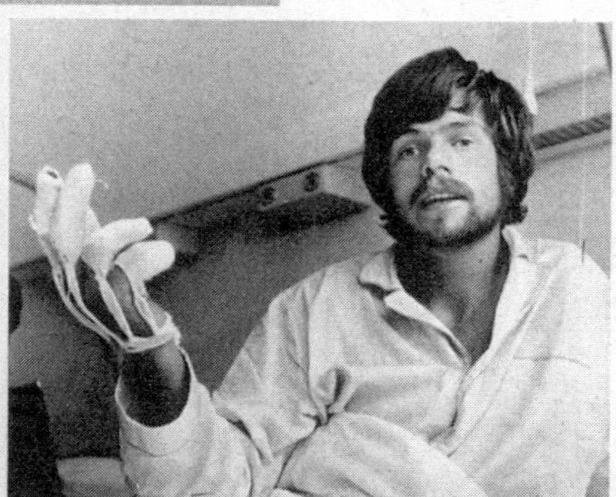

Tragischer Sieg: die Brüder Messner aus Südtirol. Der 25jährige Reinhold liegt mit schweren Erfrierungen in der Innsbrucker Universitätsklinik. Den 23jährigen Günter (l.) begrub eine Eislawine beim Abstieg vom Gipfel durch die Diamir-Flanke. Ganz links: eines der letzten Bilder von Günter vor dem Biwakzelt unter einer Eiswand in der Rupal-Flanke.

Innsbruck, Universitätsklinik. In Zimmer acht der Abteilung für Gefäßkrankheiten liegt Reinhold Messner. Der 26jährige Bergsteiger aus Südtirol hat seinen Sieg über den Nanga Parbat teuer bezahlen müssen. Er verlor seinen Bruder Günter. Und er zog sich bei der Suche nach dem Vermißten schwere Erfrierungen zu, an der rechten Hand und an beiden Füßen. Einige Zehen am linken Fuß werden demnächst amputiert.

Und das war das Drama am Schicksalsberg der deutschen Bergsteiger im Himalaja, so wie Reinhold Messner es BUNTE-Redakteur Wolf Strohmeyer erzählte:

Am 26. Juni steigen sie vom Lager vier zum Lager fünf in 7400 Meter Höhe auf: Reinhold und Günter Messner, Gerhard Baur, Peter Scholz und Felix Kuen. Und dann kommt vom Lager des Expeditionsleiters ein rotes Raketensignal. Das bedeutet: Reinhold Messner, einer der besten Bergsteiger der Welt, soll allein den Gipfel angehen. Am 27. Juni, zwei Uhr morgens, bricht er auf. Ohne Seil, mit Verpflegung für einen Tag und einer kleingepackten Folie als Wind- und Biwakschutz. Baur und Bruder Günter sollen 200 Meter der Merkl-Rinne sichern, um ihm den Abstieg zu erleichtern. Sechs Stunden später klettert Günter seinem Bruder Reinhold nach, holt ihn ein. Um 17.30 Uhr stehen beide auf dem Gipfel in 8125 Meter Höhe.

„Günter fühlte sich nicht gut", erzählte Reinhold Messner der BUNTEN. „Deshalb haben wir erstmal auf der Südschulter biwakiert. Und dann wurde er höhenkrank. Günter erholte sich wieder ein wenig. Aber er war zu schwach, um den geplanten Abstieg durch die Merkl-Rinne schaffen zu können. Ein Seil mußte her." Kuen und Scholz sind in der Rinne auf Rufweite. „Holt ein Seil!" brüllt Reinhold. Aber wegen des Sturms hören sie ihn nicht, klettern weiter . . .

Um elf Uhr am 28. Juni beschließen die Messner-Brüder, auf einer anderen Route abzusteigen — über die Diamir-Flanke. Sie kommen gut voran. Am 29. klettern sie über den Gletscher zu Tal. Der Abstand beträgt erst 100 bis 150 Meter, dann vergrößert er sich. Aber bei erfahrenen Bergsteigern bedeutet das nichts.

„Am unteren Rand des Gletschers wollten wir uns treffen", erinnert sich Reinhold Messner. Aber Günter kommt nicht. Reinhold wartet. Wird unruhig. Und dann steigt er zurück. Bis zu der Stelle, wo er seinen Bruder zuletzt gesehen hat. Keine Spur . . . Als er wieder absteigt, findet er die Trümmer einer großen Eislawine. Noch kann er nicht glauben, daß sie zum Grab seines Bruders geworden ist. Verzweifelt beginnt er zu suchen. Schließlich übermannt ihn der Schlaf . . .

Zweieinhalb Tage später finden die Bewohner des Dimirai-Tales einen völlig erschöpften Mann. Es ist Reinhold Messner, der sich trotz seiner schweren Erfrierungen mit letzter Kraft ins Tal hinuntergeschleppt hat.

Vorangehende Doppelseite: Die «Bunte Illustrierte» war um sachliche Berichterstattung bemüht. Senator Franz Burda, damals Herausgeber dieser Wochenzeitschrift, traf in Rawalpindi auf die anreisende Expedition. Burda zeigte sich als großzügiger Gönner und stellte Herrligkoffer – auch diese Unternehmung befand sich in Geldnöten – einen Blankoscheck aus.

hörte Stimmen von Freunden, die Mutter, unbekannte Stimmen, plötzlich hörte ich Günther neben mir reden. Er war nicht da.

Ich ging weiter, die Schritte wurden immer plumper, erreichte den Rand des Gletschers, stieg die Moräne hinauf und suchte am Hang nach einer Quelle. An jedem Gletscherbach musste ich trinken.

Ich fand den Lagerplatz früherer Diamir-Expeditionen, fand eine Quelle, aber Günther war nicht da. Ich schaute noch, ob er weiter draußen war, dort war er auch nicht. Ich wollte warten! Er musste jeden Augenblick da sein.»

Reinhold Messner zieht sich aus, wäscht sich, trinkt. Günther kommt nicht. Reinhold legt seine Kleider an, lässt alles Überflüssige an einem Felsklotz zurück und geht der Moräne entlang taleinwärts. Er ruft, immer wieder, hetzt zurück zu seinen Sachen und ein Stück weit in Richtung Tal. Dann läuft er mit dem Pickel zum Gletscher, in dessen Sumpf – es ist Nachmittag geworden – er bis zu den Knien hinauf nass wird. Reinhold müht sich über den Lawinenkegel zurück bis in das Becken, wo er Günther zuletzt gesehen hatte.

Nach Sonnenuntergang steigt Reinhold Messner zwischen den beiden Gletschern ab – auf der Route, die Günther gegangen sein musste – und erschrickt angesichts der Trümmer einer Eislawine.

Es wird Nacht. Reinhold irrt auf dem Gletscher umher, schläft ein, die Kälte schüttelt ihn wieder wach. Er ruft nach seinem Bruder, ruft und ruft die ganze Nacht hindurch, und sucht ihn zwischen den Eistrümmern.

Am Morgen ruft der Ältere immer noch, wenn ihm auch bewusst ist, dass es keinen Sinn mehr hat. Erneut steigt er ein Stück bergauf, dann kehrt er zum Lagerplatz zurück und fällt für einige Stunden in den Schlaf der vollkommenen Erschöpfung. Er wacht auf und wartet, ruft in den Abend hinein, legt sich endlich unter den Felsklotz und versucht zu schlafen.

Allein zurück

Am nächsten Morgen, dem 1. Juli 1970, kann sich Reinhold Messner lange nicht entscheiden. Als die Sonne wieder in die Diamirwand scheint, packt er seine Sachen in den Anorak und bricht auf – talauswärts. Er hat sich im Laufe der Nacht auf dem Gletscher die Füße erfroren, die Zehen sind blau.

Qualvoll ist der Gang über einen toten Gletscher und das Emporsteigen an der Randmoräne. Droben bleibt Reinhold einfach liegen, schläft ein und wacht erst am späten Nachmittag wieder auf. Er schleppt sich zu einer Almwiese und trifft auf drei Männer: Bauern, die ihn mit zu ihrem Hof nehmen.

Am 2. Juli begleitet ein junger Bursche Reinhold, der kaum noch gehen kann, bis Diamir. Messner rastet im Gebetshaus und bittet einige Männer, ob sie ihn tragen würden. Er bietet ihnen alles an Ausrüstungs- und Kleidungsstücken an, was er noch hat.

«Nun verlangten sie mein letztes Hemd. Das hat mich so geärgert, dass ich alles zusammenpackte, die Steigeisen in die nächste Wiese warf und mich aufrichtete. Ich konnte nur stehen. In einer Hand den Pickel, in der anderen einen Stock, so schwankte ich durchs Dorf.

Am Dorf-Ende kamen zwei nach. Einer trug ein Gewehr. Ich hatte Angst. Die beiden waren mir später sehr behilflich. Meine erfrorenen Füße waren sehr geschwollen. Als ich nicht mehr stehen konnte, trugen sie mich abwechselnd. Wo es schwer (II) zu klettern war, ging es schon irgendwie. Wenn es steil aufwärts ging, kroch ich.»

Auf halbem Weg nach Diamirei schickt Reinhold Messner einen seiner Helfer voraus, damit er Leute holen solle. Nach Stunden kommt er wieder und bringt etwa acht Männer mit. Die tragen den Erschöpften bis Diamirei, wo er isst und mitten auf dem Dorfplatz schläft. Reinhold leidet unter hohem Fieber.

Die Expedition trifft auf Reinhold Messner

Am Morgen des 3. Juli baut Messner eine Trage, auf der ihn die Bauern zur Bunarbrücke im Industal bringen. «Die Sonne stach ununterbrochen vom Himmel, Schatten gab es kaum. Erst unter der Brücke habe ich wieder klar denken können. Dort lag ich einige Stunden.»

Ein Jeep kommt vorbei, doch er fährt in die Gilgit entgegengesetzte Richtung. Als er wieder zurückkommt, hält der Fahrer, ein pakistanischer Offizier, an. Zunächst bringt er Reinhold in seine Kaserne, wo er sich waschen kann. Auch zu essen bekommt er.

Noch am selben Abend geht die Fahrt weiter in Richtung Gilgit. 16 Meilen davor ist die Straße durch einen Felssturz unterbrochen. «In einem Rasthaus neben der Straße sollte ich warten, bis die Gesteinsmassen beseitigt wären. Zufällig kam auch Karl zur unterbrochenen Stelle. Sie hatten inzwischen das Basislager abgebrochen und waren auf dem Heimweg. So trafen wir uns hier mitten in der Nacht wieder, acht Tage nachdem wir per Funk zum letzten Mal miteinander gesprochen hatten.»

Gegen Mitternacht wird Gilgit erreicht. Herrligkoffer und Alice von Hobe behandeln Reinhold Messners Erfrierungen. Am 8. Juli 1970 mittags landen er, Herrligkoffer, von Hobe, von Kienlin und Haim in München. Werner Haim begleitet Reinhold in einer kleinen Sondermaschine nach Innsbruck, wo er sogleich in die dortige Universitätsklinik gebracht wird.

Reinhold Messner verliert am linken Fuß die erste und die zweite Zehe nahezu vollständig sowie die dritte und vierte Zehe ab Mittelgelenk; am rechten Fuß müssen die Endglieder der ersten und der zweiten Zehe amputiert werden.

Nach der Expedition

Die in der Folge veröffentlichten Darstellungen, Gegendarstellungen und Polemiken gehören schlechthin zum Traurigsten in der gesamten Geschichte des Expeditionsbergsteigens. Dieses unerfreuliche Nachspiel gipfelt

– in einer Zivilklage des Deutschen Instituts für Auslandsforschung gegen Reinhold Messner wegen vorsätzlichen Bruches des Expeditionsteilnehmervertrages,

– in einer Strafanzeige Messners gegen die beiden Expeditionsleiter Dr. Karl Maria Herrligkoffer und Michl Anderl wegen fahrlässiger Tötung Günther Messners und wegen unterlassener Hilfeleistung,

– in einer weiteren Strafanzeige Messners gegen die Fiduziare des Deutschen Instituts für Auslandsforschung Dr. Karl Maria Herrligkoffer und Albert Bitterling wegen Verleumdung.

Letztgenannter Anzeige wird keine Folge geleistet. Die Strafanzeige wegen fahrlässiger Tötung führt zu einem Ermittlungsverfahren, das mit Bescheid der Staatsanwaltschaft vom 14. März 1972 beim Landgericht München I eingestellt wird. Zudem verbietet das Oberlandesgericht München nach umfangreicher Beweisaufnahme in seinem Urteil vom 16. Mai 1974 Reinhold Messner, insgesamt siebzehn Behauptungen wörtlich oder sinngemäß öffentlich zu verbreiten.

Reinhold Messner hat Schadenersatz zu leisten. Ehe es zu diesem erschütternden Schlussstrich unter die Expedition kommt, gibt es etliche Anstrengungen mit dem Ziel einer gütlichen Beilegung der Auseinandersetzungen. Der bekannte Alpinschriftsteller Walter Pause zum Beispiel unterbreitet einen Vermittlungsvorschlag: Er möchte die Herausgabe zweier Nanga-Parbat-Bücher – eines von Messner und eines von Herrligkoffer – forcieren und diese selbst redigieren. Manfred Sturm begrüßt Pauses Bemühungen ausdrücklich und schreibt unter anderem in einem Brief an ihn: «[...] aber diese offenen gegenseitigen [...] Beschimpfungen schaden nicht nur ihm [Herrligkoffer; Anm. d. V.] oder einem Reinhold Messner, sie schaden vielmehr der gesamten Bergsteigerei und im Besonderen dem Expeditionswesen.»

Das Eisbeil Felix Kuens im Gipfelschnee des Nanga Parbat. Unter der Fahne Pakistans flattert der österreichische Wimpel. Herrligkoffer hatte Kuen und Scholz, nicht Reinhold Messner die Fahnen mitgegeben ... Im Hintergrund die Nanga-Parbat-Südwestschulter.

Reinhold Messner bringt – über den Deutschen Alpenverein – einen Aussprachevorschlag ein. Trotz bestgemeinter Bemühungen, etwa eines Pit Schubert, scheitert diese Initiative jedoch bereits im Vorfeld. Schubert schreibt noch am 18. Oktober 1970 an Messner: «Angesichts eurer und insbesondere deiner beispiellosen Leistung während der an Erfolg und Tragik so reichen Tage am Nanga Parbat wäre es – meiner unbedeutenden Meinung nach – auch deinem so großartigen Erfolg letztlich abträglich, könntet Ihr eure Meinungsverschiedenheiten nicht aus der Öffentlichkeit verbannen.»

Doch da gibt es einen so genannten «Kompromissvorschlag» vom Expeditionsleiter Karl Maria Herrligkoffer, dessen Punkt 2 – insbesondere dieser – von Reinhold Messner verständlicherweise niemals akzeptiert werden kann: «Reinhold Messner gibt zu, dass er den Abstieg über die Diamirflanke geplant hatte, als er auf der Diamirseite biwakierte. – Erst in den Morgenstunden wurde sein Bruder schwer höhenkrank, und die beiden Messners riefen von 6 bis 9 Uhr um Hilfe in die Merklrinne hinab. Noch bevor die zweite Seilschaft Hilfe bringen konnte, starb sein Bruder Günther den Bergtod.»

Zweifel und offene Fragen

Die Richter hatten das letzte Wort. Die Akten wurden geschlossen und verstauben in den Archiven. Doch seien dem Chronisten einige persönliche Anmerkungen erlaubt.

Was immer die Raketensignale bedeutet hatten beziehungsweise wie auch immer sie aufgefasst worden sind: Die beiden Expeditionsleiter zündeten eine falsche Rakete. Auf allen vier Raketen stand – wenn auch in kleiner Schrift –, dass es sich um die Farbe Rot handelt. In diesem Zusammenhang erheitert unter der Vielzahl der Polemiken ein Satz aus einem Brief Josef Rampolds – er war damals Chefredakteur der Südtiroler Tageszeitung «Dolomiten» – an Karl Maria Herrligkoffer: «Ich würde jedenfalls an Ihrer Stelle für alle Fälle vor weiteren Expeditionen ein ‹Raketen-Übungsschießen› veranstalten und mit einer Firma verhandeln, die rote Raketen als rot und blaue als blau bezeichnet.»

Reinhold Messner hatte zu keinem Zeitpunkt einen Abstieg über die Diamirflanke – und auf diese Art eine Überschreitung des Nanga Parbat – geplant. Messner startete seinen Alleinversuch zum Gipfel mit der allernotwendigsten Ausrüstung – ohne Rucksack, ohne Seil, ohne Biwak- und Daunenzeug. Dass Günther Messner nicht seiner Aufgabe, mit Gerd Baur zusammen die Merklrinne zu versichern, nachkam und stattdessen aus einer spontanen und wohl auch unüberlegten Idee heraus seinem Bruder nachgestiegen war, musste der Jüngere für sich allein verantworten. Auch Günther hatte sich nur mit dem Notwendigsten ausgerüstet; auch er nahm kein Seil mit.

Für den Chronisten ist es sonnenklar, dass sich Reinhold Messner verzweifelt aus einer lebensbedrohlichen Notsituation heraus für den Abstieg über die Diamirflanke entschied. Die Argumente Herrligkoffers,

– «aber gewöhnlich steigt man in etwa jene Route wieder zurück, die man hochgekommen war, noch dazu, wenn man weiß, dass man dort auf die nächste Seilschaft trifft und dass dort die Versicherungsgruppe in der Merklrinne nicht weit ist» sowie

– es habe sich der einfache Abstieg zum tausend Meter tiefer gelegenen Westsattel angeboten,

sind nicht treffend. Denn

– die Rampenpassagen der Merklrinne im III. Schwierigkeitsgrad waren von Saler, Mändl und Haim zwischenzeitlich eben nicht versichert worden. Die drei Bergsteiger leisteten mit dem Installieren von insgesamt 300 Meter Seil unzweifelhaft eine großartige Arbeit, doch begannen diese Sicherungen gemäß dem Bericht von Felix Kuen erst «einige hundert Meter [Längen-, nicht Höhenmeter; Anm. d. V.] vor dem Sturmlager 5». Günther Messner fürchtete sich also völlig gerechtfertigt vor dem ungesicherten Hinunterklettern über die beiden Rampen. Und:

Vor der Abreise auf dem Münchner Marienplatz. Reinhold Messner (halb verdeckt) und Karl Maria Herrligkoffer stehen im Brennpunkt des Interesses.

– Einen Abstieg in den Westsattel gab es 1970 noch nicht. Diese Route – der «Toni-Kinshofer-Weg» (siehe Seite 130 und 212) – wurde erst 1976 von den Steirern Hanns Schell, Robert Schauer, Hilmar Sturm und Siegfried Gimpel zur Gänze erstbegangen. Herrligkoffer konnte gar nicht wissen, ob sie einfach oder schwierig sein würde. Leicht wäre sie keinesfalls gewesen: «Steile, schneebedeckte Hänge, wobei auch ein senkrechter Felsriegel gequert werden muss.» (Herrligkoffer 1979)

In einem Abstieg über die Diamirflanke hingegen sah Reinhold Messner zu Recht die einzige Überlebenschance. Diese Wand ist in ihrem westlichen oberen Teil nicht übermäßig steil, und mit Erreichen der Mummeryrippen befanden sich die Brüder Messner in bereits 1895 (!) begangenem Gelände.

Dass Günther Messner schon am Biwakplatz nahe der Scharte oberhalb der Merklrinne gestorben sein soll, ist eine – sehr vorsichtig ausgedrückt – absolut haltlose Behauptung. Beide in jenem Kompromisspapier ausformulierten Unterstellungen und die Tatsache, dass die Expedition sich auf dem Heimweg befand, als Reinhold Messner wieder mit ihr zusammentraf, lassen für dessen Strafanzeigen aus Chronistensicht Verständnis aufbringen.

Der Chronist fragt sich nicht zuletzt, warum aus der Expeditionsgruppe nicht ein paar Leute Manns genug gewesen waren, um als Suchtrupp über den Mazenopass auf die Diamirseite zu gehen. Warum hat man es nicht wenigstens versucht?

Freilich war Captain Saqi, der Verbindungsoffizier der Expedition, sofort bereit, einen berittenen Boten zum Distrikts-APA [Assistent Political Agent; Anm. d. V.] «mit der Bitte zu entsenden, telefonisch den für das Diamirtal zuständigen Distrikts-APA in Chilas zu ersuchen, eilig einen Polizeiinspektor in das obere Diamirtal zu entsenden» (Herrligkoffer).

Ebenso suchten Michl Anderl, Wolf-Dietrich Bitterling und Hunza-Obmann Isar Khan von einem Gegenhang des hinteren Rupaltales aus mit dem Fernglas die Rupalflanke und insbesondere den Westsattel und den (noch nicht bis zum Gipfel erstbegangenen; siehe Seite 165) Toni-Kinshofer-Weg mit einem Fernglas ab. Und am 3. Juli flog sogar ein Hubschrauber ins Astortal ein.

Aber sind dies alles nicht eher halbherzige Bemühungen gewesen?

Anstatt einer Antwort zwei Zitate: «Mummery ist 1895 in zwei Tagen von unserem Basislager zur Ortschaft Diamir gekommen.» (R. Messner) – «Und nach wie vor bleibt die Frage offen, die sich hier jeder stellt: Hat die Expeditionsleitung nach dem verzweifelten Abstieg der Brüder Messner wirklich alles getan, was zu tun war?» (J. Rampold)

Allerdings ist es auch Chronistenpflicht, an dieser Stelle ein weiteres Herrligkoffer-Zitat zu bringen: Die Entsendung des Polizeiinspektors in das obere Diamirtal sei schließlich auch geschehen. «Es sind sicher am 30. Juni nur wenige Stunden vergangen, bis diese Abordnung sich im Bereich des Diamirgletschers befand. Die Pakistani fanden auch Messner. Nach der Nanga-Parbat-Karte von 1934 musste dies bereits im obersten Dorf des Diamirtales gewesen sein. Von da ab war Messner unter der Betreuung der Leute des APA Chilas. Ein Jahr später berichtete mir der APA Chilas, Huaman Beg: ‹Messner was hungry, thirsty and very exhausted. My people found him twenty miles from Bunar bridge in Bunar valley completely out of senses.›» (Herrligkoffer 1989)

Gedanken zum Schluss

Reinhold Messner hat am Nanga Parbat seinen jüngeren Bruder verloren, für den er sich verantwortlich fühlte. «[...] als die Eltern den verletzten Reinhold in der Innsbrucker Klinik besuchten, machte der Vater diesem den Vorwurf, wie er denn ohne den Bruder habe heimkommen können. ‹Da hab ich gesagt, ja bist du denn ganz gscheit, das darf man dem Buben doch nicht zum Vorwurf machen!›» (Maria Troi-Messner, Reinholds Mutter, in einem Gespräch mit Beatrix Unterhofer 1995)

In Reinholds Augen hatte die Expedition ihn und seinen Bruder «im Stich» gelassen. Man muss diese Sichtweise verstehen dürfen. Und es muss für Reinhold Messner wie ein Schlag ins Gesicht gewesen sein, als Karl Maria Herrligkoffer anlässlich seines Vortrags bei der Alpinismus-Tagung der Evangelischen Akademie in Urach im Dezember 1970 sagte: «[...] Es soll nicht meine Aufgabe sein, zu prüfen, ob und wie viel Schuld Reinhold Messner am Tode seines Bruders trifft – so wie ich ihn im Gilgittal wiedergefunden habe, trägt er an einer seelischen Belastung, und die Bürde wird er, so eiskalt er auch sein mag, bis an das Ende seiner Tage tragen müssen. Es ist auch nicht meine Aufgabe, zu prüfen, ob er seinen Bruder seinem bergsteigerischen Ehrgeiz geopfert hat. [...]»

Von den vier Bergsteigern, die 1970 nach Durchsteigung der Rupalwand den Gipfel des Nanga Parbat erreicht hatten, lebt allein noch Reinhold Messner. Günther Messner starb in einer Eislawine im unteren Teil der Diamirwand. Peter Scholz stürzte 1972 im Alleingang am Südgrat der Aiguille Noire (Mont Blanc, Peutereygrat) tödlich ab. Felix Kuen wählte 1974 den Freitod.

Der Nordgrat des Rakaposhi (hier zwischen den Lagern 2 und 3), der dem Berg den Namen «Drachenschwanz» einbrachte, gehört zu den großen Karakorum/Himalaja-Routen. Beide Herrligkoffer-Expeditionen scheiterten an ihm.

RAKAPOSHI-NORDGRAT
1971 UND 1973

Vor 1958 schon hegt Karl Maria Herrligkoffer Pläne für die Erstersteigung des Rakaposhi, der sich 7788 Meter hoch im Hunza-Karakorum erhebt. Doch eine britisch-pakistanische Expedition kommt ihm zuvor. Am 25. Juni 1958 stehen M. E. B. Banks und Tom Patey auf dem seit Ende der Dreißigerjahre vergeblich versuchten Riesen. Banks selbst war 1956 zunächst an ihm gescheitert.

Nach Herrligkoffers zehn Jahre, von 1961 bis 1970, währendem Nanga-Parbat-Engagement erhält er für 1971 eine Genehmigung für den Nordgrat des Rakaposhi, der auch als Nordpfeiler bezeichnet wird – eine markante, zerhackte, 3400 Meter hohe Schneide aus Fels und Eis, die für den Gipfel (Rakaposhi = «Drachenschwanz») namengebend war. Die «Jörg-Lehne-Gedächtnisexpedition» (Lehne war 1969 bei einem Biwak am Walkerpfeiler durch Steinschlag ums Leben gekommen) gelangt unter großen technischen Schwierigkeiten nur bis zum eigentlichen Nordgratfuß.

1973 zieht Herrligkoffer erneut zum Rakaposhi. Zwischenzeitlich war Peter Scholz, Zweitdurchsteiger der Rupalwand am Nanga Parbat 1970 und bei der ersten Rakaposhi-Expedition mit dabei, im Mont-Blanc-Gebiet tödlich abgestürzt, weshalb die Mannschaft 1973 unter dem Namen «Peter-Scholz-Gedächtnisexpedition» zum höchsten Berg des nordwestlichen Karakorum fährt. Doch auch ihr bleibt der Erfolg versagt.

«Am 8. August 1971, bei 35 Grad im Schatten, starteten unsere Lastwagen von München aus in eine noch heißere Zone. Die Fahrt ging über die Türkei, Persien, die Wüstenzone in Afghanistan und über den Khyberpass in die Nordprovinz Pakistans. Unser Treffpunkt war Rawalpindi. Das Rendezvous zwischen Fahr- und Fluggruppe wurde auf die Minute genau eingehalten: Am 28. August abends 19 Uhr trafen wir im Flashman's Hotel zusammen. Es war ein großes Hallo für alle, die beiden MAN-Veteranen hatten die fast 8000 Kilometer lange Reise reibungslos heruntergeorgelt. Mit den zwölf Teilnehmern der Expedition war nun auch unser fünf Tonnen schweres Gepäck in Pakistan eingetroffen.» (Herrligkoffer)

Aus der Nanga-Parbat-Mannschaft 1970 halten Michl Anderl, Wolf Bitterling, Gerhard Mändl, Peter Scholz und Alice von Hobe dem Leiter unverbrüchlich die Treue. Zusätzlich mit dabei sind Leo Glasl, Willi

Herrmann, Dieter Jankowiak, Wolfgang Schwarzbauer und Heinz Reiter. «600 Meilen trennten uns noch von Gilgit, jenem Himalaja-Städtchen, von dem aus meine Nanga-Parbat-Expeditionen starteten. Die Fahrt nach Gilgit dauerte drei Tage. Die Jeepstraße war für unsere 4,5-Tonner an vielen Stellen zu schmal. Es passierte nicht nur einmal, dass die Zwillingsräder frei über den Abgrund hingen – die scharfen Kurven der Straße kosteten Zeit und Nerven. Unsere Fahrzeuge wurden von Gerd Mändl und Dieter Jankowiak gesteuert. Letzterer war in Gilgit am Ende seiner Kräfte. Verschmutzt, abgespannt und müde kletterten dort sechs Mann aus ihren Fahrerkabinen.» (Herrligkoffer)

Die Weiterfahrt führt den Hunzafluss entlang aufwärts auf der «im Bau befindlichen China-Straße bis Minapin [heute Karakorum-Highway; Anm. d. V.]. [...] Wir waren die ersten Ausländer, die dank einer Sondergenehmigung ihr Expeditionsgepäck auf eigenen Lastern zum Fuß des Rakaposhi transportieren durften.

Bei Mondschein jagten wir über eine breite, staubige Straße das Hunzatal hoch – plötzlich, nach einer Wegbiegung, tauchten vor uns gigantische Eisflanken auf – ‹unser Berg›! [...] Während der Weiterfahrt verhinderten Vorberge den Blick auf die eisgepanzerten Wände und Grate. Erst einige Stunden später sahen wir wieder hinauf auf silberglänzende Höhen und erkannten am Nordpfeiler das Ziel unserer Bemühungen. Ich war fasziniert von meinem Plan, den Himalaja-Riesen über diesen scharfen Nordgrat anzugehen. – Der Siebentausender-Sammler Erwin Schneider hatte mir einst diesen Berg so anziehend gemacht. Jetzt wurden wir aber auch nachdenklich wegen der technischen Schwierigkeiten, die sich vor uns auftaten.» (Herrligkoffer)

Eine mächtige Lawine

In Ghulmet-Yal werden die Hochträger angeheuert und unter die Führung von Sirdar Isar Khan gestellt. Von ihm erfährt der Expeditionsleiter, dass Hidayat Shah – liebe- und vertrauensvoll «Sepp» genannt und als Hochträger bei mehreren Nanga-Parbat-Unternehmungen bewährt – am berüchtigten Karakorum-Siebentausender Haramosh in einer Lawine ums Leben gekommen war.

Durch das steile Ghulmettal wird der 3700 Meter hoch auf einer Moränenkuppe des Ghulmetgletschers gelegene Hauptlagerplatz erreicht. «Wenige Tage später geschah Aufregendes: Wir saßen im Essenszelt versammelt, als plötzlich ein gewaltiger Windstoß über das Lager hinweg brauste. Der Sturm steigerte sich – eine riesige Staublawine stürzte das Ghulmettal abwärts. Wir wurden im Zelt zu Boden gerissen, unser Gaslicht erlosch und im Küchenzelt nebenan purzelten die Regale durcheinander. Nach wenigen Minuten war der Spuk vorbei und wir konnten uns den Schaden besehen. Am schlimmsten sah es im Küchenzelt aus, alle Lebensmittel und das Kochgeschirr lagen wild durcheinander. Als Allererstes entließen wir ein schwarzes Kalb aus dem Küchenzelt in die Freiheit, es hatte sich während des Lawinensturms in seiner Angst vom freien Feld in das Zelt geflüchtet.» (Herrligkoffer)

Der Fast-Absturz des Willi Herrmann

Durch einen stark zerklüfteten Eisbruch und über eine 300 Meter hohe Eiswand wird auf 4700 Metern der erste Hochlagerplatz erreicht. Bereits diese Strecke erfordert viel Material (Stahlseile, Eis- und Felshaken), um sie für die Hochträger abzusichern. Während diese Lager 1 einrichten, überwindet die Spitzengruppe einen steilen, scharfen Eisgrat und kann auf 5100 Metern Lager 2 aufbauen. Mändl, Rupalwand-Durchsteiger Peter Scholz, der knochenharte Jürgen Vogt und der Chiemgauer Willi Herrmann verfolgen weiter den technisch schwierigen Grat, der erst zum eigentlichen Nordgrat (Nordpfeiler) hinführt. «Während eines Abstiegs kam es bei Willi Herrmann zu einem gefährlichen Ausrutscher. Rechts und links des Grates, der nur zwei Fuß breit war, befand sich unter einer dünnen Schneedecke blankes Eis, tausend Meter stürzen die steilen Wände zu beiden Seiten bis auf die Gletscher hinab. Herrmann hatte großes Glück, er konnte sich mit seiner Eisaxt gerade noch in einer Gletscherspalte festhaken.» (Herrligkoffer)

Auf Grund der großen Schwierigkeiten der Route geht es nur langsam voran. An manchen Tagen können die Bergsteiger nur hundert Höhenmeter bewältigen, am 21. August schaffen sie gar nur zwei Seillängen an einem 70 Grad steilen Eishang. Endlich steht das dritte Hochlager in beklemmender Ausgesetztheit unterhalb eines Eisturms. Der Anschluss an den Hauptgrat ist damit zwar gewonnen, doch die Durchschlagskraft der Expedition hatte gelitten. Die weitere Route würde noch einmal zwei Hochlager erfordern, einige Teilnehmer waren krank ge-

Die Spitzengruppe von 1973 hatte am Rakaposhi-Nordgrat durchaus noch eine kleine Erfolgschance. Starke Schneefälle vereitelten jedoch einen Vorstoß über 6500 Meter hinaus.

worden, «und die Zwischenmannschaft war auf Glasl und Schwarzbauer zusammengeschrumpft» (Herrligkoffer), was erhebliche Nachschubprobleme mit sich bringt. Die Expedition scheitert.

Erneuter Ansturm

1973 ist Herrligkoffer wieder da. Mit ihm, von der «alten Garde», Willi Herrmann und Gerd Mändl. Peter Scholz war am 18. Juli 1972 bei einem Alleingang am Südgrat der Aiguille Noire in der Mont-Blanc-Gruppe tödlich abgestürzt. Neben Herrmann und Mändl besteht das Team aus dem Schweizer Robert Allenbach, den Österreichern Matthias Gradnitzer und Alois Huber, den Deutschen Uli Bayer, Helmut Böhme, Hans Heiß, Ernst-Wolfgang («Amadeus») Henke, Willi Klimek, Günter Schweiger als Hauptlagerverwalter, Heinz Reiter, der schon 1971 den Lkw-Transport geleitet hatte, und Sarbaz Khan.

Anders als zwei Jahre zuvor ist 1973 das Wetter überaus schlecht. Vor allem herrscht ungewöhnliche Wärme. Noch auf 5300 Metern regnet es, und auf Grund mangelnden Frostes lösen sich fortwährend Steine, was die Route zum Lager 1, die unterhalb einer Felswand verläuft, äußerst riskant werden lässt. «So erlebten Willi Herrmann und Gerd Mändl zusammen mit drei Hochträgern in Lager 1 eine gefährlich-wilde Nacht. Ein Felsen war auf Lager 1 gestürzt, auf jenes Lager, das uns immer – weil es in einer Gratmulde lag – so sicher erschien. Aber Steingeschosse durchbohrten die Zelte und gingen über die Köpfe der Träger hinweg. Weil diese ganz flach lagen, nur deshalb kam keiner zu Schaden. Wir hatten ein außerordentliches Glück! Jetzt aber war keiner mehr bereit, in Lager 1 noch einmal zu nächtigen. Ich ordnete daher an, dieses Lager 1 lediglich als Depot zu benützen.» (Herrligkoffer)

Technisch überaus anspruchsvoll, vermittelt der Nordgrat des Rakaposhi inmitten seiner wilden Umgebung auch phantastische Landschaftseindrücke.

Herrligkoffers Selbstverständnis

Der Direkte Nordgrat das Rakaposhi gehört zu den großen Anstiegen nicht nur im Karakorum. «Die bergsteigerischen Probleme dieser Route, die ich gewählt hatte, übertrafen bei weitem jene Schwierigkeiten, die ich an der Rupalflanke des Nanga Parbat vorfand.» (Herrligkoffer) Da hat der Leiter Recht. Nur ist es nicht er, der diese klettertechnischen Schwierigkeiten vorfindet, sondern seine Bergsteiger müssen sich damit herumschlagen. Jene Ichform, mit der Herrligkoffer auch über alpinistische Belange berichtet, fördert nicht nur bei Laien die Annahme, Karl Maria Herrligkoffer sei selbst ein großer Expeditionsbergsteiger gewesen.

Auch Jerzy Kukuczka äußert sich noch 1986 überschwänglich zur Person des Expeditionsleiters: «Noch ein paar Worte über Dr. Herrligkoffer: Er ist ein geschätzter und bekannter Organisator von Himalaja-Expeditionen, besonders auf den Nanga Parbat, wohin er eigentlich jedes Jahr geht. Aber nicht nur. Er hat auch andere bekannte Expeditionen geleitet. Jedoch ist er nur deren Organisator. Selbst geht er nicht mehr in die hohen Berge. Meist geht er bis ins Basislager, und hier ist er tätig. Und man soll sich nicht wundern. Dieser einmalige Bergsteiger, und das sieht ihm keiner an, wurde während der K2-Expedition siebzig Jahre alt [siehe Seite 260; Anm. d. V.].»

Aus dem Tagebuch des Wolfgang («Amadeus») Henke

Rakaposhi-Nordgrat: Ausgesetzte Firngrate wechseln mit schwierigen Felspartien und kombinierten Strecken.

Anfang September 1973 ist Lager 2 ausgebaut und die Strecke dorthin so gut gesichert worden, dass sie sogar von Hunzaträgern begangen werden kann. Der im Gegensatz zu 1971 ausgeaperte Grat zwischen Lager 2 und Lager 3 erforderte zwei Wochen Begehungszeit. Wolfgang Henke – bekannt als Erschließer schwieriger Wetterstein-Kletterrouten –, den Herrligkoffer für die Endphase der Expedition zum «Einsatzleiter für die restliche Zeit am Berg» bestimmt, schreibt in sein Expeditionstagebuch: «Sehr glücklich bin ich darüber nicht, denn die Spannungen mit zwei Teilnehmern werden dadurch bestimmt nicht geringer. [...] 16.9.1973, So., L 2: Steige mit Hans, Willi K. und Gerhard nach Lager 3. Uli begleitete die drei Hochträger dorthin. [...] Hias und Luis [Gradnitzer und Huber; Anm. d. V.] kommen sehr niedergeschlagen zurück. [Sie hatten keinen geeigneten Platz für Lager 4 gefunden; Anm. d. V.] Sie betrachten das ganze als eine aussichtslose Sache. Beim Funkgespräch um drei viertel sechs ist Karl nicht gerade glücklich über unsere Meinung, und er bittet uns, [...] weiterzumachen, so weit wir kommen, damit in der Bewältigung des Firngrates wenigstens ein Teilerfolg zu verzeichnen wäre. Ich habe den Eindruck, dass Karl auf mich sauer war, aber ich vertrete ja nicht nur meine Meinung, sondern die Meinung von uns sechsen. Hias und Luis steigen nach L 2 ab und machen morgen Ruhetag. Ich schlafe sehr schlecht. Zu viele Gedanken setzen sich in meinem Kopf fest, und es ist sehr schwer, wieder davon loszukommen. Der Wetterbericht ist gut.»

Noch einmal gelingt es der Spitzenmannschaft, sich zu motivieren. Willi Klimek findet auf 5575 Meter Höhe einen geeigneten Platz für Lager 4. «Unsere Stimmung und unser Auftrieb sind gewaltig gestiegen, und

Karl ist anscheinend auch begeistert, dass das Ganze doch weiterläuft. Ich persönlich habe mir ausgerechnet, dass, wenn wir die Felsstufe bis zum 22. erreichen, noch eine Chance für einen Gipfelerfolg von 1 : 10 besteht.» (Henke) Doch nur noch Henke, Heiß, Klimek und Mändl besitzen den «Drive» fürs Weitermachen. Das Einrichten der Sicherungen kostet Zeit, und am 19. September schlägt das Wetter um. Am 20. schneit es den ganzen Tag über, «trotzdem beschließen wir, wenn irgendwie möglich, morgen noch einen Vorstoß zu wagen» (Henke).

Während der Nacht vom 20. auf den 21. September 1973 schneit es ununterbrochen. Insgesamt ein Meter Neuschnee vereitelt ein weiteres Vordringen. Die Spitzengruppe steigt ab. Herrligkoffer ist zum zweiten Mal am Rakaposhi-Nordgrat gescheitert. «Der besonderen Initiative von Heiß, Henke, Klimek und Mändl war es zu verdanken, dass wir trotz Zeitverlust bei der Überwindung des ausgesetzten Felsgrates schließlich doch eine Höhe von fast 6500 Metern erreichten. Das vierte Hochlager stand [...] auf halber Höhe des Nordgrates; dort begann das Gelände leichter zu werden, so dass wir auf einen erfolgreichen Gipfelvorstoß hoffen konnten. Es war bereits Ende September, und wir hatten uns nun zu entscheiden zwischen einer mehrwöchigen Verlängerung der Expedition und dem Abbruch. Die Entscheidung wurde uns abgenommen durch das für Mitte September zu erwartende schlechte Wetter. Bei Schneesturm mussten die Lager geräumt werden, aber nur das Nötigste kam wieder ins Hauptlager zurück. Viele Zelte und persönliche Lasten mussten wir am Berg zurücklassen.» (Herrligkoffer)

1978 war eine japanische Expedition am Rakaposhi-Nordgrat erfolgreich. Am 2. August erreichten der Expeditionsleiter Eiho Ohtani und Matsushi Yamashita den Gipfel über jene anspruchsvolle Route (Fels bis V+/A2, Eis bis 70 Grad), an der Herrligkoffers Leute zweimal unglücklich gescheitert waren, nachdem sie die Hauptschwierigkeiten bereits überwunden hatten. Die Japaner mussten sechs Gratlager einrichten und den Anstieg weitgehend mit Fixseilen präparieren. – Expeditionsleiter Ohtani erreichte drei Jahre später mit Nazir Ahmad Sabir aus Pakistan bei einer von Terudo Matsuura geleiteten Unternehmung den Gipfel des K2, nachdem sie erstmals die Westwand des zweithöchsten Berges der Erde durchstiegen hatten.

1

2

3

4

5

6

9

10

11

⑫

13

14

15

16

17

19

Legenden zu den Farbtafeln

Die Seitenzahlen in Klammern verweisen auf die entsprechende Textstelle im Buch.

1 Durch den Eisbruch des Rakhiotgletschers führte 1953 der kürzestmögliche Zugang zum Lager 2 am Nanga Parbat. (81)

2 Die mächtige Nordostflanke des Nanga Parbat. In der linken Bildhälfte der Rakhiot Peak, von dem aus sich der Ostgrat hinaufzieht zum Südostgipfel (7530 m; rechts davon der Silbersattel und der Silberzacken, 7597 m). Rechts der Bildmitte der Nordostgipfel. (86)

3 Eines der aufwühlendsten Bilder der Himalaja-Expeditionsgeschichte: Toni Kinshofer (links) und Anderl Mannhardt 1962 unmittelbar nach ihrer Rückkehr ins Hauptlager am Fuß der Diamirflanke des Nanga Parbat – mit schwersten Erfrierungen und seelisch tief getroffen durch den Tod Siegi Löws beim Abstieg vom Gipfelaufbau. (125)

4 Aufstieg durch tiefen Neuschnee auf dem Welzenbach-Eisfeld an der Direkten Rupalwand des Nanga Parbat. (146)

5 Die Wieland-Eiswand ist die Schlüsselpassage im mittleren Teil der Direkten Rupalwand. Oberhalb wurde auf 5800 Meter Höhe das Windenlager für den Transportaufzug eingerichtet. (146)

6 Extremes kombiniertes Gelände am Beginn der Merklrinne, die den Ausstieg aus der Direkten Rupalwand ermöglicht. Reinhold Messner durchkletterte sie am 27. Juni 1970 als Erster. (155)

7 Die 4500 Meter hohe Rupalwand des Nanga Parbat ist die höchste Fels-/Eiswand der Erde. Die direkte Route von 1970 verläuft über die Eisfelder links des markanten Felspfeilers, um im obersten Teil durch ein Rinnensystem schräg nach rechts aufwärts in die Gipfelzone zu führen. (155, siehe auch 158)

8 Schwierige Passage am eigenartig geschichteten Nordgrat des Rakaposhi. Schneekolke erschwerten den Aufstieg immer wieder. (174)

9 Das Lager 3 der Herrligkoffer-Expedition 1971 zum Rakaposhi-Nordgrat wurde in beklemmender Ausgesetztheit unterhalb eines Eisturms eingerichtet. (172)

10 Mount Everest 1978: oberhalb des Khumbu-Eisfalls am Beginn des Western Cwm. (225 ff.)

11 Eine mächtige Lawine hat sich aus den Hängen des Lho La gelöst, überspült den unteren Teil des Khumbu-Eisfalls und bedroht sogar das Basislager. (225 ff.)

12 Der Hillary-Step präsentierte sich im Nachmonsun 1978 mit einer dicken Schneeschicht. (229)

13 Mehr als ein Trostpflaster: Im Verlauf der Felix-Kuen-Gedächtnisexpedition zur Toni-Kinshofer-Route (später Schell-Route) des Nanga Parbat erreichten Christa und Manfred Sturm sowie Margret Schnaidt und Thomas Gruhl 1975 als Erste den 6310 Meter hohen Toshe Peak, der einen phantastischen Gipfelgrat aufweist. (215)

14 Kangchendzönga 1980: Hochlager 2 (6450 m) am oberen Yalung-Eisfall mit Blick auf Mittel- und Südgipfel. (239)

15 Abstieg im «Hump-Gully», der vom Hump («Buckel») auf den Yalung-Eisfall führt. (239)

16 Tadeusz Piotrowski am schwierigen Grat zum Hochlager 2 der Südostwand des K2. Im Hintergrund links die Chogolisa. (264)

17 Die Chogolisa (früher Bride Peak, 7654 m). Am linksseitigen Grat trat Hermann Buhl, aus dieser Sicht ziemlich genau zwischen Gratgipfel (links) und Chogolisa-Gipfel, am 27. Juni 1957 auf eine Wechte – und in den Tod. (90)

18 Der K2 mit seiner über 3000 Meter hohen Südwand. Links der Bildmitte das «Sichelcouloir», durch das Kukuczka und Piotrowski am 8. Juli 1986 mit zuletzt extremer Felskletterei den Ausstieg fanden. (269)

19 Karl Maria Herrligkoffer 1966 in den grönländischen Stauningsalpen. Er freut sich zu Recht, denn es glückten auch ihm einige Ersteigungen. (280)

Der Mount Everest mit seiner über 2000 Meter hohen Südwestwand. Felix Kuen und Adi Huber suchten an der rechten Seite der zentralen Felsbarriere einen Durchschlupf zum «Upper Snowfield».

ERSTE EUROPÄISCHE MOUNT-EVEREST-EXPEDITION 1972

Die Teilnehmer der Ersten Europäischen Mount-Everest-Expedition 1972 mit den Briten Hamish McInnes (vorne rechts), Doug Scott (rechts hinter McInnes) und Don Whillans (hintere Reihe, Dritter von rechts). Rechts neben Whillans Felix Kuen, vor ihm sitzend Adi Huber; ganz links sitzt Leo Breitenberger, dem Werner Haim die Hand auf die Schulter legt. Ganz oben Michl Anderl und neben ihm Alice von Hobe (oben).
Die Sherpa-Mannschaft von 1972 (unten).

Immer wieder seit 1952 und vor allem 1963, im Jahr der ersten Überschreitung des Mount Everest (8848 m), richten Spitzenbergsteiger ihre Blicke und ihre geheimen Wünsche auf die Südwestwand des höchsten Berges der Erde, die sich über 2000 Meter aus dem Western Cwm («Tal des Schweigens») erhebt. Norman Dyhrenfurth, der die Amerikanische Mount-Everest-Expedition 1963 geleitet hatte, während der Tom Hornbein und William Unsoeld die Überschreitung Westgrat–Hornbein-Couloir–Südostgrat gelungen war, führt 1971 eine internationale Gruppe mit prominenten Bergsteigern zur Chomolungma, um einerseits den direkten Westgrat, andererseits die Südwestwand zu versuchen. Als der Inder Harsh Bahuguna an der Westgratroute ums Leben kommt, gibt dies der Expedition selbstverständlich zu denken. Trotzdem: An der Südwestwand werden von den Briten Don Whillans und Dougal Haston 8350 Meter erreicht. Für das Jahr darauf erhält Karl M. Herrligkoffer überraschend ein Südwestwand-Permit, und er stellt in Eile seine «Erste Europäische Mount-Everest-Expedition» zusammen.

Mitte der Sechzigerjahre bereits hat Karl Maria Herrligkoffer den Willen, eine Expedition an eine der großen Himalaja-Wände zu führen. «Auf Grund der in den Jahren 1961/62 an der Diamirflanke des Nanga Parbat von mir gewonnenen Steilwanderfahrung fasste ich den Plan für eine Besteigung des Mount Everest über seine Südwestwand. Ich korrespondierte seinerzeit vorher noch mit Ernst Senn aus Innsbruck, der diese Everest-Wand vom Lhotse aus [1955 als Teilnehmer der von Norman G. Dyhrenfurth geleiteten Internationalen Himalaja-Expedition; Anm. d. V.] bereits im Profil gesehen hatte, und fragte ihn, ob er eine Besteigung der Südwestflanke für möglich halte. Sein Zuspruch ermutigte mich, und so stellte ich am 5. Mai 1965 mein Einreisegesuch an die Königlich nepalesische Regierung. Nepal aber hatte seinerzeit noch eine Expeditionssperre, und alle Unternehmungen standen auf einer langen Warteliste. Doch am 7. September 1971 erreichte mich schließlich die offizielle Benachrichtigung seitens der Deutschen Botschaft aus Kathmandu, dass ich für 1972 mit einem Permit zum Mount Everest rechnen könne.» (Herrligkoffer)

In der Tat startet die «Erste Europäische Mount-Everest-Expedition» Anfang März 1972. Herrligkoffer gewinnt als ihren Schirmherrn Senator

Franz Burda, der dem Organisator bereits 1970 mit einem Blankoscheck aus finanziellen Nöten geholfen hatte. Michl Anderl ist stellvertretender Expeditionsleiter, der Tiroler Felix Kuen «Wand-Leader» beziehungsweise bergsteigerischer Leiter. Weitere österreichische Teilnehmer sind Leo Breitenberger, Werner Haim, Adi Huber, Peter Perner, Adi Sager und Horst Schneider. Dazu kommen der Südtiroler Adi Weißensteiner, der Deutsche Sepp Maag (unter Insidern bekannt geworden durch die geglückte Eiger-Nordwand-Durchsteigung 1952 zusammen mit seinem Bruder Otto und unter der Obhut von Gaston Rébuffat und Hermann Buhl) und der Schweizer Hans Berger. Verstärkt wird die Mannschaft vor allem durch die Engländer Don Whillans (1970 an der Annapurna-Südwand erfolgreich), Doug Scott und den Schotten Hamish McInnes als britischen Kameramann. Mit zur Expedition gehören auch der Exiltscheche Peter Bednar sowie der Perser Mischa Saleki. Als Hauptlagerverwalter ist Edelwald Hüttl vorgesehen, als deutscher Kameramann kommt Jürgen Gorter mit, ferner das Frankfurter Wissenschaftlertrio Michael Fach, Udo Mehler und Joachim Zeitz sowie als wissenschaftliche Assistentin wiederum Alice («Alex») von Hobe.

«Gelungener» Start

Es beginnt damit, dass Hüttl an Nierenkoliken erkrankt und nicht einmal das Mount-Everest-Basislager erreicht. Herrligkoffer schreibt über sein eigenes Eintreffen im Basecamp am 21. März 1972: «Ich wanderte von dort aus [von Gorak Shep; Anm. d. V.] alleine auf der Mittelmoräne des Gletschers hoch, und nach zwei Stunden stand ich plötzlich vor dem Hauptlagerplatz, dem hässlichsten, den ich je auf einer meiner Expeditionen erlebt habe. Es sah aus, als hätte ein Riese Felstrümmer über den Gletscher geschüttet und in diesem Tohuwabohu von Fels und Eis waren wir nun bemüht, kleine Flächen zu planieren, um dort unsere Zelte aufstellen zu können. Aber abgesehen von der Hässlichkeit des Platzes selbst ist die Umgebung von bezaubernder Schönheit: Der Westabsturz der Nuptse-Mauer und die Westschulter des Everest auf der Ostseite, dazwischen die zerklüfteten Eismassen des Khumbu-Eisfalls, und unmittelbar nördlich des Hauptlagers schließen sich Khumbutse (6640 m), Lingtren (6697 m) und westlich davon die herrliche Eispyramide des Pumori (7145 m) an.»

Schon am zweiten Tag nach Erreichen des Basislagers erfolgt der erste Vorstoß von Felix Kuen, Werner Haim und Leo Breitenberger in den Khumbu-Eisfall, der rasch erstiegen werden kann. Nach diesem gelungenen Start, am 29. März, streiken die Sherpas. Sie sind unzufrieden mit ihrer Ausrüstung, «obwohl sie besser ausgerüstet sind als wir» (Haim). «Während des Anmarsches unseres Vortrupps wurden von den Sherpas viele Expeditionsgüter entwendet. Es fehlten die gesamte Daunenausrüstung, alle Rucksäcke und mancherlei Verpflegung. Diese Ausplünderung einer anmarschierenden Expedition war sicher eine Novität in diesem Land. Da man in Namche Bazar aber nichts Entsprechendes aus früheren Expeditionen kaufen konnte, blieb mir nichts anderes übrig, als nach München zurückzufliegen und das gestohlene Expeditionsgut wieder zu ersetzen.» (Herrligkoffer)

Der Tod des Botschaftsmitarbeiters Vitt

Karl M. Herrligkoffer verlässt die Expedition am 4. April und fliegt am 5. April von Kathmandu aus nach München, während Alice von Hobe eine viertägige Indienreise unternimmt. Michl Anderl wartet inzwischen in der nepalesischen Hauptstadt auf das Wissenschaftlerteam, so dass die Leitung der Expedition auf den «Wand-Leader» Felix Kuen zusammengeschrumpft ist. Nichtsdestotrotz überschreiten am 15. April Kuen und Werner Haim zum ersten Mal den Bergschrund zur Mount-Everest-Südwestwand, und am 21. April steht Lager 3 – das erste Wandlager. Haims Tagebucheintrag vom 20. April – «Heute ist Hitlers Geburtstag» – ist hoffentlich eine unbedachte Flapsigkeit.

Etwa im gleichen Zeitraum kommt es am Rande der Expedition zu einer Tragödie. Am 17. April bringen zwei australische Touristinnen die Visitenkarte des Ersten Legationsrats der deutschen Botschaft in Kathmandu, Horst Vitt, der sich auf dem Weg zum Everest-Basecamp befindet. Er läge mit «Höhenkrankheit und Ödemen in Gorak Shep. Mehler und Zeitz ziehen mit zwei Sherpas und Medikamenten (und Wärmflasche/Rettungsdecke) und Essen sofort runter. Wenn es ernsthaft ist, soll sofort ein Sherpa nach Namche weiterlaufen und nach Kathmandu funken wegen Hubschrauber» (Alice von Hobe). Es ist ernst. «19. 4., 10.45 Uhr. Sherpa von unten mit Briefen von Gorter und Zeitz. Helikopter ist noch nicht da. Zeitz befürchtet, Vitt würde die Nacht nicht mehr überstehen.» (von Hobe). Mit erheblicher Verspätung erst trifft der Hubschrauber ein. «Der rettende Engel aus Kathmandu kam nicht, weil der diensthabende Beamte der Polizei 24 Stunden nicht erreichbar war.» (Herrligkoffer)

Vitt stirbt nach einem mehrtägigen Krankenhausaufenthalt in Nepals Hauptstadt am 26. April, nachdem er das Bewusstsein nicht wieder erlangt hatte. «Wie ich später feststellen musste, wurde ihm während dieser Zeit im Krankenhaus nicht einmal Sauerstoff gegeben! Ich war darüber so betroffen, weil ich der Gattin des Legationsrates noch am Flughafen [Herrligkoffer kam soeben aus München zurück; Anm. d. V.] meine Dienste angeboten hatte, die von ihr in brüsker Weise abgelehnt wurden. Sie sagte, dass in Kathmandu hervorragende Ärzte die Behandlung übernehmen würden und sie auf meine Hilfe verzichten möchte.» (Herrligkoffer)

Streit und Missgunst

Mittlerweile brodelt und gärt es zwischen den Expeditionsteilnehmern. Mischa Saleki «bittet mich um Auflösung des Expeditionsvertrages [...]. Er möchte heim, nachdem er sich mit allen überworfen hatte. Die Engländer haben ihn schwer ‹geimpft›. Erst die Tatsache, dass er morgen ins Lager 1 darf, richtet ihn auf.» (Alice von Hobe) Werner Haim urteilt über den persischen Bergsteiger: «Auf Saleki ist [...] kein Verlass.» Die Briten sind ihm mehr geneigt: «Wir unter uns brachten es fertig, ihn zu überreden, dass er dazuhelfen solle, die Expedition zu einem Erfolg werden zu lassen. [...] Vielleicht als Anerkennung dafür informierte uns Mischa laufend über die Meinungen und Gefühle der deutschen und österreichischen Bergsteiger bezüglich des Berges, der Sherpas und uns selbst. Er teilte uns mit, dass das Gerücht ging, dass sich die führenden Bergsteiger überlegten, wie sie die britischen Bergsteiger vom Gipfel des Everest fernhalten könnten. [...] Die ‹großen Vier› – Kuen, Adolf Huber, Werner Haim und Leo Breitenberger – wurden selbst ernannte Führungsbergsteiger, die sich das Western Cwm hinaufschleppten, um Lager 2 einzurichten, während der Rest der Bergsteiger schwere Lasten den Eisfall hinaufschleppte.» (Doug Scott). Felix Kuen, 1970 erfolgreich an der Rupalwand des Nanga Parbat (siehe Seite 142), berichtet später, dass die Engländer bis zum Lager 2 sehr faul gewesen seien, dass sie andererseits Lager 4 vollkommen ausgebaut hätten.

Vorbehalte gibt es auf beiden Seiten, schon im Vorfeld der Expedition. «‹Don› [Whillans; Anm. d. V.], sagte ich am Telefon, ‹was ist mit Herrligkoffer? Denke an die Schwierigkeiten, die Buhl und Messner mit ihm am Nanga Parbat hatten.› – ‹Ich möchte den Kerl sehen, der uns übers Ohr hauen könnte›, erwiderte Don, ‹und vergiss nicht, er muss mit vieren von uns fertig werden.› Aber Chris Bonington und Dougal Haston konnten das Tempo der Vorbereitungsrunden nicht durchstehen und zogen sich lange vor dem Ausreisedatum zurück.» (Scott) Herrligkoffer hatte tatsächlich nicht viel Zeit. Von seiner ersten Rakaposhi-Expedition zurück (siehe Seiten 170 bis 173), blieben ihm gerade knapp sechs Monate, um seine Everest-Südwestwand-Expedition auf die Beine zu stellen.

Ein Team ohne richtigen Leader

Das Hauptproblem ist unzweifelhaft, dass Karl Maria Herrligkoffer während der Ersten Europäischen Mount-Everest-Expedition (EEEE) selbst kaum zugegen ist. «Am meisten treffen mich die Vorwürfe der Members, ich hätte Karl von seinem München-Flug abbringen und überzeugen sollen, dass Michi [Michl Anderl; Anm. d. V.] besser fliegt. Der Leader sollte bleiben. Keiner glaubt mir, dass ich davon nichts gewusst hätte, auch der Begleitoffizier nicht. Alle halten mich für unaufrichtig, dabei weiß keiner was über die einsamen Entschlüsse des Leaders, auch ich nicht.» (Alice von Hobe)

Und kaum ist Herrligkoffer – am 30. April – zurück im Basislager, verlässt er es auch schon wieder: Nachdem Leo Breitenberger, den Werner Haim wenige Tage vorher der Unkameradschaftlichkeit bezichtigt hatte («Wenn ich ihn erwische, kriegt er ein paar Watschn»; Haim am 26. April 1972), im Glauben, an einer Lungenentzündung zu leiden, ins Basislager absteigt; nachdem auch Werner Haim nach einer durch Steinschlag verursachten Verletzung (Wadenbeinbruch) aus der Wand heraus und ins Basecamp zurück muss – teils schleppt er sich selbst durch den schwierigen Khumbu-Eisfall, teils wird er von Sherpas getragen –, verlässt Herrligkoffer zusammen mit Haim und Breitenberger die Expedition. Leo Breitenberger muss man – entgegen anderer Meinungen – zugute halten, dass er tatsächlich schwer krank geworden war. Er litt im Basislager an Fieber bis zu 39 Grad, und Herrligkoffer hatte eine Rippenfellentzündung diagnostiziert.

Zum Wohl, Doug Scott! 1972 gelang es ihm weder mit der Herrligkoffer-Expedition noch im Rahmen der im Herbst des gleichen Jahres von Chris Bonington geleiteten britischen Unternehmung, die Everest-Südwestwand zu durchsteigen. 1975 kam Bonington mit einem starken Team wieder. Scott und Dougal Haston bildeten die erste Seilschaft, welche die Südwestwand bis hinauf zum Südgipfel durchstieg und von dort den Gipfel erreichte.

Abschied vom Himalaja?

Am 4. Mai 1972 also kehrt Karl M. Herrligkoffer der Expedition endgültig den Rücken. «Leaders spontaner Entschluss, um 7.30 Uhr abzufliegen, kommt für alle mehr als überraschend und hinterlässt ernsthafte Bestürzung.» (Alice von Hobe) Am 8. Mai schreibt von Hobe in ihr Tagebuch: «Kein Leader, kein Michi [Michl Anderl befindet sich im Western Cwm; Anm. d. V.], kein Sirdar, kein Begleitoffizier [Pandey liegt mit fiebriger Grippe in Namche Bazar], kein Arzt [...].» Herrligkoffer geht es aber wirklich miserabel. Noch am 5. Mai 1972, in Kathmandu, schreibt er in ein Notizbuch: «Schweren Herzens, besser gesagt kranken Herzens, nehme ich Abschied von meiner Hobbytätigkeit als Initiator, Arzt und Leiter vieler (zehn) Himalaja-Expeditionen. Während der Vorbereitungsarbeiten zur Everest-Expedition erkrankte ich an einer Grippe schwer. Die Folge war ein hörbarer Herzfehler. Aber mein Gesundheitszustand besserte sich im Laufe der Monate leicht, und so glaubte ich, meinen Verpflichtungen [...] nachkommen zu können.»

Fatal war, dass sich Karl Maria Herrligkoffer nach seinem Aufenthalt in München per Helikopter ins Basecamp fliegen ließ, um Zeit zu sparen. «In zwei Tagen von München zum Everest! Die ersten drei Tage schien alles gut zu gehen – mit Hilfe von Sauerstoffduschen versuchte ich mich zu akklimatisieren. [...] In der Nacht zum 4. [Mai; Anm. d. V.] aber bekam ich ein Lungenödem. Für mich war es sieben vor zwölf. [...] Das ist mein Abschied – nicht nur von der Mount-Everest-Expedition –, das ist mein Abschied vom Himalaja.»

Doch der sollte erst achtzehn Jahre später erfolgen.

Schrille Disharmonie

Die Expedition macht weiter. Aber die Zusammenarbeit zwischen den Österreichern und den Briten klappt nicht. Dabei äußert sich Doug Scott – der 1972 erstmals im Himalaja ist – ausgesprochen positiv etwa über Adi Weißensteiner («Er konnte mit den Sherpas umgehen ohne viel Lärm und Geschrei. Genau wie Don kannte er einige von ihnen von früheren Expeditionen, und bald respektierten sie ihn, weil ihm fortgesetzt ihre Interessen am Herzen lagen, und sie verhielten sich dementsprechend.»), über Werner Haim nach seinem Steinschlagunfall («Das war wirkliches Pech und ein trauriger Verlust für die Expedition, da Haim ein erstklas-

siger Bergsteiger und so etwas wie ein Verbindungsoffizier zwischen dem Huber-Kuen-Duo und dem britischen Trio war.») und über Horst Schneider («das Arbeitspferd der Expedition»). Der Bad Ausseer Werner Haim – er war bereits auf der Nanga-Parbat-Expedition 1970 dabei – ist in der Tat ein herzhafter Typ. Im September 1970 rettet er mit sieben Tiroler Freunden – unter ihnen Walter Spitzenstätter und der renommierte Chirurg Raimund Margreiter (ihm sollte später die erste Herztransplantation in Österreich gelingen) – den schwer verletzten Gert Judmaier aus den Wänden des Mount Kenya (siehe Oswald Oelz, «Mit Eispickel und Stethoskop», Seiten 47 bis 61).

Die Crux ist der krankhaft ehrgeizige Felix Kuen. Auf der ersten Seite seines Expeditionstagebuches steht zu lesen: «Am 7.3.1972 starte ich zur größten Expedition bisher. Auf dieses geplante Vorhaben habe ich mich gründlich vorbereitet und habe folgendes Training absolviert: in der Woche drei- bis viermal einen Waldlauf, zirka 22 Kilometer, oder einen Auf- und Abstieg von 2000 Höhenmetern in 65 Minuten.» [Wie geht das? Anm. d. V.] Doug Scott stellt fest: «Kuen hatte sein Ansehen nicht vergrößert, indem er bei den meisten Gelegenheiten ein Rucksäcklein trug, das nur etwas mehr als acht Kilogramm wog [wie konnte Scott das überprüfen? Anm. d. V.] im Vergleich zu Schneiders 23 Kilogramm bei einem Lastentransport und 17 Kilogramm bei anderen. Kuen war ganz klar ‹Gipfelmaterial›, oder so hatte er entschieden. Aber es ist schwierig, ein wirkungsvoller Führer zu sein, wenn man die ganze Zeit an der Spitze ist. Es wurde immer deutlicher, dass die Aufgabe für ihn zu groß war und dass er sie sowieso auf die falsche Weise anpackte.» Trotz allem zeigt Scott Verständnis: «Aber es war auch augenscheinlich, dass Kuen mehr als andere zu bemitleiden war, denn es war offensichtlich, dass Herrligkoffer ihn in seine gegenwärtige Position hineingedrängt hatte, größtenteils weil er sich auf ihn verlassen konnte. [...] Wenn Kuen bloß sich Dons [gemeint ist Whillans; Anm. d. V.] Wissen hätte aneignen und Nutzen aus seinen Erfahrungen hätte ziehen können ... aber wie konnte er, wenn sein Benehmen ungeschickt und kalt und wenn er von Anfang an Don gegenüber misstrauisch war? Diese Situation war einer der Hauptfaktoren, die letztlich zu unserem Misserfolg beigetragen haben.»

Eine schrille Disharmonie herrscht in der Mannschaft: Haim kontra Breitenberger; scheinbar alle – bis auf die Briten – kontra Saleki, der sich tatsächlich von Hamish McInnes schriftlich bestätigen lässt, Lager 3 (und damit Wandlager 1, 6900 m) erreicht zu haben, ehe er mit jenem Hubschrauber, der Herrligkoffer von München zurück ins Basislager brachte, die Expedition verlässt; Bednar kontra Maag; ein fortwährend unter «Dampf» stehender Michl Anderl, den Sepp Maag einigermaßen im Zaum zu halten versteht.

Die Briten geben verärgert auf

Und dann noch die Missgunst Kuens den Briten gegenüber. «Horst Schneider und Adi Sager sollten zum Lager 5 gehen und Kuen und Huber zum Lager 6. Wenn alles bereit war, sollte es zweien von uns erlaubt sein, sich ihnen an der Spitze für einen Angriff auf den Gipfel anzuschließen. Aber wie wir genügend Sauerstoff und andere Ausrüstung, die für vier Bergsteiger ausreichen sollten, dort hinaufbekommen sollten,

wurde nicht erklärt, und das machte uns argwöhnisch. Wir hatten das Gefühl, dass man uns wieder hinausekeln würde, deshalb handelten wir einen Kompromissplan aus, welcher uns zur Versorgung des Gipfelpaares zusammen mit einem anderen Österreicher, der uns ins Lager 5 begleiten sollte, einsetzte. Nachdem dann Huber und Kuen ihren Versuch gemacht hätten, könnten wir vier vom Versorgungsteam gehen. Nach einer gewissen Debatte wurde dieser Vorschlag angenommen, und Kuen und Huber gingen ins Lager 5. Unglücklicherweise waren Schneider und Sager mit der neuen Abmachung nicht einverstanden [sie wollten natürlich als zweite Seilschaft auf den Gipfel; Anm. d. V.], und sie gingen hinauf, um Kuen zu überreden, zu seinem ursprünglichen Plan zurückzukehren. Das dicke Ende kam, als Schneider und Sager von ihrer Mission zurückkehrten. Schneider sagte: ‹Ihr Engländer seid in Schwierigkeiten. Kuen sagt, ihr müsst ins Lager 3 hinunter, oder er wird herunterkommen und die Sherpas zurückrufen und die Expedition beenden.› Am nächsten

Damals als Lager und zum Übernachten in extremen Himalaja-Wandrouten unverzichtbar und die Vorläufer der heutigen Portaledges: die nach ihrem Erfinder Don Whillans benannten «Whillans-Boxes» – hier 1972 an der Everest-Südwestwand.

Tag gingen wir hinunter ins Lager 2 und später ins Hauptlager. Wir waren am Ende, nachdem wir einen Punkt erreicht hatten, wo persönliche Differenzen nicht mehr länger übersehen werden konnten. Sowohl Schneider als auch Sager weigerten sich, für Don [Whillans; Anm. d. V.] zu tragen, und sogar der gleichmütige Peter Perner sagte, dass er genug davon hätte, für die Engländer als Sherpa tätig zu sein. Unser Hauptproblem war, dass die Expedition der BBC [...] gegenüber verpflichtet war, in einer größtmöglichen Höhe zu filmen und zu berichten. Hamish und ich hatten wirklich die Aufgabe, dieses Material zu bekommen, aber jetzt waren wir zwischen Lager 3 und 4 verbannt.» (Scott)

Kuen hat die Anordnung, wie Schneider sie übermittelte, tatsächlich ausgesprochen. Das geht aus Schneiders Tagebuch zweifelsfrei hervor: «Im Camp 4 gebe ich den Engländern die Weisung Felix' weiter. Bis spät in die Nacht hinein hören wir nur mehr: fucking Felix, fucking Herrligkoffer, fucking Austrians usw. [...] 15. 5. 1972 [...] Die Engländer packen zusammen, wir wissen vorerst nicht, ob sie nach oben oder nach unten gehen. Doug zeigt einmal seine Faust in unser Zelt und schreit ‹fucking Austrians›. Gegen 12 Uhr kommt Doug und sagt, dass sie ins Basislager absteigen werden, und er wünscht uns viel Glück.»

Felix Kuen schreibt bereits am 10. Mai in sein Tagebuch: «Die Engländer wollte ich zu einer viertägigen Pause bewegen. [...] Sie sind nicht zu bewegen und bleiben hart und stur.» Am 12. Mai schreibt Kuen auf: «Im Lager 4 sind zwei Engländer schneeblind geworden.» Und am 14. Mai: «An der Schwelle des Gelingens oder an der Schwelle des Aufgebens, zu dem ich bereit bin, wenn uns die Engländer weiterhin sabotieren wollen. Sie wollen eine Fünf-Mann-Spitze aufbauen, und wir können [...][1]. Sollten die Engländer zum dritten Mal nicht nachgeben, dann bin ich bereit, die gesamte Expedition abzubrechen, weil nur mit Sabotage kommen wir nicht vorwärts. Mit den anderen Kameraden ist so leicht arbeiten, und ich bin überzeugt, dass wir leicht den Gipfel erreicht hätten.»

Kuens Tagebucheintrag vom 15. Mai gibt die Erleichterung darüber wieder, dass die Engländer endlich ihr Lager verlassen. Es folgen Bemerkungen darüber, wie viele Sauerstoffflaschen sie verbraucht und wie we-

[1] Diese Worte sind im Tagebuch unleserlich.

nig sie in diesen zehn Tagen ihres Aufenthalts in Lager 4 geleistet hätten. Und dass, wenn die Expedition scheitern würde, dies nicht zuletzt der Engländer wegen geschehe. Am 16. Mai 1972 schreibt Kuen auf die Briten bezogen: «Ich habe nicht gesagt, dass sie uns verlassen sollen, aber ich habe auch nichts dazu getan, dass sie bei uns bleiben sollten. Sie waren für uns bis jetzt nur ein Hindernis, und wir haben geschuftet, bis es zu Ausfällen gekommen ist.»

Ein lustloser Versuch?

Felix Kuen und Adi Huber erreichen von Lager 6 aus an der Mount-Everest-Südwestwand 8350 Meter Höhe (dies bedeutete in etwa die gleiche Höhe, die Don Whillans und Dougal Haston ein Jahr zuvor unter Norman Dyhrenfurths Internationaler Mount-Everest-Expedition erreicht hatten). Der Weg in Richtung Südgipfel scheint frei zu sein. Sie ziehen sich wieder in ihr Sturmzelt zurück. «Dann begann eine böse Nacht. Es schneite und wurde eiskalt, das Thermometer zeigte vierzig Grad minus. Keiner der beiden kam zum Schlafen. Jeder fror, trotz mehrfacher Daunenhüllen. Am Morgen des nächsten Tages lagen dreißig Zentimeter Schnee in der Wand, es war lawinengefährlich geworden. Die Wettersituation zwang zum Rückzug.» (Herrligkoffer)

Doug Scott sieht dies so: «Kuen und Huber lutschten Ronicol [ein Medikament zur Vorbeugung von Erfrierungen; Anm. d. V.] wie Süßigkeiten und machten einen lustlosen Versuch zum Gipfel, fanden es aber zu kalt. [...] Eine Tatsache, die man den erfolglosen Gipfelbergsteigern zugute halten konnte, war die sehr schwere Daunenbekleidung, mit welcher sie ausgerüstet waren: Sie wog dreimal so viel wie unsere Daunenanzüge und Schlafsäcke und war nicht so warm. Was noch dazu kam: Die beiden waren wie für einen alpinen Aufstieg angezogen. Kein Wunder, dass es für sie zu kalt war im Lager 6.»

Herrligkoffer zieht folgendes Fazit: «Die Expedition war abgeschlagen. Sie kehrte ohne Gipfelerfolg, aber wenigstens vollzählig in die Heimat zurück! Dabei sollte nie vergessen werden, dass ‹gescheiterte› Expeditionen in gleicher Weise wie erfolgreiche die mühevolle Arbeit der Vorbereitung fordern und am Berg allen Teilnehmern denselben persönlichen harten Einsatz abverlangen.»

Schneebedeckte, abschüssige Platten auf schon weit über 8000 Metern an der Mount-Everest-Südwestwand. 1972 war es noch undenkbar, ohne Sauerstoff aus der Flasche in extrem großen Höhen zu klettern.

Nachdem ein halbes Dutzend Expeditionen an der Südwestwand gescheitert waren – darunter noch im Nachmonsun 1972 die erste britische Gruppe unter Chris Bonington, der auch Doug Scott angehörte –, glückte der Bonington-Expedition 1975 der große Wurf. «Das größte technische Problem war, einen Weg durch das riesige Felsband zu finden, das den oberen Wandbereich versperrt. Alle Versuche vor 1975 hatten nach einer Route an seinem rechten Rand gesucht, doch wir nahmen 1975 die Rinne links davon in Angriff und stellten fest, dass sie genügend Schnee enthielt, um ein Durchkommen zu ermöglichen.» (Scott) Scott und Dougal Haston erreichten am 24. September 1975 durch ein Couloir den Südgipfel des Mount Everest, nachdem sie die Südwestwand zur Gänze durchstiegen hatten. Nach Erreichen des Everest-Gipfels biwakierten sie – die Sauerstoffvorräte waren inzwischen zur Neige gegangen – in einem in weiser Voraussicht vor dem Gipfelaufstieg gegrabenen Schneeloch am Sattel unterhalb des Südgipfels auf über 8700 Metern. Sie überlebten diese harte Nacht ohne Erfrierungen und mit dem Glück der Tüchtigen, denn es herrschte phantastisches Wetter, wenn es auch extrem kalt war.

Am 26. September 1975 stiegen Peter («Pete») Boardman und Pertemba Sherpa aus der Südwestwand heraus auf den Mount Everest. Bei ihrem Abstieg über den Gipfelgrat trafen sie auf Mick Burke. Er hatte ebenfalls die Südwestwand bis ganz hinauf durchstiegen und wollte noch – allein! – zum Gipfel. Boardman und Pertemba konnten nicht zu lange auf Burke warten, wenn sie ihrerseits überleben wollten. Mick Burke kam nicht zurück.

Ein bewegender Augenblick für Karl Maria Herrligkoffer: Ein Hirte übergibt ihm Willy Merkls Bergschuh, der im oberen Teil des Bazhingletschers zum Vorschein gekommen war.

FELIX-KUEN-GEDÄCHTNISEXPEDITION 1975 UND KARL-GOLIKOW-GEDÄCHTNISEXPEDITION 1976

Nach dem Erfolg an der Direkten Rupalwand 1970 möchte Karl M. Herrligkoffer auch den so genannten «Toni-Kinshofer-Weg» (siehe Seite 130) vollendet wissen. Es klappt nicht. Einer vier Mann starken österreichischen Gruppe dagegen gelingt sozusagen «im Handstreich» das, was Herrligkoffer seit Jahren glühend verfolgt: die Durchsteigung des westlichen Teils der Nanga-Parbat-Rupalflanke mit darauf folgendem Gipfelaufstieg an der Diamirseite des Südwestgrats.

Es ist schon schwierig genug, überhaupt an den Fuß des Berges zu gelangen. Am 6. Mai 1975 war das Gros der Felix-Kuen-Gedächtnisexpedition von München aus weggeflogen, am 30. Mai trifft es im Basecamp ein. Dazwischen liegen ein bürokratisch verordneter, sechzehntägiger Aufenthalt in Rawalpindi und die Erschwernis, dass der im Bau befindliche Karakorum Highway (KKH) von der Expedition weder gekreuzt noch befahren werden darf. So steht es im Permit. Doch Herrligkoffer findet eine Lösung. Dank «Gesprächen mit den zuständigen Beamten» (Herrligkoffer) und einer älteren englischen Karte entdeckt er die Möglichkeit, mittels einer alten Seilbrücke den Indus zu überqueren und – «unter Umgehung der China-Road» (Herrligkoffer) – doch nach Astor zu gelangen.

Aber die Expedition muss zuerst nach Skardu, Ausgangsort eher für den Karakorum als für den Nanga Parbat. Dann geht es mit Jeeps etwa hundert Meilen das Industal abwärts bis zum Dorf Hanuchal, von dem aus die berüchtigte Seilbrücke den Fluss überspannt. «Als wir das aus zwei Teilen zusammengesetzte Stahlseil, das sich in sanftem Bogen über die braunen Fluten des Indus spannte, erreichten, hantelten wir uns mit gemischten Gefühlen nach dem achtzig Meter entfernten südlichen Ufer hinüber. Es verging fast ein ganzer Tag, bis alle Teilnehmer, unser persönliches Gepäck und einige Anmarschträger auf diese Weise den Indus gequert hatten. Als ein Jahr später eine weitere Expedition von uns [die Karl-Golikow-Gedächtnisexpedition; Anm. d. V.] an dieser Stelle über den Fluss wollte, bestand diese Seilbrücke nicht mehr. Das Drahtseil war inzwischen gerissen!» (Herrligkoffer) Margret Schnaidt erzählt über die abenteuerliche Flussüberquerung: «Ein Akrobatenstückchen beginnt. Der erste Mann macht seine Sache sehr gut. Nun ist das zweite Seil mit Ring angelegt; ob es wohl gutgeht? Nachdem acht Leute drüben sind, wird die Sache sympathischer. Nachmittags um 4 Uhr sind alle und acht Träger und das Gepäck auf der anderen Seite.»

«Nach einem kühlen Bade im Indus folgte in der abendlich subtropisch-heißen Sonne noch ein achtzehn Meilen langer Marsch. Wir wanderten talauswärts, die Nacht brach herein, der Mond erhellte spärlich unseren Pfad. Gegen Mitternacht legten wir uns in den Sand. Einige hatten die ‹Karatschi-Krankheit› und verbrachten daher den größten Teil der Nacht in Hockstellung hinter einem nahe gelegenen Felsen.» (Herrligkoffer)

1975 musste der Indus über eine abenteuerliche Seilbrücke überquert werden. Nicht jederfraus Sache, doch Margret Schnaidt schafft es bravourös.

Die Expedition erreicht die Oase Bunji. Dort treffen – bis auf die Münchner Christa und Manfred Sturm und Helmut Böhme sowie den Österreicher Kurt Pokos, die später im Hauptlager erwartet werden – alle Mitglieder zusammen. Der unverwüstliche Michl Anderl ist, als Herrligkoffers Stellvertreter, einmal mehr mit dabei. Dann die Garmischer «Bank» Hubert Hillmaier, «Amadeus» Henke, Willi Klimek und Margret Schnaidt; Wulf Trotter aus Farchant, Thomas Gruhl, der Sohn des umweltbewussten deutschen Politikers Herbert Gruhl («Ein Planet wird geplündert»), Erich Scharrer aus Traunstein, die Schwaben Erwin Beyerlein, Dieter Schoodt und Siegfried Siebauer, die Österreicher Hias Gradnitzer, Otto Umlauft (kriegsverletzungsbedingt mit Unterschenkelprothese!) und Hans Mautner, der Schweizer Roland Descloux, Kameramann Georg Hofmann von Finsterwald am Tegernsee, als Expeditionsarzt Klaus Schoenwald aus Marktoberdorf im Allgäu, Ina Merk aus München. Verbindungsoffizier ist der hinlänglich bekannte Sarbaz Khan aus Gilgit. «Nebenbei schauten wir des Öfteren voller Neugier mit dem Glas auf die Felswand auf der anderen Seite des Indus und beobachteten die Lastwagenkolonnen auf der im Bau befindlichen China-Straße. Dort drüben schafften die Chinesen mit Schürze und Strohhut emsig wie die Ameisen, sprengten und planierten.

Eine ‹Autobahn› wird hier entstehen, sagte mir ein Pakistani voller Stolz. Dies wird es zwar nicht werden, aber dennoch wird aus den Felsen eine doppelspurige Panzerstraße herausgesprengt, die in wenigen Jahren China mit Peshawar verbinden wird. Dann wird zwischen Peking und Islamabad eine Verkehrsader ‹für immer› zementiert sein und damit wohl auch eine entsprechende politische Einflussnahme der Chinesen auf Pakistan.» (Herrligkoffer)

Die Gipfelchance

Die Expedition errichtet ihr Basislager auf der Hochweide Shaigiri, eine halbe Wegstunde von der Tap-Alpe entfernt. Am 1. Juli 1975 wird endlich der Berg angegangen. Eine Gruppe wendet sich dem Südwestgrat zu, zwei weitere Gruppen erkunden den mächtigen Südostpfeiler beziehungsweise eine Aufstiegsmöglichkeit vom Bazhingletscher zum Rakhiot Peak. Doch das Wetter ist zum Verzweifeln. Während vierzig Tagen herrschen nur zweimal Gipfelbedingungen. Höhenstürme drücken die Zelte zusammen oder zerreißen die Zeltstoffe, mal hemmt tiefer Pulverschnee den Schritt, mal gibt es böse Blankeisstellen. Trotzdem erreichen Hubert Hillmaier und Erwin Beyerlein an der Südwestgrat-Route über 7400 Meter. Sie hatten den westlichen Teil der Rupalflanke durchstiegen und befanden sich – an der Diamirseite des Grates – auf «Gipfelkurs». Tagebuchauszüge von Margret Schnaidt geben ein Stimmungsbild von dieser Expeditionsphase ab:

«25. 6.: Wir steigen auf zu Lager 3. Der Weg ist mühsam. Zehn Stunden brauchen wir, Wulf, Erwin und ich und zwei Träger. Die Aussicht von Lager 3 ist einmalig, es liegt 6900 Meter hoch, mein persönlicher Höhenrekord. Die Nacht ist sehr bewegt. Morgens um 6 Uhr steigt Wulf wieder ab – ich sage mir, so nahe am ‹Mazeno› [am bis dahin unerstiegenen Östlichen Mazeno Peak, 7210 m; Anm. d. V.]: Halt noch ein bisschen aus, vielleicht klappt es mit einem Siebentausender.

26. 6.: Willi kommt mit Klaus und zwei Trägern. Willi bleibt oben. Es stürmt [...] furchtbar. Das Zelt ist sehr klein und ungemütlich.

27. 6.: Hubert und Erwin machen einen Vorstoß zu Lager 4. Mittags um zwölf Uhr ist schon wieder alles bewölkt und stürmisch. Hubert kommt recht begeistert zurück. Er erkundete den Weiterweg zum Nanga, das Zelt für Lager 4 ist schon auf 7400 Metern, der Weiterweg zum Nanga möglich.

Christa Sturm (links), Margret Schnaidt und Thomas Gruhl auf dem von ihnen zusammen mit Manfred Sturm erstmals erstiegenen Toshe Peak (6310 m); im Hintergrund der Nanga Parbat.

28. 6.: ‹Ruhetag, ausschlafen›, meinen die beiden ‹Beinahe-Gipfelstürmer› vom Tag vorher. Aber es wird nichts damit! Um 5 Uhr meinte mein Zeltnachbar plötzlich: ‹Ich muss schaufeln gehen.› Triebschnee hatte unsere ‹Hundehütte› schon zu drei Viertel begraben. Als er endlich draußen war, stellte sich heraus, dass nur Flucht uns retten konnte.» So weit Margret Schnaidt, die bei den miserablen und gefährlichen Verhältnissen einen bravourösen Rückzug hinlegt.

Immerhin eine Erstersteigung

Der Südostpfeiler kann bis über 5600 Meter hinaus erkundet werden. Zu viel Schnee vereitelt ein weiteres Vordringen. Ein paar der Bergsteiger kommen aus dem Bazhinkessel in Richtung Rakhiot Peak bis auf über 6400 Meter. (Diese Erkundung verläuft sehr wahrscheinlich auf der von Paul Bauer und Freunden bereits Anfang der Fünfzigerjahre gedachten Linie; siehe Seite 56.) Im Verlauf dieses Versuchs wird Roland Descloux mitsamt seinem Zelt von einer Lawine 300 Höhenmeter in die Tiefe befördert. Er kommt mit dem Schrecken und mit leichten Verletzungen davon.

Christa und Manfred Sturm sowie Margret Schnaidt und Thomas Gruhl kommen trotz aller witterungsbedingten Widerwärtigkeiten mit einem schönen Gipfelerfolg nach Hause: Sie ersteigen innerhalb von drei Tagen aus dem hinteren Rupaltal erstmals den 6310 Meter hohen Toshe Peak. Vor und nach dem Gipfelaufstieg schlafen sie in Biwakzelten auf einem stabilen Schneebalkon in einer Gletscherspalte.

Der rechte Bergschuh von Herrligkoffers Halbbruder Willy Merkl. Für Karl Maria Herrligkoffer wurde er fast zu einer Art Reliquie – bei vielen seiner Vorträge hatte er diesen Schuh dabei.

Der Schuh aus dem Gletscher

Ein Ereignis gibt es, das Karl Maria Herrligkoffer stärker aufwühlt als die Geschehnisse an den drei projektierten Nanga-Parbat-Routen: «Mitten im Kampf um den Berg wurde mir plötzlich von einem Hirten ein Bergstiefel gebracht, der im oberen Teil des Bazhingletschers unterhalb des Mohrenkopfes gefunden wurde. Tricouni-Nägel deuteten darauf hin, dass der Schuh von einem Sahib aus einer früheren Expedition sein musste. Bald wurde mir klar, dass dies nur ein Schuh meines Bruders sein konnte, denn die Schuhgröße stimmte, Vergleichsfotos ließen keine Zweifel aufkommen, und ich konnte auch noch die Teile der Initialen unter der Zunge des Schuhes feststellen.

Willy Merkl wäre am 6. Oktober 1975 75 Jahre alt geworden. 41 Jahre nach seinem Tode wollte es eine wunderbare Fügung, dass ich seinen rechten, eisenbeschlagenen Bergschuh, den ich vor seiner Ausreise im Jahre 1934 in München scheu bewundert hatte, in meinen Händen halten konnte.

Wie kam dieser Bergschuh in den Bazhingletscher? Es war wohl so: Die beiden Leichen von Willy Merkl und Gay Lay [siehe auch Seite 131] wurden 1938 am Mohrenkopf gefunden und von Paul Bauer und Fritz Bechtold über die Rakhiot-Südwestwand hinab ‹beigesetzt›.»

Bauers und Bechtolds Geheimnis

«Am Mohrenkopf hält mich etwas auf: Es liegen zwei Paar Bergschuhe im Eis. Sie liegen nicht, sie stehen aus dem Eis hervor? Ich drehe mich um zu meinem Träger, dem Sherpa Phuttar. Er ist noch fünfzehn Meter hinter mir. Ob er etwas gesehen hat? Ich gehe zurück und seile mich los und rufe Zuck [dem Schweizer Stefan Zuck; Anm. d. V.] zu, er möge die beiden Träger mit zurücknehmen, am Mohrenkopf lägen zwei Menschen nur notdürftig vom Eis zugedeckt, das dürften die Träger nicht sehen. Inzwischen kommen Uli Luft und Bechtold zu mir herauf. Was ich schon geahnt hatte, bestätigt Bechtold: Vor uns unter dem Eis liegt Willy Merkl. Seine Schuhe sind unverkennbar. Der andere ist ein Träger. Es kann nur

Gay Lay sein. Mit entblößtem Haupt stehen wir stumm vor den beiden Toten. Dann befreien wir sie vom Eis. Merkls Gesicht ist vollständig erhalten. Es sieht aus, wie wenn es aus Wachs modelliert wäre. In der Brusttasche trägt er einen Brief, die Bitte zweier Menschen um Hilfe in ihrer letzten Not:

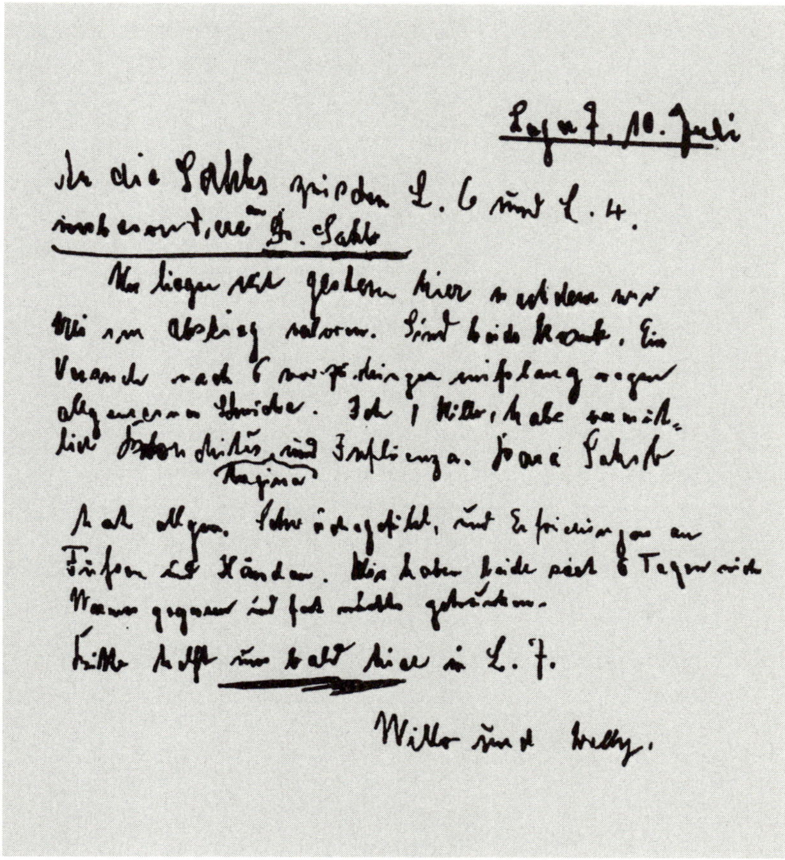

Lager 7, 10. Juli

An die Sahibs zwischen L. 6 und L. 4. insbesondere an Dr. Sahib

Wir liegen seit gestern hier nachdem wir Uli im Abstieg verloren. Sind beide krank. Ein Versuch nach 6 vorzudringen mißlang wegen allgemeiner Schwäche. Ich, Willo, habe vermutlich Bronchitis, Angina und Influenza. Bara Sahib hat allgem. Schwächegefühl, und Erfrierungen an Füßen und Händen. Wir haben beide seit 6 Tagen nichts Warmes gegessen und fast nichts getrunken.

Bitte helft uns bald hier in L. 7.

Willo und Willy.

Die erschütternden Zeilen, die der dem Tod geweihte Willo Welzenbach 1934 noch zu Papier brachte: «An die Sahibs zwischen L. 6 und L. 4, insbesondere an Dr. Sahib. Wir liegen seit gestern hier nachdem wir Uli [Wieland] im Abstieg verloren. Sind beide krank. Ein Versuch, nach [Lager] 6 vorzudringen, mißlang wegen allgemeiner Schwäche. Ich, Willo, habe vermutlich Bronchitis, Angina und Influenza. Bara Sahib [Merkl] hat allgem. Schwächegefühl, und Erfrierungen an Füßen und Händen. Wir haben beide seit 6 Tagen nichts Warmes gegessen und fast nichts getrunken. Bitte helft uns bald hier in L. 7. – Willo und Willy.» – Paul Bauer und Fritz Bechtold fanden diese Notiz 1938 in Merkls Brusttasche.

Am 22. Juli 1938 lasen wir diesen Brief vom 10. Juli 1934. – Am 16. oder 17. Juli vor vier Jahren musste Merkl mit seinem letzten, treuesten Träger, dem Sherpa Gay Lay, an dieser Stelle gestorben sein.

Wir bestatteten Willy Merkl und seinen treuen Gay Lay dort, wo wir sie gefunden hatten: im Angesicht ihres Berges. Aufs Tiefste bewegt gingen wir zu den Zelten zurück.» (Paul Bauer, «Das Ringen um den Nanga Parbat», München 1955)

Am Abend eines langen Weges

«Ihre Körper fanden endlich in den Eismassen des 3000 Meter tiefer gelegenen Bazhingletschers ihre letzte Ruhestätte. Nach Jahrzehnten aber gab der Gletscher Teile der Ausrüstung frei. So wurde nach etwa zwanzig Jahren von einem Jäger ein Schuh aus dem Eis geschnitten, der noch an der Hose hing [siehe Seite 131; Anm. d. V.]. Es war der rechte Schuh von Sherpa Gay Lay. 1968 erwarb ich ihn von einem Churit-Bauern für eine Stange Zigaretten. – Und nun, sieben Jahre später und 41 Jahre nach diesen Vorkommnissen am Mohrenkopf, hatte es den rechten Schuh meines Bruders, relativ gut erhalten, wieder an die Oberfläche getrieben, wo ihn ein Hirte gefunden hatte.» (Herrligkoffer)

Haben Bauer und Bechtold die Leichen von Merkl und Gay Lay tatsächlich vom Nanga-Parbat-Ostgrat auf den Bazhingletscher hinunterbefördert? Wir wissen es nicht.

Herrligkoffer indessen ist in der «Zwiesprache» mit seinem toten Halbbruder zwar nicht am Ende, aber doch am Abend eines jahrzehntelangen Weges angelangt. Was mag er fühlen? Zorn? Traurigkeit? Ohnmacht? Wie sieht es aus in ihm, der er nun nicht nur einmal das Vermächtnis Willy Merkls zu erfüllen vermochte. Nicht durch eigene Taten, aber doch durch eigene Ideen. Hat sein Weg zum Nanga Parbat nun sein Ziel erreicht? Nein. Zweimal noch sollte Herrligkoffer wiederkehren.

Im Sommer 1976 vollenden die Steirer Hanns Schell, Hilmar Sturm, Siegfried Gimpel und Robert Schauer den «Toni-Kinshofer-Weg», heutzutage als «Schell-Route» bezeichnet. Am 10. Juli wird das Basislager bezogen, am 11. August bereits erreichen alle vier den Gipfel des Nanga Parbat, nachdem sie im Verlauf ihres Aufstiegs von Lager 4 (etwa 7450 m) aus zweimal biwakiert hatten. Glück und Können begünstigten diesen schönen Erfolg. «Ich selbst war sehr erstaunt, dass wir den gefürchteten Nanga Parbat trotz der vielen Schlechtwettertage bereits genau einen Monat nach Erreichen des Basislagers [...] besteigen konnten.» (Schell)

Fraglos ist es nach dem Erfolg der Österreicher für die Mitglieder der vom DIAF für die Zeit des Nachmonsuns 1976 entsandten «Karl-Golikow-Gedächtnisexpedition» (Golikow und Otto Uhl waren 1972 im oberen Teil der Piz-Badile-Nordostwand erschöpft und unterkühlt im Beisein von Sigi Hupfauer und Luis Ritter gestorben) nicht ganz leicht, sich ihrerseits für den «Toni-Kinshofer-Weg» zu motivieren. Für Herrligkoffer – er ist selbst diesmal nicht vor Ort – wäre ein Erfolg, und wenn es sich «nur» um die Zweitbegehung handeln würde, wichtig. Als Expeditionsleiter setzt er die Polin Wanda Rutkiewicz, die sich mit ihrem Erfolg 1975 am Gasherbrum III im Karakorum einen Namen gemacht hatte, und Matthias Gradnitzer ein. Außerdem zur Gruppe gehören die polnische Bergsteigerin Danuta Wach, der erfahrene Werner Haim und Sebastian Arnold aus Österreich und die Deutschen Willi Klimek, Herbert Holzmayer, Karl «Charly» Wehrle und Wolfgang Klump, der den Lkw mit dem Expeditionsgepäck nach Pakistan gefahren hatte. In Rawalpindi stößt noch ein polnischer Arzt zur Expedition.

Arnold stürzt ab

Die Bergsteiger agieren von Anfang an unglücklich. Hinzu kommt, dass Sebastian Arnold während des Abstiegs von Lager 2 ins Lager 1 aus einer Höhe von 5700 Metern tödlich abstürzt. Werner Haim ist Zeuge dieses schrecklichen Unfalls. Danach wird die Expedition abgebrochen, sehr zum Unmut von Herrligkoffer: «Wenn Matthias Gradnitzer als verantwortlicher Expeditionsleiter in diesem Falle in seinem Bericht schreibt, ‹ein Weitermachen unter den gegebenen Umständen war für mich [...] aus psychischen und menschlichen Gründen nicht mehr möglich›, so fehlt einem solchen Expeditionsleiter einfach die nötige Härte, um ein solches Unternehmen – das von langer Hand vorbereitet wurde, das viele Unkosten verursacht und mit dem man sich auch viele Verpflichtungen aufgeladen hat – nicht wie eine private Tour einfach abzubrechen.»

Ein Urteil aus der Distanz heraus: In eine solche Situation ist Herrligkoffer niemals geraten. Teilnehmer seiner Expeditionen (Siegi Löw, Günther Messner, Tadeusz Piotrowski) sind jeweils in der Endphase der Unternehmungen und nach ihren Gipfelerfolgen umgekommen, oder Herrligkoffer war (wie 1986, siehe Seite 266) nicht mehr im Basecamp.

Erfolgreiche Teilnehmer der Deutsch-Französischen Mount-Everest-Expedition 1978. Links ihr Leiter Karl Herrligkoffer, ganz rechts Sigi Hupfauer. Hans Engl (genau unterhalb des «Grüß Gott»-Schildes) hatte den Gipfel des Mount Everest als Dritter (nach Reinhold Messner und Peter Habeler) ohne Sauerstoff aus der Flasche erreicht.

DEUTSCH-FRANZÖSISCHE MOUNT-EVEREST-EXPEDITION 1978

Hoch oben am Mount Everest: in Bildmitte der Makalu, links der Chomo Lönzö (oben). Das Basislager der Deutsch-Französischen Mount-Everest-Expedition. Pierre Mazeaud brachte bereits ordentlich Sendetechnik an den höchsten Berg der Erde (unten).

Der Salvatorkeller auf dem Münchner Nockherberg im Spätherbst 1978. Der große Saal ist zum Bersten voll. In einer Art Jahrmarkt-Atmosphäre bittet Karl M. Herrligkoffer einen Everest-Gipfelsieger nach dem anderen auf die Bühne, und jeder Einzelne wird mit Beifallsstürmen und Bravorufen bedacht. 1978 ist die Ersteigung des höchsten Berges der Erde selbst auf der Normalroute noch etwas Sensationelles, wenn auch nicht mehr das Nonplusultra: Immerhin war der Mount Everest 1963 bereits überschritten worden, 1975 wurde die lange Jahre vergeblich versuchte Südwestwand durchklettert, und während der Vormonsunphase 1978 hatten Reinhold Messner und Peter Habeler die magischen 8848 Meter als erste Menschen ohne Sauerstoff aus der Flasche erreicht. (Was Herrligkoffer nie wahrhaben wollte; er behauptete zeitlebens, die Chinesin Phantog habe 1975 den Gipfel der Welt – zusammen mit acht Tibet-Chinesen – über die Nordflanke ohne Flaschensauerstoff erstiegen. Und vor Messners Erfolg schrieb er, als Reaktion auf einen Messner-Artikel im «Zeit-Magazin» unter dem Titel «Jetzt denke ich an den Everest», an dessen Herausgeber: «Es ist also nichts Neues, wenn der Everest noch einmal ohne Sauerstoff bestiegen wird, es ist lediglich etwas Neues für den Herrn Messner.»)

Herrligkoffer hat für seine Nachmonsun-Unternehmung 1978 zunächst die Südwestwand im Auge. Später minimiert er das Haupt-Expeditionsziel darauf, den ersten deutschen Bergsteiger auf den Everest zu bringen. Aber auch das gelingt nicht, nachdem eine große deutsche Wochenzeitschrift den Heidelberger Reinhard Karl in die von Wolfgang Nairz geleitete Österreichische Mount-Everest-Expedition 1978 als Fotografen eingekauft hatte und Karl zusammen mit Oswald «Bulle» Oelz auf den Gipfel der Welt gekeucht war – ein schwerer Schlag für Karl M. Herrligkoffer. Dabei hatte er in erster Linie gefürchtet, Gerhard Schmatz – der für 1977 eine Genehmigung für den Lhotse besaß und sich eventuell unerlaubt auch dem Mount Everest hätte zuwenden können – könnte seine Pläne durchkreuzen. Herrligkoffer startete alle nur denkbaren Verhinderungsmaßnahmen. Zu Schmatz' Expeditionsteam gehörte auch der DAV-Mann Günter Sturm, und Herrligkoffer scheute sich nicht, die damalige DAV-Spitze (Reinhard Sander und Heinrich Frank) aufzufordern, den Mount Everest für deutsche Bergsteiger zeitweise zu sperren sowie auf den Leiter der Berg- und Skischule des Deut-

Sehr breite Klüfte im Khumbu-Eisfall mussten und müssen auch heute noch mit Leitern überbrückt werden, damit die Sherpas mit ihren Lasten (und heutzutage bergsteigerisch unmündige Teilnehmer kommerzieller Expeditionen) heil durch diesen gefährlichen Gletscherabbruch kommen.

schen Alpenvereins Sturm dergestalt einzuwirken, dass eine Everest-Ersteigung so lange nicht erfolgen solle, bis eine eigene Genehmigung für Schmatz erteilt worden wäre.

Letztendlich bleibt für Herrligkoffer der Achtungserfolg, dass insgesamt sechzehn Teilnehmerinnen und Teilnehmer aus seiner Expedition den Gipfel erreichen können und dass Hans Engl als dritter Europäer den Everest-Gipfel ohne Flaschensauerstoff ersteigt. Allerdings unter gänzlich anderen Voraussetzungen als Messner und Habeler: Mack und Hillmaier hatten – mit Maske – vor Engl aufsteigend die Spur getreten, und dieser wusste ja nun, dass es auch ohne geht. Was seine großartige Leistung nicht mindert.

Nachdem seine «Erste Europäische Mount-Everest-Expedition» 1972 gescheitert war, reicht Karl M. Herrligkoffer noch im gleichen Jahr beim Königlich nepalesischen Außenministerium ein neues Gesuch für ein Everest-Permit ein. 1973 findet er sich als Letzter auf einer langen Warteliste von Genehmigungen – «sehr enttäuscht, denn bis zu diesem Zeitpunkt hatte noch keine Nachmonsun-Expedition den Gipfel erreicht». 1975 bittet der berühmte französische Bergsteiger und Politiker Pierre Mazeaud Herrligkoffer, er möge seine – Mazeauds – 1976er-Genehmigung mit Herrligkoffers 1978er-Permit tauschen. Doch Karl M. Herrligkoffer – sosehr ihm ursprünglich ein frühzeitigerer Termin recht gewesen wäre – verfolgt inzwischen den Plan für eine Grönland-Unternehmung (siehe Seite 282) und schlägt Mazeaud nun vor, im Herbst 1978 gemeinsam an den Mount Everest zu gehen – «auch im Hinblick auf die deutsch-französische Freundschaft».

Lager 2 im Western Cwm zwischen Mount Everest und Nuptse.

Herrligkoffers Gruppe besteht aus den weiblichen Mitgliedern Wanda Rutkiewicz und Marianne Walter, aus Hans Engl, Günther Härter, Hubert Hillmaier, Sigi Hupfauer, Hans Kirchberger, Willi Klimek, Bernd Kullmann, Josef Mack, Schorsch Ritter, Sepp Walter (alles Deutsche), dem Schweizer Robert Allenbach sowie den bergsteigerischen Hilfskräften Martin Rink, Franz Seiler und Hubert Wehrs (ihrerseits durchaus gute Bergsteiger), Horst Laube als Expeditionsarzt, Horst Schumann als Kameramann sowie Herrligkoffers Lebensgefährtin Doris Kustermann. Mitglieder des französischen Teams sind Claude Deck, Jean Afanassieff, Walter Checchinel, Ramond Despiau, die Ärzte Nicolas Jaeger (damals einer der kreativsten französischen Bergsteiger) und Jean-François Mazeaud sowie als Kameramann der zweifache Achttausender-Erstersteiger Kurt Diemberger aus Österreich.

Hupfauer hadert

Große Namen finden sich da also am höchsten Berg der Erde, und hinter jedem Namen verbirgt sich eine Persönlichkeit mit all ihren Ecken und Kanten, ihren Ängsten, Zweifeln und Hoffnungen, ihren Hilflosigkeiten, ihrem Selbstwertgefühl und Selbstbewusstsein. Kein Wunder, dass es zwischen Einzelnen zu Reibereien kommt. Auch verschmelzen die beiden anderssprachigen Teams nicht zu einer homogenen Gruppe. Hillmaier schließt sich eine Zeit lang den Franzosen an. Aber: «Ich glaube

1978 war es noch nicht «anrüchig», mit Atemmaske auf der Chomolungma zu stehen.

Hubert nicht, dass er weiter, wenns entscheidend wird, mit Mazeaud geht. Dazu schaut Hubert zu sehr auf seinen Vorteil. Das hat sich jetzt mehrmals gezeigt. Er wird die Fahne wechseln.» (Hupfauer) Doch Hillmaier sieht sich als Kontaktmann zwischen dem deutschen und dem französischen Team. Und: Warum sollte er nicht an eine Gipfelchance für sich glauben? Jung, stark, leistungsfähig wie er ist, fällt es ihm bisweilen bestimmt nicht ganz leicht, sich dem Tempo der «alten Herren» Mazeaud (49) und Diemberger (42) anzupassen, die trotzdem den Everest-Gipfel erreichen sollten. Wers kann, der kanns!

Man muss es so sehen: Für die Normalroute auf den Mount Everest sind alle Bergsteiger der beiden Gruppen gut genug. Jaeger und Afanassieff gehören zur französischen Spitze. Hupfauer ist wirklich stark und aus dieser Überlegenheit heraus manchmal vielleicht intolerant. Obwohl er punktuell sicher Recht hat:

«30. 9. 1978: Immer noch keine O_2-Geräte da! Sehr beunruhigend. So sollte und darf auf keinen Fall ein Everest angegangen werden. Nur vier Geräte sind greifbar.»

(Dazu Herrligkoffer: «Wie kam es überhaupt dazu, dass wir Mangel an Atemgeräten hatten? Am 2. März 1978 schrieb ich an meine Expeditionskameraden, dass der DAV trotz der Befürwortung von Seiten der zuständigen Sektionen unseren Antrag auf Überlassung von Sauerstoffgeräten aus dem Depot des Deutschen Alpenvereins abgewiesen hatte. Daraufhin setzte sich die Sektion Garmisch noch einmal für unsere Expedition, das heißt für ihre Mitglieder Hillmaier und Härter, ein und erreichte, dass wir in Kathmandu die Atemgeräte der Internationalen Makalu-Expedition 1978 [unter Hermann Warth; Anm. d. V.] sowie der Österreichischen Everest-Expedition 1978 [unter Wolfgang Nairz;

Anm. d. V.] für unser Vorhaben verwenden durften. Aber schließlich erhielten wir lediglich achtzehn Sauerstoffflaschen aus der Makalu-Expedition. Die Masken wurden uns in München überreicht. Die Geräte waren aber nicht in Ordnung, und so schickte ich sie an die Firma Robertshaw in Amerika zur Überholung. Sie sollten dann rechtzeitig an eine Versandadresse in Kathmandu geschickt werden. Dies geschah aber nicht! Auch Telegramme an die amerikanische Firma blieben bis nach der Expedition unbeantwortet. Wie ich später von Manfred Sturm erfuhr, wurden die Geräte überhaupt nicht repariert, da die Firma inzwischen an einer Neuentwicklung arbeitete. In unserer Not half uns die französische Botschaft, und wir erhielten gerade noch rechtzeitig die erforderlichen Sauerstoffgeräte.»)

Wanda Rutkiewicz im Aufstieg an der Lhotseflanke; in der Tiefe das Western Cwm.

Wanda Rutkiewicz im Team umstritten

«4. 10. 1978: Durch Fehldispositionen unseres Chefs [Herrligkoffer; Anm. d. V.] im Hauptlager kamen die inzwischen eingetroffenen Masken nicht vollständig ins Hochlager.»

(Herrligkoffer moniert seinerseits Organisationsmängel beim Kritiker: «Sigi Hupfauer war zwar sichtbar bemüht, gute Arbeit zu leisten, trotzdem fehlte es ihm an vorausschauendem, organisatorischem Weitblick. So kam es auch in den Hochlagern zu mancherlei Engpässen. Ich erinnere mich, wo in den letzten Tagen am Berg in Lager 2 das Propangas ausging und sich in Lager 1 zwar ein Benzinkocher befand, aber das dazugehörige Benzin vergessen wurde.»)

«9. 10. 1978: Wir sind enttäuscht, dass Karl [Herrligkoffer; Anm. d. V.] immer wieder Wanda [Rutkiewicz; Anm. d. V.] als schwächste Person entweder in die Gruppe 1 oder an die Spitze der Gruppe 2 setzt – oder sie sich dahin drängt. Wir sahen ihre Leistungen: nichts gefilmt zum Lager 3, wenig getragen, nichts versichert, keine Hochlager erstellt, keine Reparaturarbeiten im Bruch – nur Starallüren.» (Hupfauer)

Wanda Rutkiewicz wiederum klagt über Sigi: «Ich lege mich zunächst hin [im Lager 2; Anm. d. V.], um ein kleines Nickerchen zu machen. Als ich wieder aufwache, knurrt mir der Magen. Es ist Essenszeit. Meine Freunde haben inzwischen schon gegessen. Als ich mir eine Schüssel mit Trockenproviant vornehme, fährt mich Sigi Hupfauer an: ‹Frag gefälligst erst einmal, wem das gehört, ehe du was nimmst.›»

Aber Sigi Hupfauer ärgert sich teilweise zu Recht. Wandas Verhalten ist nicht professionell. Sie steigt ohne ihren Schlafsack zum Südsattel auf; Diemberger gibt ihr seinen und sagt (laut Rutkiewicz): «Nehmt mich in die Mitte [zwischen Wanda und Klimek; Anm. d. V.], dann halte ich das schon irgendwie aus, denn ich habe ja den Gipfel bereits hinter mir.» – Trotzdem: Was geht da ab? Ahnt Hupfauer, der über den Dingen stehende Alpinist, dass die deutlich schwache Wanda mit einer Everest-Ersteigung einen Berühmtheitsgrad erlangen könnte, der ihr nicht zusteht? «Mir kommt [...] immer wieder bitter in den Sinn, wie sich diese unmögliche Person durchschmarotzt hat. Durch ihre Angeberei und Verfälschungen hielt Karl sie sogar für stärker als die Männer.» Spricht da der Macho? Aber auch der verträgliche Hans Engl hat sich nicht gerade euphorisch über Rutkiewicz' Rolle bei dieser Mount-Everest-Expedition geäußert (persönliches Gespräch d. V. mit Hans Engl im Februar 2001).

«12. 10. 1978: Karl wirft ständig Pläne um. Wir im Lager 2 machen eigene Pläne. Wissen selbst mehr.»

«18. 10. 1978 [nach den ersten Gipfelerfolgen und auch nach Hupfauers Gipfelaufstieg; Anm. d. V.]: Karl verlässt die Expedition schon, was wir für sehr schlecht halten.» (Hupfauer) Dazu Herrligkoffers handschriftlicher Kommentar: «Warum? Ist Sigi unfähig, einen Rücktransport zu leiten?»

«Run» auf den Gipfel

Sigi ist es nicht. Er wickelt alles reibungslos ab, obwohl Herrligkoffer zu wenig Träger ins Basecamp beordert hatte.

Wie schon gesagt: Für die Normalroute reicht es, trotz aller Disharmonien, trotz aller Missgunst, allem Egoismus, aller Ruppigkeiten, die immer wieder – und nahezu bei jedem – durchschlagen. Hätten sich diese Gruppen aber an der Südwestwand versucht: Das Fiasko von 1972 hätte sich vermutlich wiederholt. 1978 am Everest agiert eben kein Team wie die Eiger-Nordwand-Mannschaft von 1966, zu der auch Sigi Hupfauer gehörte. Er wird es sich schmerzlich eingestanden haben.

Karl M. Herrligkoffer aber hat natürlich «alles im Griff» und kann sich im Erfolg seiner Bergsteiger sonnen! «Das Wetter war zwar schön, aber noch immer herrschte starker Wind. Dennoch gab ich die Order nach Lager 2 durch: ‹Sepp Mack und Hans Engl sollen morgen zum Südsattel aufsteigen!› Ich setzte somit alles auf eine Karte.» Am 14. Oktober 1978 erreichen Mack, Hillmaier (der sich von Mazeaud und Diemberger, die es an diesem Tag nicht schaffen sollten, tatsächlich getrennt hatte) und Hans Engl – dieser als erster Deutscher ohne Atemhilfe – den Gipfel des Mount Everest. (Beim Abstieg zum Südsattel gerät Sepp Mack 200 Höhenmeter oberhalb des Cols in Schwierigkeiten; Hillmaier trägt ihm eine Thermosflasche voll Tee hinauf, und Mack erholt sich wieder.) Am 15. Oktober steigen Nicolas Jaeger und Jean Afanassieff zum höchsten Punkt der Erde, zwei Stunden später erreichen ihn auch Pierre Mazeaud und Kurt Diemberger. Einen Tag darauf, am 16. Oktober, haben Sigi Hupfauer, Robert Allenbach, Willi Klimek, Wanda Rutkiewicz und die Sherpas Mingma, Ang Dorje und Ang Kami Erfolg. Mingma und Ang Kami steigen ohne Maske und «trugen zudem noch für Wanda Rutkiewicz bis zum Südgipfel Sauerstoffflaschen» (Herrligkoffer). – Das erinnert an die «Ersteigung» von Sandy Pittman im Jahr 1996. Es ist nicht ganz so krass, aber bedenklich genug: «Trotz eingehender Erläuterungen weiß sich Wanda nicht zu helfen. Hat sie schon solche Probleme in der Höhe? Wir werden mit zwei Flaschen von 8500 bis 8650 Meter gehen. Aber hier zeigt sich schon wieder, wie hilflos eigentlich unser emanzipiertes Weib ohne die Männer wäre. Sie bittet mit Geldangeboten die Sherpa Ang Kami

Hans Engl ohne Atemmaske und Sauerstoffflaschen in Gipfelnähe.

und Dorje, ihr Reserveflaschen zu tragen. Dorje packt sich dann auch noch eine auf. Ich schimpfe über so viel Egoismus.» (Hupfauer)

Am 17. Oktober erreicht Bernd Kullmann den Gipfel, und zwar recht flott. Schorsch Ritter schafft es ebenfalls noch an diesem Tag. «Die Deutsch-Französische Mount-Everest-Expedition wurde die bis zu diesem Zeitpunkt erfolgreichste Unternehmung. Sechzehn Expeditionsmitglieder hatten den Gipfel erreicht, davon drei ohne Atemhilfe; erstmals der Deutsche Hans Engl und erstmals die beiden Sherpa Ang Dorje und Mingma. Wanda Rutkiewicz war die dritte Frau und die erste Europäerin auf dem höchsten Punkt der Erde.» (Herrligkoffer)

Ehre für die Falschen?

«Der Erfolg der Deutsch-Französischen Mount-Everest-Expedition 1978 schlug sich bei einigen Gipfelbezwingern in klingender Münze nieder. So erhielt das berufliche Leben von Pierre Mazeaud [er ist zum Zeitpunkt seiner Everest-Ersteigung bereits Minister für Sport in Frankreich; Anm. d. V.] einen deutlichen Auftrieb. Kurt Diemberger, der Berufsbergsteiger, konnte aus der Ausbeute seiner Foto- und Filmarbeit Kapital schlagen. Wanda Rutkiewicz kam im darauf folgenden Jahr zu mir mit einem neuen Fiat angebraust und wurde TV-Moderatorin für die Bergsteigersendung in Warschau. Der erfolgreichste Mann meiner Expedition aber, Hans Engl [...], ging sofort nach Rückkehr von der Expedition an seine Hobelbank zurück und schaffte in gewohnter Manier, um sich und seiner Familie als Zimmermann den erforderlichen Lebensunterhalt zu verdienen. [Hans Engl ist tatsächlich ein Pfundskerl ohne jede Affektiertheit. Ob man ihn im Gebirge sieht oder auf einer Veranstaltung: Eine Begegnung mit ihm ist immer erfreulich; Anm. d. V.]. Seitens des Bundes vergönnte man ihm nicht einmal den Silbernen Lorbeer [das ‹Silberne Lorbeerblatt›; eine hohe Auszeichnung für deutsche Sportler, die beispielsweise Reinhard Karl verliehen bekam; Anm. d. V.] für seine außerordentliche sportliche Leistung, und unser Schirmherr – der damalige Oberbürgermeister von München, Erich Kiesl – fand es nicht einmal der Mühe wert, die Mannschaft der bisher erfolgreichsten Mount-Everest-Expedition zu einer Begrüßungsstunde einzuladen. Dagegen wurden die beiden Nepali Ang Dorje und Mingma, die den Everest ebenfalls wie Hans Engl ohne Atemhilfe bewältigt hatten, in ihrem Land begeistert geehrt und jeder zum Sirdar befördert. Das Nachkriegsdeutschland hat sich an bergsportlichen Höchstleistungen noch nie besonders interessiert gezeigt.» (Herrligkoffer)

Da spricht ein – teilweise zu Recht – verärgerter Karl Maria Herrligkoffer. Obwohl er in dem Moment vergisst, dass Buhls Erfolg von 1953 in der ganzen Welt – und natürlich auch in Deutschland – gefeiert worden ist. Und dabei sind auch für Herrligkoffer verdientermaßen nicht nur Brosamen abgefallen. Allerdings zeigt man sich an bergsportlichen Höchstleistungen hierzulande immer noch nicht sonderlich interessiert. Nur an im Höhensturm elendiglich umgekommenen «Everest-Katalogtouristen» und an unbedarften «Gipfelsiegern», die dank ihres Geldbeutels, starker Sherpas, welche die Spur machen, und Sauerstoffgeräten mehr oder weniger zufällig auf den «Gipfel der Welt» hinaufgestolpert sind.

Hubert Hillmaier am 14. Oktober 1978 auf dem Gipfel des Mount Everest.

Sigi Hupfauer hat insgesamt acht Achttausendergipfel erreicht und gehört bis heute zu den erfolgreichsten deutschen Expeditionsbergsteigern. Nicolas Jaeger versuchte 1980, den Achttausender Lhotse zu überschreiten, und kam von dieser Unternehmung nicht mehr zurück. Wanda Rutkiewicz erstieg nach dem Mount Everest noch den K2, den Shisha Pangma, Gasherbrum II und Gasherbrum I, den Cho Oyu und den Annapurna I über die Südwand. 1992 blieb sie beim Versuch einer Ersteigung des Kangchendzönga über dessen Nordwand verschollen. Trotz Warnungen von Absteigenden, die ihre Erschöpfung erkannten, stieg sie weiter in Richtung Gipfel – in den Tod.

Die Glücklichen vom Kangchendzönga 1980. Von links: Nima Dorje, Lhakbar Gyalbu und Schorsch Ritter. Rechts von ihm Ang Dzongbu, der sich ohne Atemgerät bis auf siebzig Meter an den Gipfel heran- gearbeitet hatte.

HERRLIGKOFFER-EXPEDITION ZUM KANGCHENDZÖNGA 1980

Bis Mai 1980 war der 8598 Meter hohe Hauptgipfel des Kangchendzönga (auch Kangchenjunga) erst fünfmal betreten worden. Am 25. Mai 1956 erreichen die Briten George Band und Joe Brown als Erste, einen Tag darauf Norman Hardie und Tony Streather als Zweite den dritthöchsten Berg der Erde. 22 Jahre sollten vergehen, bis wiederum Menschen auf dem «Kantsch» stehen: der Inder Prem Chand und Nima Dorje Sherpa. Sie vollendeten den Aufstieg über den Ostsporn, an dem sich 1929 und 1931 Paul Bauer und seine Freunde verbissen hatten. Die Ersteigungen von 1979 und 1980 (Engländer und Japaner) verliefen an der Nordflanke. Herrligkoffer wählt die Südostflanke und dort die Route der Erstersteiger. Für eine geplante Variante im oberen Teil wird die Zeit zu knapp.

Am 15. Mai 1980, nachmittags kurz vor 14 Uhr, erreichen Georg Ritter und die Sherpas Nima Dorje und Lhakbar Gyalbu ein kleines Firndreieck unterhalb des höchsten Punktes des Kangchendzönga. Den allerhöchsten Punkt, ein Sanktuarium im Glauben der Einheimischen, betreten sie nicht. Es schneit heftig, die Aussicht ist gleich null. Die Gipfelersteiger fotografieren sich gegenseitig mit der Flagge der indischen Armee-Expedition, die Prem Chand – an einem Firnanker befestigt – drei Jahre zuvor zurückgelassen hatte. Sozusagen im letzten Augenblick der Herrligkoffer'schen Expedition zum Kangchendzönga, die unter der Schirmherrschaft von Bundeslandwirtschaftsminister Josef Ertl steht, holt sich der zähe Schorsch Ritter den Erfolg. Franz Oppurg und Giri Göbl, ebenfalls Klasse-Bergsteiger aus der Expeditionsmannschaft von 1980, waren tags zuvor während des Aufstiegs nach Lager 4 umgekehrt.

Karl Maria Herrligkoffer hatte den ersten deutschen Bergsteiger auf den «Kantsch» gebracht. Jetzt empfand er Genugtuung. Ihm, Herrligkoffer, war geglückt, was seinem lebenslangen Gegner Paul Bauer versagt geblieben war. Zwar hinkt der Vergleich – Bauers Ostspornroute ist ein ganz anderes «Kaliber» –, doch Herrligkoffer möchte und kann es nicht wahrhaben. Nach Abschluss der Expedition, als er sein Buch schreibt, zahlt er Bauer zumindest einen Teil dessen heim, was er von Seiten des «Mannes vom Kantsch» hat einstecken müssen. Es drängt aus Herrligkoffer heraus – vieles, was er jahrzehntelang geschluckt hatte. Jetzt ist die Gelegenheit da, Bauer an den Karren zu fahren.

Herrligkoffers Tritt an Bauers Schienbein

Unter dem Kapitel «Bauer-Expeditionen von Osten (1929–1931)» wechseln sich sachliche Berichterstattung und deutliche Spitzzüngigkeit ab. «Obwohl die ‹Bayerische Kanchenjunga-Expedition› unter Paul Bauer noch keine Genehmigung in Händen hatte, reiste sie am 23. Januar 1929 voller Gottvertrauen aus, in dem Glauben, dass sie in Colombo dann doch ein Permit für den Kanchenjunga, den Kamet oder den Nanga Parbat bekommen würde. Wie hätte sich der gleiche Mann aufgespielt, wenn dieses Risiko von einer anderen Expedition eingegangen worden wäre! Bauer plante seinerzeit, bei ungünstigem Ausgang – das heißt, wenn er kein Permit bekommen hätte – das Ganze zu einer Asien-Fotoreise umzugestalten.»

Und einige Seiten weiter: «Bauer glaubte in der selbstzufriedenen Einschätzung seiner eigenen Leistung, dass der Weg über den Ostsporn der sicherste und vielleicht auch der einzige (!) Aufstieg zum Gipfel des Kanchenjunga sein könnte.»

Natürlich gibt Herrligkoffer auch zum tödlichen Absturz von Hermann Schaller und Pasang (1931) seinen Kommentar ab: «Das Unglück kam nicht von ungefähr. Die Sherpas waren seinerzeit [...] noch nicht jene bergsteigerisch ausgebildeten Hochträger wie zwanzig Jahre später. Paul Bauer hätte eine solche Seilschaft wie die von Schaller mit den zwei Sherpas [Tsering Norbu versuchte, den Sturz zu halten, doch das Seil riss; Anm. d. V.] keinesfalls zulassen dürfen. [...] Auch die Spontanäußerung von Hans Pircher: ‹Aber unser Ziel, Hauptmann, geben wir doch nicht auf?!›, muss hier bar von jedem Realitätssinn gesehen werden. [...] Zu diesem Zeitpunkt war die Expedition meines Erachtens bereits gescheitert. Auch für die tapferen Sherpas war offenbar das Maß voll. Die trostlosen Verhältnisse am Ostsporn, ihr schlechter Gesundheitszustand und dann noch zusätzlich dieser furchtbare Absturz, das alles nahm den Sherpas sicher den Auftrieb.»

Last but not least: «Ich wundere mich, wo Paul Bauer eigentlich das Recht hernahm, gegen mich und meine Unternehmungen Stimmung zu machen. War es etwa deswegen, weil Bauer meines Wissens ein einziges Mal knappe 300 Meter höher an einem Himalaja-Berg stand als ich? Bauer war dem deutschen Expeditionswesen, soweit es sich nicht um von ihm selbst initiierte Unternehmungen handelte, nie förderlich. Um nur

Blick aus dem oberen Yalung-Eisfall auf den Hauptgipfel des Kangchendzönga. Links der Aufbau des Westgipfels (Yalung Kang), rechts unterhalb der Scharte die Felsen der «Sichel». Die Route verläuft über das schräg nach links zu ihr hin ziehende Schneefeld.

einige Beispiele zu nennen: Er versuchte, die Aktionen meines Bruders Willy Merkl zu hemmen; er vereitelte eine Nanga-Parbat-Expedition, die Erwin Schneider 1935 plante [...], er vereitelte eine Makalu-Expedition von Rudl Peters; er versuchte 1952/53 alles Erdenkliche, um meine Expeditionspläne hinsichtlich des Nanga Parbat zum Scheitern zu bringen. Aber ich war seinerzeit bereits auf jegliche hinterhältige Machenschaften vorbereitet, hatte die volle Unterstützung meines Schirmherrn, des Oberbürgermeisters von München Thomas Wimmer, und so konnte ich entsprechend kontern. Ich kam nicht in die Lage, in die zum Beispiel mein Bruder geriet, der vor der Ausreise 1934 im Hotel Schottenhamel sinngemäß zu seinen Expeditionskameraden beschwörend sagte: Dass nur nie einer mit Paul Bauer geht! Die Schwierigkeiten, die er mir gemacht hatte, waren abscheulich. [...]

Im Nachhinein andere zu korrigieren und zu verurteilen ist leicht; aber es musste dies alles einmal gesagt werden, denn gerade dieser Mann saß in Deutschland lange Zeit auf seinem hohen Ross und bestimmte, wem in Deutschland und in Österreich für eine Auslandsbergfahrt der Segen erteilt wurde. [...] Es fehlte ihm einfach jegliche Toleranz anderen gegenüber.»

Wenn man, wie der Verfasser, die Originalquellen kennt, muss man Karl Maria Herrligkoffer zugestehen, dass er in den genannten Punkten Recht hat. Paul Bauer reagiert jetzt natürlich beleidigt und bewirkt als Mitglied des DAV-Auslandsbergfahrten-Ausschusses, dass Herrligkoffer für seine geplante Kangshung-Wand-Expedition zum Mount Everest keine Unterstützung von Seiten des Deutschen Alpenvereins erhält (siehe auch Seite 34).

Dabei hatte er gerade für seine Kangchendzönga-Expedition Zuwendungen erhalten: «Erstmals wurde diese meine achtzehnte Auslandsbergfahrt vom Deutschen Alpenverein durch einen Beitrag von DM 20 000,– unterstützt. Dies verdankte ich einem Wechsel in der Führungsspitze des Auslandsbergfahrten-Ausschusses des DAV.» (Dieser wurde zu dem Zeitpunkt von Walter Welsch geleitet; Anm. d. V.) Aber nun, nach Herrligkoffers wenig diplomatischen Zeilen (siehe auch Seite 35), steht das Barometer wieder auf «unbeständig» bis «schlecht», obwohl man Karl M. Herrligkoffers Ausbruch in Anbetracht des Vorgefallenen Verständnis entgegenbringen kann.

Sechs Frauen im Team

Herrligkoffers Kangchendzönga-Expedition 1980 wiederholt also die Erstersteiger-Route aus dem Jahr 1956. Fraglos ein beachtlicher Erfolg, wenn auch keine Pioniertat. Denn, wie erwähnt, der Ostsporn war bereits 1977 erstbegangen worden, und 1979 hatten die Engländer Peter Boardman, Doug Scott und Joe Tasker im Rahmen einer Kleinexpedition die Kangchendzönga-Nordwand durchklettert – eine der bis dahin großen Taten im Himalaja-Bergsteigen.

Expeditionsteilnehmer sind Michl Anderl (Herrligkoffers Stellvertreter), Raimund Bitterling (Gepäcktransport mit Lkws), Roland Descloux (siehe Seite 215), Giri Göbl, Vera Grüneis, Franz Oppurg (er war 1978 im Rahmen der Nairz-Expedition auf dem Mount Everest), Hansueli Marti, Georg Ritter, Sepp Stiller, Marianne und Sepp Walter, Heinz Zembsch und – für das Hauptlager – Renate Lau und Doris Kustermann. Ernst Sandvoss ist zeitweise als Wissenschaftler mit von der Partie. Zudem lädt sich Herrligkoffer noch die beiden Polinnen Anna Czerwinska und Krystyna Palmowska auf – mit der Ärztin Yolanda Maciouch als von Wanda Rutkiewicz empfohlener «Beigabe». Diese drei Frauen erweisen sich als für die Unternehmung eher belastend denn als Gewinn, wenngleich Herrligkoffer gern eine Frau auf dem Gipfel des Kangchendzönga sähe. Aus diesem Grund lud er zunächst die Berchtesgadenerin Christl Zembsch, eine leistungsstarke Bergsteigerin, ein; in deren Anhang auch Heinz Zembsch, ihren Mann. Zuletzt aber bekommt Christl den erforderlichen Urlaub nicht, und nur Heinz fährt mit zum «Kantsch».

Während des Anmarsches kommt es zu einer für Heinz typischen Szene: «Heinz gibt eine Komikervorstellung, die schallendes Gelächter auslöst. [...] Kinder, die herumstehen, wiegt Heinz mit der Federwaage und schreibt das Gewicht auf die Ärmchen.» (Göbl)

«Am Palmsonntag, den 30. März 1980, verließen wir das Dschungellager (2350 m) und stiegen zu einem 3400 Meter hohen Pass empor. Dort bot sich uns ein herrlicher Ausblick auf die unter uns liegenden bewaldeten Täler. Von hier aus mussten wir über Altschnee durch den Dschungelwald hinab zum Simbua Khola, wo jene Wasser toben, die vom Yalunggletscher genährt werden. Im Laufe der Jahrtausende haben sie sich mitten im Dschungel ein tiefes Bett in die Felsen gegraben. Der Dschungelwald war märchenhaft schön; auf halbem Anstieg zum Fluss stellten

wir unsere Zelte in einer Waldlichtung auf und erlebten dort in 2800 Meter Höhe eine wesentlich angenehmere Nacht als tags zuvor in Amje Khola.» (Herrligkoffer)

Ausblick vom Kangchendzönga-Basislager auf die Ostwand des Jannu-Ostgipfels, die 1991 von slowenischen Kletterern erstmals durchstiegen wurde.

Krank durch mangelnde Hygiene

Am 20. April wird das Hauptlager erreicht, nachdem ein Vortrupp schon einige Tage früher mit einer an «Paches Grab» (siehe Seite 43) lagernden mexikanischen Expedition Kontakt aufgenommen hatte. Der «Lasten-Paternoster» (Herrligkoffer) am dritthöchsten Berg der Erde kann beginnen.

Während sich Ritter, Oppurg, Göbl und Zembsch zwischen Lager 1 und Lager 2 (6450 m) mit tiefem Neuschnee herumschlagen, ist im Basislager der Bär los. Etliche der Expeditionsteilnehmer sind krank, leiden an einer Virusgrippe. Einer steckt den anderen an. Karl Herrligkoffer versucht, der Wurzel des Übels auf die Spur zu kommen. «Ich konnte zunächst feststellen, dass weder Spüli noch Kaliumpermanganat, das Yola [die polnische Ärztin; Anm. d. V.] in Ilam noch für die Wasserdesinfektion zusätzlich gekauft hatte, beim Abspülen verwendet wurden. Als ich Ang Pema, unseren Koch, daraufhin zur Rede stellte, versicherte er mir zwar, Spülmittel in ausreichender Menge bekommen zu haben, aber jetzt: ‹Spüli finished!›

In meinem Ärger machte ich, zusammen mit Michl Anderl, eine Zeltinspektion, um dann festzustellen, dass sich der Koch das wichtige Desinfektionsmittel unter den Nagel gerissen hatte. Er wollte es in der Heimat in seinem eigenen Haushalt verwenden. Jedenfalls wurden bis zu diesem Zeitpunkt weder Spüli noch Kaliumpermanganat benutzt, das Geschirr wurde in einer dreckigen Plastikschüssel mit knapp einem Liter gut warmen Wassers gereinigt. Heißes Wasser auf 5200 Metern bedeutet ohnehin, dass es nur eine Temperatur von 82 Grad erreicht. Mit mehr oder weniger schmutzigen Fingern wurden Schüsseln und Tassen gesäubert, anstatt dass Bürsten und Reiber benützt worden wären, die reichlich vorhanden waren. Zum Schluss wurde das Ganze mit wenig klarem Wasser nachgespült. Dass dies keine antiseptische Abspülmethode war, lag auf der Hand, und es darf einen nicht wundern, wenn sich schließlich die halbe Expeditionsmannschaft gegenseitig ansteckte und an einer infektiösen Grippe-Bronchitis zu leiden hatte.

An den Eisabbrüchen vor Lager 1 wurden Metallleitern installiert.

Yola, die sich ständig bei den Sherpas aufhielt [sie war mit dem Sirdar eine Beziehung eingegangen; Anm. d. V.], hatte diesen Abspülvorgang niemals beobachtet. Mich wunderte das nachträglich auch nicht, denn es ist uns aufgefallen, dass sie selbst aus der schmutzigsten Tasse getrunken hatte und sogar entrüstet war, als sie von Doris einmal auf dieses schmuddelige Geschirr aufmerksam gemacht wurde. Ich staune überhaupt, mit welchem Gottvertrauen Expeditionsmitglieder oft aus allen Schüsseln und Tassen gemeinsam trinken. Sie trinken auch aus den Schüsseln der Bauern, die Chang und saure Milch anbieten, aber sie wundern sich, wenn sie wochenlang von Blüten eines Herpes labialis befallen sind. Jetzt verdankten wir der Lässigkeit gegenüber hygienischen Vorsichtsmaßnahmen und Infektionsmöglichkeiten den großen Krankheitsstand der gesamten Expedition, denn auch die Sherpas waren davon nicht verschont geblieben. Dass die Expedition – trotz dieser Misere – schließlich doch zum Erfolg kam, war einzig und allein dem willensstarken persönlichen Einsatz unseres Kameraden Schorsch Ritter zu verdanken, der sich trotz Grippe und Penizillininjektionen am letzten Tag zum Gipfelangriff entschloss und ihn auch erfolgreich durchführte.» (Herrligkoffer)

Hochlager 1 unterhalb einer Séracwand in der Nähe des «Hump».

Tod der Mexikaner

Am 4. Mai 1980 befinden sich drei Teilnehmer der mexikanischen Studentenexpedition, Saldana Meneses, Alfonso Medina Rubio und ein Sherpa, im Aufstieg durch die große Rinne, die zum Yalung Kang (Kangchendzönga-Westgipfel) hinaufführt. Sie kommen sehr langsam voran. Um 12 Uhr hatten sie kaum die Hälfte der Rinne geschafft, um 15 Uhr verbirgt sich der Yalung Kang wieder in Wolken.

«Wie wir anderntags erfuhren, hatte sich der Sherpa unmittelbar vor dem felsigen Gipfelaufbau von den mexikanischen Studenten getrennt, um noch vor Einbruch der Dunkelheit Lager 4 zu erreichen und dort Tee vorzubereiten. Die beiden jungen Mexikaner aber standen um 17 Uhr auf dem 8438 Meter hohen Gipfel. Sie hatten ihn erstmals ohne Sauerstoffgeräte geschafft! Doch zurück kam nur der Sherpa.» (Herrligkoffer)

Schorsch Ritters großer Tag

Karl Herrligkoffers Expedition ist unter Zeitdruck geraten. Für den 17. Mai waren die Träger bestellt worden. Plötzlich, am 13. Mai, kommt ein optimistisch klingender Wetterbericht herein: «Weather fair, afternoon easy snowfall, wind 15 knots.» Dies bedeutet praktisch Windstille am Kangchendzönga. Vielleicht klappt es ja doch noch.

Am 14. Mai brechen Ritter, Göbl und Oppurg zusammen mit drei Sherpas von Lager 3 zum Lager 4, dem Ausgangslager für den Gipfel, auf. Knietiefer Schnee! Göbl geht ohne Flaschensauerstoff. Er und Oppurg glauben bei diesen Verhältnissen nicht daran, dass Lager 4 erreicht werden kann. Sie kehren um. Nur Ritter und die drei Sherpas verbringen die Nacht in Lager 4. Dann bricht der entscheidende Tag an.

Um 6 Uhr startet das Quartett. Ang Dzongbu hat Ärger mit seinem Sauerstoffgerät, wirft es in den Schnee, geht ohne weiter. Ritter entledigt sich in der vormittäglichen Strahlungshitze seiner beiden Ersatz-Sauerstoffflaschen. (Als er später diese Stelle wieder erreicht, sind sie weg, von einer Lawine in die Tiefe gerissen.) Dann trifft die Spitzengruppe, dreißig Meter unterhalb des Grates, auf Spuren der japanischen Nordwand-Expedition. Auch sich weiter unten befindende Fixseile werden nun sichtbar. Steil ist der Schlussgrat – und gefährlich: Pulverschnee auf Blankeis! Aber alles geht gut. Fast eine Dreiviertelstunde bleiben Schorsch Ritter und zwei seiner Sherpas auf dem Kangchendzönga. Ang Dzongbu hatte sich ohne Maske noch bis auf siebzig Meter an den Gipfel herangearbeitet! «Schorsch Ritter bot ihm sein Sauerstoffgerät an, damit er die letzten Meter noch in Kürze schaffen würde und alle dann gemeinsam nach Lager 4 absteigen könnten. Aber die beiden Sherpafreunde rieten Ang Dzongbu davon ab, und so stiegen sie nun gemeinsam die Felspassagen zur Rinne ab.» (Herrligkoffer)

Etwas oberhalb von Lager 4 tritt Ritter noch ein Schneebrett los, das Lager bleibt aber unversehrt. Um 15.20 Uhr hatte Schorsch Ritter, als sich die vier noch im Abstieg befanden, über Teleport bereits die Gipfelersteigung ins Basislager gemeldet. «Nach diesem großartigen Erfolg waren inzwischen alle Teilnehmer, die sich im Hauptlager befanden, in meinem Bungalow [zum Verständnis: es handelte sich dabei um ein Bungalow-Steilwandzelt; Anm. d. V.] versammelt. Die Sherpas standen während des Gesprächs mit der Spitzengruppe vor dem Zelt, damit sie

Gipfelerfolg in letzter Minute: Schorsch Ritter (rechts) mit Lhakbar Gyalbu auf dem Kangchendzönga, fotografiert von Nima Dorje.

möglichst schnell alles mitbekommen konnten. Doris holte eine Flasche Weinbrand aus der Werbekiste, die von Mund zu Mund ging. Plötzlich war die ganze, oftmals doch recht zersplitterte Gemeinschaft ein Herz und eine Seele geworden.» (Herrligkoffer)

Bereits am nächsten Tag beginnt der Rückmarsch. Über Ramser, Yalung, Tseram geht es retour. Es regnet, die Pfade sind schlüpfrig. Der Kampf mit den Blutegeln beginnt. Einige Tage wird die Expedition wegen Trägermangels in Yamphodin aufgehalten. Sherpas und Sahibs sitzen am Feuer unter einem Bambusdach. «Anscheinend von der Wärme der glühenden Feuerstelle angezogen, schlängelte sich plötzlich eine drei Meter lange grüne Schlange vom Bambusdach herab und landete kurz darauf auf dem Schuh eines Sherpas. Ein allgemeiner Aufschrei! Giri Göbl ergriff geistesgegenwärtig einen glimmenden Holzknüppel und schlug zu. Wie sich anderntags herausstellte, handelte es sich um eine giftige Natter.» (Herrligkoffer)

Lager 5 am gigantischen Ostpfeiler des Nanga Parbat. Der objektiv gefährlichste Teil der Route ist dort bereits überwunden.

JUBILÄUMSEXPEDITION ZUM OSTPFEILER DES NANGA PARBAT 1982

Im Jahr 1981 führt Karl M. Herrligkoffer die «Deutsche Nanga-Parbat-Expedition» an die Rupalseite des achthöchsten Berges der Erde. Ziel ist in erster Linie die Durchsteigung des 4300 Meter hohen Ostpfeilers. Doch es liegt derart viel Schnee in der Route – die dadurch auch extrem lawinengefährdet ist –, dass vom Ostpfeiler Abstand genommen wird. Michl Dacher – kein Bergsteiger, den so leicht etwas schreckte; er war mit zwei weiteren Teilnehmern vorausgegangen – läuft dem noch im Basecamp-Zustieg befindlichen Herrligkoffer entgegen und erklärt ihm, dass das Risiko am Ostpfeiler zu groß wäre. Also wendet sich die Gruppe dem bereits durchstiegenen Toni-Kinshofer-Weg zu (siehe Seiten 212 bis 219). Auch dort sind die Verhältnisse schlecht. Doch trotz tiefen Schnees schaffen es Dacher, Valentin Demmel, Lorenz Spiegler, Giri Göbl und Sepp Gloggner, bis auf 7450 Meter vorzudringen. Somit ist der südliche Teil der Rupalflanke ein weiteres Mal durchstiegen. Wegen Lawinengefahr klettert die Mannschaft jedoch nicht weiter in Richtung Gipfel. «Und dies bei strahlendem Wetter!» (Herrligkoffer)

Nach Herrligkoffers Auffassung fehlt dieser Expeditionsmannschaft die Durchschlagskraft. Weder ihm noch Dacher glückt es, die Bergsteiger für einen neuerlichen Versuch zu motivieren. Einige der Teilnehmer hatten die Expedition bereits vorzeitig verlassen. Andere wollen das ihrer Meinung nach sehr hohe Risiko, noch einmal nach Lager 4 aufzusteigen, nicht eingehen. Karl M. Herrligkoffer ist sauer: «Wenn sich zwei Kameraden bereit erklären, alle Strapazen eines Gipfelvorstoßes auf sich zu nehmen – sofern ihnen die Unterstützung aus der Gemeinschaft, das heißt durch Kameraden, die sich am Gipfelvorstoß selbst nicht beteiligen, zuteil wird –, dann ist das eine Möglichkeit, die Expedition in letzter Minute doch noch zum Erfolg zu führen, ist das ein Angebot, das Beachtung und Anerkennung verdient – nicht aber Kritik!» Kritiker ist in erster Linie Bergführer Sepp Gloggner. Herrligkoffer: «Er hatte während der ganzen Expedition [...] keinen richtigen Kontakt zum Berg gefunden. [...] Die objektiven Gefahren, von denen einige von uns in den letzten Stunden besonders viel faselten, haben alle Bergsteiger früherer Unternehmungen, die die Rupalflanke auf dem Toni-Kinshofer-Weg durchstiegen, auch gesehen, aber sie haben sie auf sich genommen und sie im Rahmen eines bergsteigerischen Risikos als normal betrachtet. Dabei ist jedem klar, dass man schließlich überhaupt

nicht mehr in die Berge gehen dürfte, wenn man sich davor scheute, ein Risiko einzugehen. Schließlich hat jeder schon Kameraden in den Bergen verloren – und trotzdem ist man nach ein paar Wochen wieder losgezogen.» Ein hartes Urteil. Ist es gerecht? Ist es angemessen? Steht es Herrligkoffer zu? War das Gros der Teilnehmer von 1981 aus gänzlich anderem Holz als Kinshofer, Mannhardt, Ritter?

1982 hingegen passt die Mannschaft. «Zum Gedenken an den fünfzigsten Jahrestag der ersten deutschen Nanga-Parbat-Expedition im Jahre 1932, deren Leiter mein Bruder Willy Merkl war, wollte ich eine ‹Jubiläums-Expedition› zum Ostpfeiler des Nanga Parbat führen – auf einer neuen Route, die wir später ‹Jubiläums-Direttissima› nannten.» Ein großes Ziel! Wenige Wochen vorher war Yannick Seigneur mit seiner exzellenten Mannschaft, der auch deutsche Bergsteiger angehörten, am Pfeiler bis auf 7000 Meter hinaufgekommen und wegen der zu großen objektiven Gefahren doch gescheitert.

Nun ist die Herrligkoffer-Gruppe vor Ort. Der junge Schweizer Ueli Bühler, die Polen Andrzej Napoleon Bielun und Tadeusz Piotrowski, Valentin Demmel – nun zum zweiten Mal am Nanga –, Hartmut Münchenbach, der unverwüstliche Ritter Schorsch, Jörg Rosenkranz und Joachim Zeitz (sie besorgten den Lastentransport von Karatschi nach Gilgit; außerdem ist Zeitz eine Zeit lang als Expeditionsarzt tätig), Captain Nadir aus Gilgit und Doris Kustermann als nun schon bewährte Hauptlagerverwalterin.

Der erste Teil der Route führt an der linken Felsbegrenzung eines 2000 Meter hohen, von Stein- und Eislawinen bedrohten Couloirs empor. Am 13. Juli steht Lager 1 auf einem Felskopf unmittelbar vor der großen Rinne. Der zweite Lagerplatz wird von Bühler, Ritter und Münchenbach in Schwerstarbeit aus steilen Felsen herausplaniert. Danach geht es über 70 Grad steiles Eis zum zentralen Eisfeld des Ostpfeilers. Fortwährend droht Steinschlaggefahr. Zudem erweist sich die Route als zu schwierig für die Hunza-Hochträger. Nur ein einziges Mal bewältigen sie den Aufstieg nach Lager 3 mit Lasten. Also schleppen die Sahibs selbst, und zwar nachts, wenn sich der Steinschlag einigermaßen beruhigt hat. Aber sogar da schlagen Steine die Fixseile durch.

Ab einer Höhe von 5900 Metern wird die Route sicherer. Doch immer wieder müssen die Bergsteiger durch die gefährdeten Zonen weiter

Hat auf der Erde nicht seinesgleichen: der riesenhafte Rupal-Absturz des Nanga Parbat. Die markante Diagonale markiert in etwa den Verlauf der Ostpfeilerroute, auf der Ueli Bühler während der Herrligkoffer-Expedition 1982 bis zum Südgipfel stieg.

unten. «Am 4. August kam Napoleon Bielun mit einer offenen Platzwunde ins Hauptlager. Ein Stein hatte ihm beim Aufstieg nach Lager 3 die rechte Hand zwischen Zeigefinger und Daumen aufgerissen. Abermals griff ich zu Nadel und Faden und flickte meinen polnischen Kameraden wieder zusammen. Vorher hatte ich schon unserem Sirdar Sultan ein faustgroßes Loch in seinem rechten Gesäßbacken nähen müssen.» (Herrligkoffer) Ein paar Tage später stürzt Bielun im Couloir 500 Meter weit ab und erleidet schwere Hautabschürfungen an den Unterarmen. Für ihn «no problem». Bald ist er wieder unterwegs in die Hochlager.

Insgesamt zwölf Steinschlagverletzungen belegen, wie gefährlich diese Ostpfeilerroute ist. Während Herrligkoffers Männer am Pfeiler arbeiten, stürzt am Toni-Kinshofer-Weg der Schweizer Ernst Forrer ab. «Einheimische beobachteten, dass Geier knapp hinter dem Gletschersee kreisten, und unterrichteten uns davon. Es war anzunehmen, dass dort die Leiche des Schweizer Arztes im Schnee steckt. Ich plante daraufhin für den nächsten Morgen eine Bergung. Ueli Bühler, der den Bergsteiger gut kannte, erklärte sich bereit, zusammen mit Valentin Demmel die Bergung vorzunehmen. Wir gingen also anderntags über den Bazhingletscher zur Hochweide Lathobow und beerdigten den Schweizer. Dabei querte ich vielleicht zum zwanzigsten Male diese Gletscherzunge und musste – wie 1963, als ich den Gletscher zum ersten Mal betrat – auch diesmal daran denken, dass in diesen Eismassen irgendwo auch der Leichnam meines Bruders und seines Sherpas Gay Lay liegt.» (Herrligkoffer)

Bernd Neubaur, Teilnehmer der Seigneur-Expedition 1981, hatte den zweiten Schuh Willy Merkls gefunden. Es steckte noch der Mittelfußknochen darin. Neubaur schenkte auf eine Bitte von Manfred Sturm hin Karl Herrligkoffer das für ihn so überaus wertvolle Fundstück.

Zuerst zu viert

Mitte August 1982 erreichen Georg Ritter und Teddy Piotrowski 7300 Meter und einen geeigneten Platz für Lager 5. Am 15. August wagen sie einen Gipfelversuch. Über 7700 Meter spuren sie im lockeren Schnee hinauf. Dann wird er grundlos. Es beginnt zu schneien, die Sonne verschwindet hinter dem Südgipfel. Piotrowski und Ritter kehren um.

Mittlerweile sind auch Hartmut Münchenbach und Ueli Bühler in Lager 5 angelangt. Die vier, guter Dinge, rechnen für den kommenden

Tag mit dem Gipfelerfolg. Um 5 Uhr morgens brechen sie auf. Bühler, von einer Darminfektion geschwächt, kann das Tempo nicht mithalten. Ritter rät ihm, nach Lager 5 zurückzukehren.

«An unserem gestrigen Endpunkt wühle ich mich noch etwas weiter hinauf durch den Lockerschnee und warte dann, bis Hartmut und Teddy nachkommen. Ueli sehe ich immer wieder schemenhaft unter uns im Nebel auftauchen. Er bewegt sich offensichtlich immer noch in unserer Spur nach oben. Wir wühlen uns nun abwechselnd zu dritt weiter. Obwohl die Flanke an Steilheit zunimmt, wird der Lockerschnee immer tiefer. Was aus der Distanz aussieht wie Trittfirn und unsere Hoffnungen belebt, entpuppt sich später als Lockerschnee; wo wir glashartes Blankeis erwarten, wird uns nur noch tieferer Lockerschnee beschert; von oben drängen uns Lockerschneelawinen aus der Flanke; Lockerschnee rieselt in Wärmeanzug und Schuhe. Für die letzten siebzig Meter hatte ich eineinhalb Stunden benötigt, war nass bis auf die Unterwäsche, und in den Schuhen quietschte buchstäblich das Wasser – wir waren inzwischen in etwa 7950 Meter Höhe und es war Spätnachmittag, etwa neunzig Meter unter dem Süd- und 170 Meter unter dem Hauptgipfel. Ohne Biwak würden wir nicht durchkommen, und unter den gegebenen Umständen befürchtete ich, dass dies der Anfang einer Katastrophe werden könnte. Gemeinsam beschlossen wir, ins Lager abzusteigen. – Von Ueli hatten wir nun längere Zeit nichts mehr gesehen. Wir nahmen an, dass er inzwischen ins Lager zurückgegangen war. Umso überraschter und erschrockener waren wir, als wir ihn plötzlich weit über uns in der Gipfelflanke im Aufstieg sahen. Wir versuchten Rufkontakt mit ihm herzustellen – ohne Erfolg. Anscheinend hörte er uns nicht. Inzwischen wurde es langsam Nacht und bitterkalt – wir begriffen, dass es sehr schwer für ihn werden würde heute Nacht. Später erfuhren wir, dass dies mit dreißig Grad minus in 8000 Meter Höhe die kälteste Nacht während der gesamten Expedition war.» (Ritter)

Im Nebel aneinander vorbei

Ueli Bühler ist also, ohne dass er sie und ohne dass sie ihn bemerkten, an Münchenbach, Piotrowski und Ritter vorbeigestiegen. Wie konnte das passieren? Bühler erzählt: «Halb im Nachmittag mildert ein leichter Nebel die Kraft der brütend heißen Sonne. Dies lässt mich wieder etwas lebendiger werden, so dass ich den Abstand zu den anderen beibehalten kann. Etwa um 17 Uhr verdichtet sich der Nebel und es beginnt zu graupeln. Von den anderen ist nichts mehr zu sehen. Ich stehe plötzlich ganz alleine in dieser Wüste aus Eis und Schnee, in ungefähr 7700 Meter Höhe. Ich kann kaum einen klaren Gedanken fassen – bin ich noch voll bei Bewusstsein? Mit dem Pickel scharre ich ein Schneeloch in die steile Flanke als Zufluchtsort. Ich denke überhaupt nicht daran, zum Zelt abzusteigen oder dass ich etwas essen und vor allem trinken sollte. Plötzlich erwache ich in meiner Sitzhöhle. Ich schaue hinaus. Die Sonne scheint wieder und weit unten sehe ich meine Kameraden zum Lager 5 absteigen. Bei diesem Wetter haben sie mich nicht entdeckt, obschon sie vielleicht nur wenige Meter neben meinem Schneeloch abgestiegen sind. Nun entdecken auch sie mich. Wir winken einander zu. Noch bin ich der Meinung, es sei Morgen. Erst die hereinbrechende Dunkelheit überzeugt mich vom Gegenteil.

Manchmal erwache ich während der Nacht, und immer glaube ich einen Begleiter neben mir zu haben und spreche mit ihm. Am nächsten Morgen kann ich meine Gedanken wieder besser ordnen. Eine leichte Bewölkung zieht am Himmel auf. Trotzdem entschließe ich mich, weiter aufzusteigen, denn der Gipfel kann nicht mehr sehr weit sein. Aber oh weh, das Gelände wird immer steiler und die Schneeflanke ist vermehrt mit Stellen von blankem, sehr hartem Eis durchsetzt. Dies fordert von mir äußerste Konzentration. Mitten im Vormittag erreiche ich den Punkt, wo die anderen gestern umgekehrt sind. Der Steilheit wegen haben sie eine Reepschnur fixiert, um sich den Abstieg zu erleichtern. Ich muss den linken Handschuh ausziehen, um den Reißverschluss meiner Jackentasche zu öffnen. Erschreckt stelle ich fest, dass der kleine Finger bis in die Mitte weiß, in halb gekrümmter Stellung bewegungslos an mei-

Im oberen Teil des Ostpfeilers behinderte Triebschnee das Vorwärtskommen. Er drang Georg Ritter, Tadeusz Piotrowski und Hartmut Münchenbach in die Schuhe, so dass sie – schweren Erfrierungen vorbeugend – auf den Gipfel verzichteten.

ner Hand hängt. Schnell kontrolliere ich meine rechte Hand und stelle fest, dass hier alle Finger mehr oder weniger schlimme Erfrierungen aufweisen. Durch die Bewölkung ist es heute sehr kalt geworden!

Ueli Bühler, damals 21 Jahre jung, stieg nach einem Biwak in einem Schneeloch allein über den obersten Ostpfeiler empor zum 8042 Meter hohen Südgipfel des Nanga Parbat. Der Preis: schwere Erfrierungen an den Händen. Aber Bühler war es gelungen, den Pfeiler komplett zu ersteigen.

Ueli vollendet die Route

Nach dem ersten Schrecken verwerfe ich den Gedanken an einen vorzeitigen Abstieg wieder. Wie von einem Magnet gezogen steige ich weiter. Zwei Stunden später stehe ich auf einem Sattel, der rechts von einem höheren und links von einem niedrigeren Gipfel flankiert ist. Dies müssen der Haupt- und der Südgipfel sein! Als Abschluss unserer Ostpfeilerroute stapfe ich keuchend auf die 8042 Meter hohe Südspitze des Nanga Parbat. Für den Hauptgipfel hätten weder die Zeit noch meine Verfassung gereicht. Seit gestern früh habe ich nichts getrunken und nur ein Päckchen Kekse gegessen. Trotz eisiger Kälte mache ich einige Fotos nach allen Richtungen. Dann stecke ich zwei Steine in die Tasche. [...] Eben bricht die Sonne durch die Wolken. Ringsum leuchtet alles so friedlich in reinem Weiß. Man könnte bei diesem Anblick fast vergessen, dass hier für uns Menschen auch viele Gefahren lauern. – Die Eispassagen, die mir schon beim Aufstieg zu schaffen machten, verlangen beim Abstieg noch mehr Konzentration und Einsatz. Ein Fehltritt würde das Ende bedeuten! Mit letzter Kraft erreiche ich bei Dämmerung das Lager 5. Georg und Tadeusz empfangen mich mit heißem Tee. Im ersten Moment kann ich es kaum fassen: Ich bin wieder unter Menschen! Meine Finger und Zehen werden so gut wie möglich gepflegt.

Der weitere Abstieg ins Basislager, während zwei Tagen und einer Nacht, fordert von mir das Äußerste an Durchhaltewillen. Ohne die Unterstützung meiner beiden Freunde, die einen Tag auf mich warteten, hätte ich den Abstieg kaum geschafft. Zu sehr bin ich erschöpft und durch die angefrorenen Hände und Füße und die quälenden Schmerzen behindert.»

Ueli Bühler ist nicht nur erschöpft, sondern auch höhenkrank. Oberhalb von Lager 5 verliert er zweimal die Orientierung, doch Ritter kann ihn jeweils einweisen und zum Zelt «dirigieren». Zweimal stürzt Ueli während des Abstiegs nach Lager 4 ins Seil. Ritter hält und sichert Bühler auch noch, als sie schon an den Fixseilen tiefer klettern. Sie schaffen es. «Morgens um vier [des 20. August; Anm. d. V.] stolperten wir ins Basislager, unruhig und voller Sorge erwartet von Karl Herrligkoffer, der die ganze Nacht am eingeschalteten Funkgerät gewacht hatte, um notfalls Hilfsmaßnahmen einleiten zu können. Nicht ganz 10 Uhr vormittags war es, als der inzwischen von Karl Herrligkoffer organisierte Hubschrauber ins Basislager einschwebte, und ganze dreißig Stunden später lag Ueli in einem frischweißen Schweizer Spitalbett.» (Ritter)

Blick von Lager 5 auf den oberen, weniger steilen Teil des Ostpfeilers und auf die Gipfelzone des Nanga Parbat.

Bühler hatte sich schwerste Erfrierungen zugezogen. Es wurden ihm die Endglieder einiger seiner Finger und sämtliche Zehen am linken Fuß amputiert. Er war 1982 am Nanga Parbat 21 Jahre jung. Dem Bergsteigen blieb er weiterhin verbunden. «Er machte keinen geknickten Eindruck, sondern erkundigte sich bei seinem letzten Besuch in München bereits nach den Möglichkeiten einer Teilnahme an unserer geplanten K2-Expedition. [...] Bereits während unserer Anreise [zum Nanga Parbat] träumte Bühler von einer Prophezeiung, dass für ihn am 17. August etwas Entscheidendes passieren würde. Er hat dies auch einigen Kameraden erzählt. Wie Recht er doch damit hatte! Er erreichte an diesem Tag nicht nur den (Süd-)Gipfel und damit den sicheren Expeditionserfolg, sondern ihm wurde an diesem Tag geradezu das Leben geschenkt!» (Herrligkoffer)

1986, zum Siebzigsten, führt Herrligkoffer eine leistungsstarke Expedition in den Karakorum (siehe Seiten 259 bis 273). Ab 1988 entsendet er nochmals Unternehmungen zum Nanga Parbat. Herrligkoffer selbst kann nicht mehr mit zum Berg; 1990 schafft er es immerhin noch bis zum Beginn des Basecamp-Anstiegs (siehe Seite 30). Gesundheitlich schwer beeinträchtigt, sieht er sich dazu gezwungen, die Leitung der jeweiligen Unternehmungen aus den Händen zu geben.

1988 geht eine «Bayerisch-Österreichische Nanga-Parbat-Expedition» unter der Führung von Heini Koch zur Diamirflanke mit dem Ziel, über die Mummeryrippen aufzusteigen. Die Verhältnisse sind schlecht, die Expedition wechselt zur so genannten «Deutschen Route» von 1961/62. Auch hier läuft nicht alles glatt. Peter Wörgötter stürzt, kugelt sich die Schulter aus und muss nach Hause beziehungsweise ins Krankenhaus nach Salzburg, wo er mehrfach operiert wird. Die Österreicher Hans Hirschbichler und Oswald Gassler schaffen es bis in die Bazhinmulde, wo sie in einem Zelt einer anderen deutschen Expedition übernachten. Mit Kurzski steigen sie am nächsten Tag bis zum Fuß des Gipfeltrapezes auf. Hirschbichler kehrt am Gipfelaufbau um, Gassler kämpft sich bis zum höchsten Punkt des Nanga Parbat.

Für 1989 plant Herrligkoffer einen richtiggehenden «Großangriff». Zwei Dreierseilschaften sollen die Mummeryrippen angehen. Vier Bergsteiger möchte er in die Messner-Route von 1978 schicken. Und dann gibt es da noch eine «Skigruppe», die über den Diamagletscher und die Nordwestflanke aufsteigen soll. Doch diese Pläne zerfallen Stück für Stück. Am 19. April 1989 schreibt beispielsweise ein Expeditionsmitglied an Herrligkoffer: «Lieber Karl, deinen Brief [mit der Einteilung der Gruppierungen für die verschiedenen Routen; Anm. d. V.] habe ich erhalten und bin darüber sehr enttäuscht. Ich habe lange nachgedacht und mich entschlossen, deiner Expedition abzusagen. Ich bin nicht bereit, 1. mit Leuten eine schwere Route zu klettern oder eine Expedition zu machen, die ich überhaupt nicht kenne und nicht einschätzen kann (Beispiel Schweizer). 2. Ich will mich nicht auf eine bestimmte Route einteilen lassen. Dies um so mehr nicht, wenn sie sehr gefährlich ist (Messner-Route). 3. Ich möchte mir für meine Leistungen das Publikationsrecht nicht vorenthalten lassen. Dies wäre höchstens dann diskutierbar, wenn ich zu dieser Expedition eingeladen wäre und keine Selbstkosten hätte. 4. Da noch bis vor sehr kurzer Zeit überhaupt keine Klarheit bezüglich Teilnehmer, Organisation und Material bestand und vermutlich immer noch bestehen dürfte, habe ich bis jetzt keinerlei Anhaltspunkte – was gegen die Qualität der geplanten Expedition spricht.»

Hier wird drastisch aufgezeigt, wie autoritär Herrligkoffer noch zwei Jahre vor seinem Tod die Expeditionsfäden spinnt – am Schreibtisch. Doch hat sich dieser Stil längst überlebt. Junge, leistungsstarke Bergsteiger rebellieren bereits im Vorfeld. Letztendlich reisen im Juni 1989 nur vier Leute zum Nanga: die Schweizer Diego Wellig, Philipp Zehnder und Peter Schwitter sowie Ekkehard Gundelach aus Konstanz. Dieser wird vor Ort – auch für ihn einigermaßen überraschend – zum Expeditionsleiter bestimmt. Schwitter erkrankt im Basislager an einem Lungenödem und muss nach Hause. Die drei Verbliebenen akklimatisieren sich am Ganalo Peak und versuchen sich an den Mummeryrippen. «Am 29. Juni wischte eine Riesenlawine alle Lagerplätze in der ‹Mummery› ab, sie kam von der Bazhinseite. [...] Haupthandikap war: die Mummeryrippe blieb winterlich. Der Schnee hing selbst an senkrechten Felsen zwanzig Zentimeter dick.» (Gundelach)

Schwierige Kletterstellen im mittleren Teil des Nanga-Parbat-Ostpfeilers.

Zehnder und Wellig wenden sich der «Deutschen Route» zu. Vergebens. Am 1. Juli beginnt es zu schneien, und die Schweizer ziehen ab. Gundelach möchte daraufhin einen Alleinversuch unternehmen, schließt sich dann aber mit Teilnehmern einer pakistanischen Militärexpedition zusammen. Am 12. Juli spurt er in die Bazhinmulde, und am 13. Juli erreicht er mit zwei Pakistanis den Gipfel des Nanga Parbat.

1990 leitet Sepp Walter eine Ski-Expedition, die sich zum Ziel setzt, über den Diamagletscher zum Nanga Parbat aufzusteigen. Während die deutschen Teilnehmer, darunter auch Marianne Walter, auf 6300 Metern aufgeben, steigen die Polen Jacek Fluder, Mariusz Kups und der Jugoslawe Uros Rupar trotz der gefährlichen Schneeverhältnisse bis auf 7600 Meter. Doch die Bazhinscharte und damit den Schlüssel zum Gipfel er-

Beeindruckender Tiefblick vom stein- und eisschlaggefährdeten Ostpfeiler des Nanga Parbat.

reichen sie nicht mehr. «Als uns klar wurde, dass wir wenig Chancen in diesem Schnee haben würden, querten wir nach rechts hinüber zu den Felsen, aber in der Mitte unseres Weges wurden wir von einer Lawine 200 Meter hinabgerissen. Danach haben wir schließlich aufgegeben.» (Fluder)

Selbst 1991 – wenige Wochen bevor Herrligkoffer stirbt – ist noch einmal eine von ihm initiierte Expedition an «seinem» Nanga zugange. Karl Maria Herrligkoffer möchte die «Skiroute» über den Diamagletscher und die Nordwestflanke vollendet wissen. Peter Wörgötter leitet die Unternehmung, mit dabei sind seine österreichischen Partner Peter Bogensperger, Fritz Hörhager, Herbert Rainer und Max Schneider. Joachim Zeitz ist wieder einmal Expeditionsarzt. Es wird ein Durchschlupf im sperrenden Eisbruch gefunden, und am 11. Juli kann Lager 4 auf 7000 Meter Höhe errichtet werden. Rainer steigt allein noch bis 7400 Meter auf. Es sollte dies der höchste erreichte Punkt bleiben. Bogensperger fühlt sich schlecht, und die Spitzengruppe fährt und steigt ins Basislager ab.

Wie gerne hätte Karl M. Herrligkoffer sowohl an den Mummeryrippen als auch über den Diamagletscher hinauf Erfolg haben wollen! Es sollte nicht sein. Die Mummeryroute war ja ohnehin bereits 1970 von den Brüdern Messner – im Abstieg und aus Todesnot heraus – begangen worden. Herrligkoffers großartiger Schlusspunkt am Nanga Parbat bleibt also der Weg über den gefährlichen Ostpfeiler 1982, wo – wie oft bei so schwierigen Himalaja-Expeditionen – die große Tragödie drohte und doch noch einmal alles gut ging. Diese Pfeilerroute und vier Jahre später die Südwandroute von Kukuczka/Piotrowski am K2: Das sind Marksteine im Große-Wände-Bergsteigen, in der – wie Reinhold Messner sagt – «Königsdisziplin». Herrligkoffer war sich dessen bewusst. Den «Ausverkauf der Achttausender», die große Everest-Tragödie von 1996, den «Run» auf seinen Nanga Parbat, dessen Gipfel bei einer kommerziellen Unternehmung im Jahr 2001 elf Teilnehmer samt Leiter erreichten, hat Herrligkoffer nicht mehr erlebt.

Der alte Mann und der
Berg – Karl Maria
Herrligkoffer 1986 im
Karakorum, fotografiert
von Jerzy Kukuczka.

KARAKORUM
1986

Im Jahr 1986 bricht Karl Maria Herrligkoffer zu seiner letzten Himalaja-Bergfahrt auf. Er möchte nachholen, was er bereits für 1985 geplant, wozu er aber keine Permits erhalten hatte: die Realisierung neuer Routen am Broad Peak und am K2. Herrligkoffer fällt der Anmarsch zum Basislager nicht leicht – kein Wunder, er steht kurz vor seinem siebzigsten Geburtstag –, weshalb er es vorzieht, sich von Paiju aus per Helikopter zum Basecamp befördern zu lassen. Bereits vom Hubschrauber aus erkennt er zu seinem nicht geringen Ärger, dass sich die Broad-Peak-Gruppe entgegen dem ursprünglichen Vorhaben, erstmals den Südwestgrat zu bewältigen, der Normalroute zuwendet. Im Basislager angekommen, muss Herrligkoffer auch noch vernehmen, dass die Schweizer Expeditionsmitglieder über den Abruzzengrat auf den K2 wollen, anstatt sich weiterhin an der neuen Route durch die Südostwand zu beteiligen. Karl Maria Herrligkoffers Autorität wird untergraben. Er selbst ist müde geworden, zuletzt resigniert er gar. Trotzdem – seine treuen, harten, ehrgeizigen und anspruchslosen polnischen Partner retten auch für ihn nochmals einen Riesenerfolg am «Berg der Berge», der allerdings ein tragisches Ende findet.

Als sich Karl Maria Herrligkoffer zusammen mit seiner Lebenspartnerin Doris Kustermann mit dem Helikopter von Paiju über den Concordiaplatz den Godwin-Austen-Gletscher hochfliegen lässt, traut er seinen Augen nicht: Die Broad-Peak-Expeditionsgruppe hatte ihr Basislager für einen Aufstieg an der Normalroute und nicht für den Südwestgrat errichtet. Überhaupt ist dieser 13. Juni 1986 –Herrligkoffers siebzigster Geburtstag – nicht gerade ein «Happy Day» für den Expeditionsleiter: «Nachdem mir alle gratuliert haben, stellt die Mannschaft gemeinsam meinen Bungalow auf. Anschließend betrinken sich Peter Wörgötter und Markus Prechtl völlig sinnlos. Der wahre Grund dieser Entgleisung ist mir nicht bekannt – mein Geburtstag wird es wohl kaum gewesen sein, vielleicht aber das schlechte Gewissen, weil sie das Standlager nicht an den vereinbarten Platz gesetzt haben. Die Kameraden warten auf meine Reaktion, mir ist das im Augenblick aber ziemlich gleichgültig. Wichtig ist mir lediglich, dass wir am K2 eine neue Direttissima schaffen. Ich füge mich also, denn jetzt ist die Sache nicht mehr zu ändern. [...] Wenn die Erschließung der höchsten Berge der Welt dereinst bereits

In Skardu werden die Lasten vom Lkw auf acht Traktoren umgeladen und nach Dusso befördert. Von dort geht es mit Trägern weiter.

Geschichte geworden ist, was bedeutet dann noch die x-te Wiederholung eines Gipfelvorstoßes auf einer längst bis in alle Einzelheiten bekannten Aufstiegsroute? Nur jene Alpinisten, die ihren Fuß als erste Menschen zum Beispiel in das Sichelcouloir am K2 gesetzt haben, werden wie Fackeln in der Finsternis späteren Generationen voranleuchten.» (Herrligkoffer)

Das ist, wenngleich mit dem Herrligkoffer eigenen Pathos vorgetragen, nicht von der Hand zu weisen. Zwar hatte auch er 1978 am Mount Everest mit seinen Grundsätzen, die er sich selbst beziehungsweise die sich das Deutsche Institut für Auslandsforschung auferlegte («Mir aber ging es ja entsprechend dem Forschungsauftrag, den wir 1953 dem Institut zu Grunde gelegt hatten, immer darum, Erstbesteigungen, neue Routen oder Besteigungen unter extremen Bedingungen, wie zum Beispiel im Winter, durchzuführen.»), gebrochen. Doch bei allen anderen Expeditionen ist Karl M. Herrligkoffer, auch wenn er bisweilen scheiterte, seiner Mission treu geblieben. Was wohl hätte er zum tödlichen Mount-Everest-Tourismus des Jahres 1996 gesagt?

Der Pole Jerzy Kukuczka war einer der weltweit besten Höhenbergsteiger. Er wusste, was er konnte. Vom Expeditionsziel – einer neuen Route an der Südostwand des K2 – wäre er niemals abzubringen gewesen. Deshalb war er, zusammen mit Piotrowski, im Gegensatz zu anderen Teilnehmern der Gruppe für Herrligkoffer ein Garant für die Verfolgung des Expeditionsplans.

Die Schweizer scheren aus

Die Sache am Broad Peak ist nicht das Hauptärgernis für Herrligkoffer. Viel stärker betroffen macht ihn die Tatsache, dass die Schweizer Bergführer Diego Wellig, Beda Fuster und Rolf Zemp «auf eigene Faust zur Abruzzirippe gehen, weil ihnen die Direttissima über das Sichelcouloir technisch zu schwierig und allgemein zu gefährlich erschien. Wanda Rutkiewicz, die ja auch lediglich Achttausender ‹sammelt›, hatte natürlich größtes Verständnis für die Schweizer Bergsteiger, die mit ihrem Gipfelerfolg über die Normalroute in ihrer Heimat als Bergführer renommieren konnten. [...] So hatte ich also bereits bei meiner Ankunft mit den drei Schweizern ein Problem und schrieb ihnen am 15. Juni 1986 unter anderem: ‹Wir kamen mit dem klaren Ziel zum K2 und zwar zum Südsporn – eure Extratour macht mir nur Schwierigkeiten. Ich sehe drei Möglichkeiten: 1. Ihr geht mit den Polen die Südostwand hoch und helft ihnen, so weit ihr könnt. – 2. Ihr kommt ins Basislager herab und macht den Broad Peak. – 3. Ich bin zu einem klärenden Gespräch gerne bereit ... jedenfalls so, wie ihr es euch vorgestellt habt, geht es nicht.›»

Kukuczkas Ziel ist klar

Da ist es noch einmal, dieses Aufflammen von Autorität beim Leader, der es erzwingen möchte und vermutlich nicht die richtigen Leute in seinem Team hat. Bis auf die beiden Polen Jerzy Kukuczka – einer der besten Höhenbergsteiger weltweit – und Tadeusz Piotrowski. Kukuczkas erste Eindrücke auf dieser Expedition sind zwiespältig.

«‹Du siehst ja gar nicht aus wie ein Alpinist.› Eigentlich erst in Dusso lernen wir uns näher kennen. [...] Jeder hatte da was von mir gehört, aber jeder stellte sich mich anders vor. Jetzt kommt da so ein seltsamer Mensch, nach einer ganztägigen Fahrt mit dem Jeep verschmutzt und verstaubt, mit einem nicht sehr sportlichen, sich über dem Gürtel hervordrängenden Bäuchlein. Es darf einen nicht wundern, dass mancher von denen sein Erstaunen nicht unterdrücken kann. Ich werde es auch nicht verheimlichen. In der vier Monate dauernden Himalaja-Pause habe ich an Gewicht etwas zugenommen. Gut zu sehen ist, dass die Jungs vor der Expedition hart trainiert haben – schlank wie Windhunde, jung, meist Bergführer wie die drei Schweizer.»

Rast beim Anmarsch in der Nähe von Urdokas. Rechts die Wände der «Kathedrale» über dem Baltorogletscher.

Kukuczka sieht die Situation, in der sich die Expedition Mitte Juni befindet, folgendermaßen: «Wir hatten die Erlaubnis für eine neue Route auf den Broad Peak und eine neue Route durch die Südwand des K2. Die Hälfte der K2-Gruppe war aber eigentlich an einer neuen Route nicht interessiert. Nur nichts Neues. Gott bewahre. Sie wollten den normalen, einfachsten Weg nehmen. Eine neue Route geht sie absolut nichts an. [...] Drei Schweizer und auch der junge Deutsche Toni Freudig sind eindeutig am K2 interessiert. Jedoch tuscheln sie untereinander, vielleicht ginge es auf der normalen Route. Ich wiederum habe gesagt, dass mich der Normalweg überhaupt nicht interessiert. Ich will nur und ausschließlich die Südwand durchsteigen. Und dabei ist es geblieben.»

Zunächst fügten sich die Schweizer und auch Freudig Kukuczkas Kompromisslosigkeit. Irgendwie reizte sie – gute Bergsteiger, die sie sind – die Südostwand ja doch. Nachdem sie, Tage bevor Herrligkoffer eintraf, ihr K2-Basislager erreicht hatten, stiegen sie bald darauf in die Wand und hinauf bis auf etwa 6000 Meter Höhe. «Dort haben wir ein Lager errichtet. Doch nach dem Aufstellen der Zelte kamen die Schweizer zu der Überzeugung, dass diese neue Route ihre Kräfte und Möglichkeiten übersteigt, dass sie es vorziehen, den alten Weg zu gehen – den Abruzzenpfeiler. Ich sage ihnen, dass meiner Meinung nach der Abruzzenpfeiler nicht leichter ist als die neue Route. Aber bitte schön. Euer Wille.» (Kukuczka)

Am anderen Morgen stiegen Beda Fuster und Rolf Zemp ab. Diego Wellig hingegen ging mit den Polen und Toni Freudig weiter. Es wurde schwierig. Die vier teilten sich in zwei Zweierseilschaften auf: Kukuczka und Piotrowski, Freudig und Wellig. Sie erreichten einen überwechteten Grat. Kukuczka brach mit seinem Gewicht eine Wechte ab. Um Haaresbreite lief alles glimpflich ab. «Die Situation war ziemlich gefährlich. Als Diego sah, was passiert war, zog er sich sofort zurück.» Fünfzig Höhenmeter weiter oben beförderte Kukuczka auf die gleiche Art und Weise eine Wechte in die Tiefe. Doch gelangten er, Piotrowski und Freudig an diesem aufregenden Tag noch bis in 6200 Meter Höhe. Den bewältigten Routenabschnitt kannte Kukuczka bereits von einem Versuch zusammen mit Wojciech Kurtyka aus dem Jahr 1982. Weil sich die drei Südwandkletterer noch nicht ausreichend akklimatisiert fühlten und weil sich das Wetter verschlechterte, zogen sie sich ins Basislager zurück.

Nur Freudig geht noch mit zur Südwand

Am 19. Juni erfolgt der nächste Aufbruch. Auch Freudig packt wieder mit an. «Unserem Aufbruch ist ein heftiger Wortwechsel mit Dr. Herrligkoffer vorausgegangen. Er hatte uns zusammengerufen, um uns zu verkünden, dass die Schweizer sich von uns trennen wollen. Sie werden uns nicht helfen. Ich meinte dazu, dass ich nichts dagegen habe. Wenn sie keine Lust haben, sollen sie eben den Abruzzenpfeiler gehen. [...] Ich sagte also, dass wir es zu dritt auch schaffen, sie mögen den Abruzzenpfeiler nehmen. Zur Hilfe habe ich ihnen sogar vorgeschlagen, dass sie die Absicht, auf der alten Route gehen zu können, damit erklären könnten [beim Verbindungsoffizier; Anm. d. V.], dass sie unseren Abstieg sichern müssen. [...] Aber gerade Dr. Herrligkoffer, der daran sehr interessiert war, dass von seiner Expedition eine neue Route durchgeführt wird, war damit absolut nicht einverstanden. Entweder ihr geht mit den Polen oder nach Hause – das war seine Entscheidung. Ich bin der Meinung, dass das zu hart war. In den hohen Bergen sollte man so nicht entscheiden. Ich jedenfalls bin gegen so rigorose Entscheidungen. [...]

Dr. Herrligkoffer gab schließlich auf und sagte ihnen [den Schweizer Bergsteigern; Anm. d. V.], sie könnten tun, was sie wollten. Auch der Verbindungsoffizier schloss sich dem an. Sie wussten, dass man die Schweizer nicht anbinden kann. Somit war die Sache erst mal erledigt. Aber ich

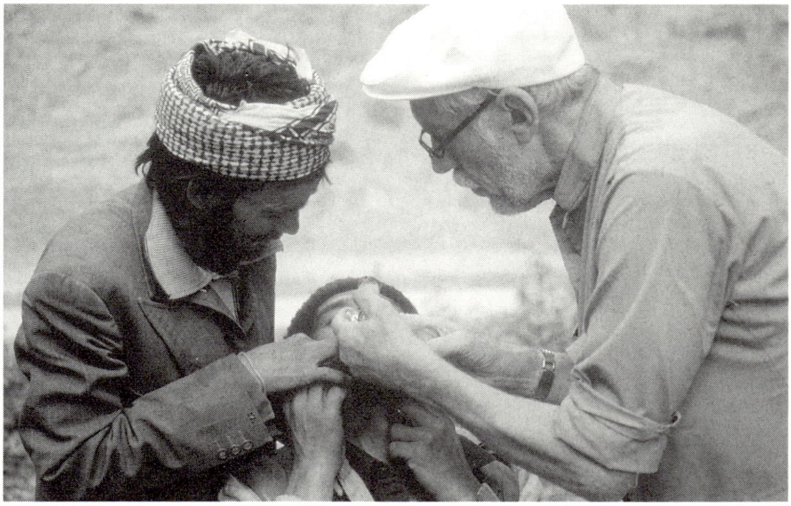

Auch das konnte er: Karl M. Herrligkoffer beim Zähneziehen.

muss sagen, damit wurde der erste ernste Misston während der Expedition hervorgerufen. [...] Interessant für uns und das Wichtigste war, dass Dr. Herrligkoffer die ganze Zeit auf unserer Seite stand. Er sagte direkt, dass wir die Priorität hätten, und wenn wir noch zusätzliche Ausrüstung benötigten, könnten wir sie jederzeit erhalten.» (Kukuczka)

Kukuczka, Piotrowski und Freudig starten also zum zweiten Mal in die Südostwand des K2. Am zweiten Tag erreichen sie ihren Umkehrpunkt auf 6200 Metern. Auf 6400 Metern errichten sie das zweite Lager. Anderntags schleppen sie Seile und Verpflegung von Lager 1 ins Lager 2 hoch. Dann klettern Piotrowski und Kukuczka über eine schwierige Rippe weiter, richten 500 Meter Fixseile ein. Währenddessen sollte Toni Freudig von Lager 1 die restliche Ausrüstung heraufbringen. Doch: «Wir treffen ihn im Zelt an. Er fühlt sich nicht gut und sieht keine Möglichkeit, mit uns weiterzugehen. Er steigt ab ins Basislager. Toni war ein prima Kletterkamerad. Ihm fehlte jedoch Himalaja-Erfahrung. Er war sehr begeistert, mitzugehen. Als er jedoch aus der Nähe sah, dass die Himalaja- nicht die Alpenberge sind, dass man hier als normaler Träger arbeiten muss, dass es nicht nur das Vergnügen am Klettern, sondern auch schwere Arbeit gibt, hat er resigniert. Wir blieben zu zweit.» (Der Allgäuer Toni Freudig ist heute ein über die Grenzen Deutschlands hinaus bekannter Bergführer und Kletterführerautor. Auch als Routensanierer hat er sich einen Namen gemacht).

Mit schwerem Rucksack auf den steilen Schneefeldern an der Südostwand des K2.

Erfolge am Broad Peak und am Abruzzengrat

Jerzy Kukuczka und Tadeusz Piotrowski arbeiten sich weiter an der Südostwand hoch, überwinden die Felsrippe und erreichen die darüber befindlichen Eisfelder, die von einer tückischen Schneeschicht überzogen sind. Sie biwakieren auf etwa 6950 Metern. Am nächsten Tag steigen sie bis auf 7400 Meter hinauf. Erneut Biwak. Das Wetter verschlechtert sich. Ambosswolken ziehen auf, das bedeutet Sturm und Gewittergefahr. Gegen Mittag beginnt es zu schneien: Rückzug ins Basislager. Dort erfahren die beiden Polen, dass in der Zwischenzeit Wanda Rutkiewicz den K2 über den Abruzzengrat erreicht hat. Und dass das französische Bergsteigerpaar Liliane und Maurice Barrard, nachdem ihm ebenfalls der Gipfelaufstieg geglückt war, während des Abstiegs auf 8300 Metern im Zelt übernachtet hatte, am folgenden Tag bei schlechtem Wetter nur sehr langsam weiter- und nicht mehr vom K2 herunterkam – Tod durch Absturz.

Die drei Schweizer Bergführer waren an den Broad Peak gewechselt. Sie gelangten am 21. Juni 1986 auf den Gipfel, ebenso wie die aus dem Salzburger Land stammenden Peter Wörgötter und Markus Prechtl. Einen Tag später standen auch der stellvertretende Expeditionsleiter Heini Koch und Joachim Labisch, beide Deutsche, auf dem Hauptgipfel des Broad Peak (8047 m).

Herrligkoffer erkrankt

Am 27. Juni muss Herrligkoffer wegen einer Viruserkrankung die Expedition verlassen und nach Skardu geflogen werden. Vorher noch beruft er eine Lagebesprechung ein, während deren er den Schweizern noch einmal klar macht, dass es für die Abruzziroute des K2 kein Permit gibt. Er fordert die Schweizer auf, wenigstens den östlichen Südsporn zu versuchen, für den zusätzlich zur Sichelroute eine Genehmigung erteilt wur-

de und der an der K2-Schulter in den Weg der Erstersteiger, in den Abruzzensporn, mündet. Nachdem Heini Koch das Basislager bereits verlassen hat, bestimmt Karl Maria Herrligkoffer den Sirdar Sarbaz Khan zum stellvertretenden Expeditionsleiter – sehr zum Missfallen des Kameramanns und ehemals berühmten Leaders Norman Dyhrenfurth, der ebenfalls an Herrligkoffers Expedition teilnimmt. Auch Diego Wellig muss – aus beruflichen Gründen – das K2-Standlager verlassen. Seine Kollegen Fuster und Zemp gehen, kaum ist Herrligkoffer weg, illegal über den Abruzzengrat auf den K2 und gelangen auch heil wieder herunter. Sie benötigten für den Auf- und Abstieg lediglich sechs Tage und waren ohne Flaschensauerstoff unterwegs. Der Österreicher Hans Hirschbichler und der Deutsche Manfred Heinrich scheitern am «Berg der Berge». Am 6. Juli glückt ihnen mit Erreichen des Broad-Peak-Vorgipfels (8030 m) immerhin ein Teilerfolg. Auch Toni Freudig ist bei dieser Besteigung mit von der Partie.

K2 von Süden. Ganz links der Westgrat, rechts daneben die so genannte «Magic Line» und rechts davon die Südsüdostwand. Ganz rechts die «Schulter» der Abruzzirippe. Schräg rechts unterhalb ihres höchsten Punkts stürzte «Teddy» Piotrowski in den Tod.

Am 3. Juli 1986, nach Tagen schlechten Wetters, brechen Kukuczka und Piotrowski erneut in die Südwand des K2 auf. Am ersten Tag schaf-

Heikles kombiniertes Gelände. Kukuczka im Aufstieg zum Hochlager 3 (7400 m) an der Südostwand des K2.

fen sie tausend Höhenmeter! Am darauf folgenden Tag erreichen sie das «Sichelcouloir», von den Polen «Hockey» genannt. Am dritten Tag steigen sie darin bis 7800 Meter und am vierten Tag bis 8100 Meter auf. Eine Felsbarriere versperrt den Ausstieg. Sie entschließen sich zum Zeltbiwak, in der Hoffnung, am nächsten Tag eine Schwachstelle an der etwa hundert Meter hohen Felswand zu finden.

Alles Entbehrliche lassen Kukuczka und Piotrowski zurück. Gas zum Kochen haben sie nur noch sehr wenig; eine Kartusche ist ihnen hinuntergefallen. Am 7. Juli beginnen sie die Felswand zu erklettern und hoffen, an einem Tag durchzukommen. Aber: «Die Wirklichkeit korrigiert unsere Pläne. Die Barriere ist schlichtweg so schwer, dass wir es nicht schaffen. Ich kann sie nur mit Abschnitten in der Hohen Tatra vergleichen und schätze sie mit V+ ein. [...] Hier auf dieser Höhe grenzt es an das Unmögliche, scheint es jenseits des menschlichen Könnens zu liegen. Aus Gründen der Gewichtseinsparung haben wir nur vier Haken und dreißig Meter Seil dabei. Unsere technischen Möglichkeiten sind also sehr begrenzt.

Für die ersten dreißig Meter brauche ich den ganzen Tag. Übrigens hatten wir unsere Rucksäcke schon unterhalb der Barriere gelassen. Wir waren uns bewußt, dass wir an diesem Tag nur im Stande sein werden, auf dem schwierigsten Abschnitt ein Fixseil anzubringen, und dann am nächsten Tag eventuell an einen Gipfelsturm denken konnten.» (Kukuczka)

Zu bedenken ist, dass die beiden Polen ohne Sauerstoff aus der Flasche klettern. Die Anstrengung ist mörderisch. An einer äußerst schwierigen Stelle kann Kukuczka das Wasser nicht mehr halten. Es sammelt sich unangenehm in seinem Schuh. Erneutes Biwak am Fuß der Schlusswand. Mittels eines Kerzenstummels, dessen Docht sie in Brand setzen können, gelingt es den Bergsteigern, aus Schnee für jeden einen kleinen Becher Wasser zu schmelzen. Das ist das Frühstück an diesem 8. Juli 1986.

Die etwa hundert Meter hohe, schwierige Ausstiegswand (Grad V+ auf über 8100 m) erforderte vom führenden Kukuczka vollen Einsatz. Für die ersten dreißig Meter benötigte er einen ganzen Tag, ehe er sich wieder an den Fuß der Wand abseilte, um mit Piotrowski zu biwakieren.

Extremer Ausstieg aus der K2-Südwand

Die Polen erkennen, dass sich mit den immer noch schweren Rucksäcken die Wandstelle nicht überwinden lässt. Die Kräfte schwinden. Schlafsäcke, Isomatten, entbehrliches Kochgeschirr, Lebensmittel – fast alles bleibt in der Wand. Nur jeweils einen kleinen Rucksack, der eine Alufolie und den Fotoapparat enthält, nehmen sie mit und steigen an dem befestigten Fixseil hoch. «Danach kommt noch einmal ein dreißig bis vierzig Meter hoher, sehr schwerer Abschnitt, der aber doch schon um einiges leichter als der gestrige ist. Gegen Mittag erreichen wir den Grat und befinden uns auf der Abruzzenroute in einer Höhe von etwa 8300 Metern.» (Kukuczka)

Durch tiefen, lockeren Schnee waten die Bergsteiger über zwei Stunden lang gipfelwärts. Das Wetter wird wieder schlecht. Nebel fällt ein. Kukuczka geht voraus, während Piotrowski unterhalb eines Séracs wartet. Kurz vor 18.30 Uhr steht Jerzy Kukuczka auf dem höchsten Punkt des K2. «Ich mache Fotos, ziehe aus meinem Rucksack zwei kleine Heinzelmännchen von meinen beiden Buben. Eines vom sechsjährigen Maciek und das andere vom zweijährigen Wojitek. Ich lasse die Heinzelmännchen da oben. [...] In dem Augenblick, als ich absteigen will, sehe ich Tadek aufsteigen. Ich warte diese wenigen Minuten auf ihn. [...] Tadek erreicht den Gipfel. Wir gratulieren uns, machen noch einige Fotos und steigen ab. Für Tadek war das der erste Achttausender, für mich der elfte. Wir sind glücklich, dass wir diese neue Route durchführen konnten.»

Jetzt drängt die Zeit. Die Polen steigen bis auf 8300 Meter ab und biwakieren. Sechs Tage lang sind sie nun am Berg, davon drei Tage lang auf über 8000 Metern. Doch am siebten Tag schaffen sie nur etwa 400 Höhenmeter Abstieg und müssen noch einmal biwakieren. Es wird eine bitterkalte Schlechtwetternacht, eine einzige Qual. «Unsere Biwakplanen, von innen metallisiert, um die Wärme zu halten, sind eigentlich nur zum einmaligen Gebrauch vorgesehen. Nach dem ersten Biwak ist die Metallschicht abgewetzt, und die Planen haben Löcher. Wir frieren erbärmlich, und die ganze Nacht wird eigentlich vor Kälte durchgezittert, unterbrochen mit kurzen Augenblicken von Halbschlaf. Überall fällt der Schnee rein.» (Kukuczka)

Am folgenden Morgen hellt es ein wenig auf. Jerzy und Tadek beginnen sich für den Abstieg fertig zu machen. Die Sonne kommt jetzt etwas heraus. «Wenn es ein wenig wärmer wird, wird es auch angenehmer, und man schläft glückselig ein. Man möchte am liebsten dableiben und sich ein bisschen aufwärmen. Wir wissen aber, dass solche ‹Löcher› im schlechten Wetter meist nur kurz nach Sonnenaufgang vorkommen und sich dann wieder alles sehr schnell mit Wolken zuziehen kann.» (Kukuczka)

Piotrowskis Todessturz

Kukuczka sagt zu Piotrowski noch, er solle das Seil mitnehmen. Dann steigen sie beide ab, Jerzy ist voraus. Endlich sehen sie in der Tiefe die Zelte eines Lagers. Nur noch eine steile Eiswand ... Kukucza fragt nach dem Seil, doch Tadek hat es – Jerzys Bitte ignorierend – im Biwak gelassen. Dann eben seilfrei. «Nach den ersten zwanzig Metern sehe ich, dass Tadek in meiner Spur absteigt. So steigen wir zusammen immer tiefer. Nach einiger Zeit spüre ich, dass das Eis unter dem Schnee bedeutend härter wird, und rufe nur: ‹Tadek, geh vielleicht ein wenig links von meiner Spur, denn hier ist es sehr hart.› Dabei habe ich zu ihm hinaufgeschaut und sah ganz genau, wie ihm im selben Moment beim nächsten Schritt ein Steigeisen abfällt. Es fällt einige Meter tiefer und bleibt hängen. Ich schreie: ‹Tadek, pass auf, ein Steigeisen ist dir abgefallen.› Meine Warnung war höchstwahrscheinlich sinnlos. Er muss gespürt haben, was passiert war. Er blieb stehen. Dann machte er eine Bewegung, als wolle er seinen Stand verbessern, das ganze Gewicht auf ein Bein verlagern, besser stehen. Es waren noch keine paar Sekunden verflossen, da fällt ihm das zweite Steigeisen ab ...

Vielleicht hat er das Bein falsch belastet? Vielleicht hat er das Steigeisen seitlich verkantet? Vielleicht hat es die zusätzliche Belastung nicht ausgehalten? Ich weiß es nicht. Ich weiß nur, dass so etwas äußerst selten passiert. Nie habe ich gehört, dass jemand im Abstand von einigen Sekunden die Steigeisen von beiden Schuhen verliert. Ich höre nur Tadeks Schrei ‹Jurek›, und in dem Augenblick sehe ich, wie er anfängt herunterzurutschen. Was tun? Ihn auffangen? Retten? Aber das sind nur Bruchteile von Sekunden, in denen man nicht im Stande ist, eine vollkommen bewusste, optimale Entscheidung zu treffen. Ich weiß nur, dass ich irgendwelche Bewegungen gemacht habe. Ich sehe, wie er genau auf mich zufliegt. Ich hatte da gerade ziemlich sicher in den Steigeisen gestanden. Eispickel und Eishammer waren fest im Eis verankert. Als Tadek mit dem ganzen Gewicht auf mich fällt, kann ich mich zwar halten ... aber nicht ihn. Er konnte sich an mir auch nicht festkrallen und fiel weiter. Nach kurzer Benommenheit drehe ich mich um und sehe nur noch, wie er über die Kante des Schneefeldes, das hier mit einer vertikalen Wand abbricht, verschwindet. Ich rufe, schreie! Immer wieder horche ich hin, ob er sich nicht doch noch meldet. Aber ich höre nichts. Eine in den Ohren schmerzende Stille. Langsam steige ich tiefer. Die Tragödie ereignete sich um 10.30 Uhr.»

Jerzy Kukuczka am 8. Juli 1986 auf dem Gipfel des zweithöchsten Berges der Erde. Am achten Tag der Unternehmung, beim Abstieg auf der Abruzziroute, stürzte Tadeusz Piotrowski tödlich ab.

Ohne den Partner zurück

Jerzy Kukuczka kann sich retten. Von den Zelten aus stellt er eine einseitige Funkverbindung mit dem Basislager her und berichtet, was geschehen ist; bittet, dass aus der Expedition von Janusz Majer jemand aufsteigen möge. Kukuczka ist sich nicht sicher, ob er verstanden worden ist. Noch immer hat er einen Funken Hoffnung, dass Tadeusz Piotrowski noch lebt, obwohl er weiß, dass das eigentlich nicht sein kann. In einem der Zelte schläft Jerzy 24 Stunden lang den Schlaf der Erschöpfung und trinkt, trinkt, trinkt. Dann steigt er weiter ab und begegnet zwei Koreanern, denen er alles erzählt. Auf 6800 Metern trifft er auf ein Zelt mit abermals einem koreanischen Bergsteiger, der ihn versorgt, der für ihn kocht. Und endlich kann er auch ordentlich funken. Im Basecamp hatten sie Kukuczka, als er am Vortag versuchte, Verbindung aufzunehmen, nicht gehört. Doch Majer wusste bereits, was passiert war. Die zwei im Aufstieg befindlichen Koreaner, auf die Jerzy traf, hatten das Basislager informiert. Nun erzählt Jerzy alles ganz genau, bittet eindringlich, nach Tadek zu schauen. Als Erste stürmen die Schweizer Fuster und Zemp – die in der Zwischenzeit den K2 über den Abruzzensporn erstiegen hatten – los. «Jetzt, als sie sehen, dass es ums Retten geht, sind sie sofort aufgebrochen.» (Kukuczka) Aber sie finden nichts, keine Spur von Tadek.

Jerzy Kukuczka erreicht das Basecamp, wo ihm gratuliert, aber auch kondoliert wird. «Dr. Herrligkoffer war nicht anwesend. Er hatte die Strapazen des Lebens im Basislager nicht mehr ausgehalten und war Ende Juni mit dem Hubschrauber ins Tal geflogen. [...] Mit dem Abflug von Dr. Herrligkoffer war unsere Expedition zwar ohne Arzt, aber deswegen gab es keine Schwierigkeiten. [...] Über Tadek gab es keine Nachricht. [...] Der italienische Arzt hat festgestellt, dass ich die Finger und Zehen ein wenig angefroren habe. Nach dem Verarzten meinte er, es wäre am besten, wenn ich so schnell wie möglich auch ins Tal kommen würde. Daraufhin fragte mich der Vertreter unseres Expeditionsleiters, ob ich für einen Hubschraubertransport bereit wäre. In zwei Tagen könnten sie mich mitnehmen. Natürlich habe ich diese Gelegenheit wahrgenommen.»

Das schlimme K2-Jahr 1986

Kukuczka kann erst nach weiteren zwei Tagen ausgeflogen werden – nach Skardu, wo er vom Tod des italienischen Alleingängers Renato Casarotto hört. Dieser hatte sich solo an der «Magic Line» des K2 versucht und war beim Abstieg – bereits am Wandfuß – in eine Gletscherspalte gestürzt. Er konnte zwar noch aus dem Eisschlund geborgen werden, starb jedoch bald darauf an seinen inneren Verletzungen. «Er hatte noch mit mir am 14. Juli im Basislager unter dem Broad Peak gesprochen. Er hat sich von mir lange verabschiedet. Es war ihm irgendwie schwer ums

Herz, und er meinte: ‹Das ist meine letzte Aufstiegschance. Ich höre auf mit dem Alleingehen. Im Frühling treffen wir uns in Polen ...›» (Kukuczka)

Die Gilkeypyramide wurde für die am K2 verunglückten Bergsteiger zum Gedenkstein.

Casarotto, das französische Ehepaar Barrard und Tadek Piotrowski sollten 1986 nicht die einzigen Toten am K2 bleiben. Bereits am 21. Juni waren die US-Amerikaner John Smolich und Alan Pennington am Südsüdwestgrat in einer Lawine ums Leben gekommen. Am 3. August stürzte Wojciech Wroz beim Abstieg am Abruzzengrat ab. Einen Tag später geriet der Einheimische Mohammed Ali unterhalb von Lager 1 in einen todbringenden Steinschlag.

Am 7. August starb Kurt Diembergers Seil- und Filmpartnerin Julie Tullis, nachdem beide den K2-Gipfel erreicht hatten, in Lager 4. Drei Tage später verschied dort der bekannte britische Alpinist Alan Rouse. Ebenfalls am 10. August kamen die Österreicher Alfred Imitzer und Hannes Wieser etwas unterhalb von Camp 4 um, nachdem Willi Bauer sie noch aus dem Zelt gescheucht und alles dafür getan hatte, dass sie sich an den Abstieg machten. Es ging nicht mehr. Die beiden waren zu Tode erschöpft, blieben nach wenigen torkelnden Schritten einfach sitzen. Während des höllischen Abstiegs, den Bauer und Diemberger überlebten, starb dann auch noch die Polin Dobroslawa Wolf.

Jerzy Kukuczka sollte als zweiter Bergsteiger nach Reinhold Messner alle vierzehn Achttausender-Gipfel erreichen. «You are not second, you are great» – mit diesen Worten hatte Messner Kukuczka gratuliert.

Jerzy Kukuczka kam 1989 beim Versuch, die Durchsteigung der Lhotse-Südwand zu vollenden, ums Leben. Er stürzte, das Sicherungsseil riss, und Jerzy fiel mehr als tausend Meter in die Tiefe.

Im Berggebiet des Duart- und Roslingletschers (Stauningsalpen) fiel der Herrligkoffer-Expedition 1966 eine reiche Gipfelausbeute zu. 34 Berge konnten erstmals, zwei zum zweiten Mal erstiegen werden.

GRÖNLAND-ABENTEUER

Mit der «Forschungsexpedition zum Nordpol», von der Karl M. Herrligkoffer seit seinem 19. Lebensjahr träumt, wird es nichts. Ebenso wenig erfüllt sich sein Wunschtraum, eine Antarktis-Unternehmung durchzuführen. 1966 aber agiert seine aus der Not heraus entwickelte Expedition in die grönländischen Stauningsalpen überaus erfolgreich. Pech hat Herrligkoffer hingegen mit den Watkinsbjergen – eine «verschmähte Liebe», wie er selbst schrieb.

Mitte der Sechzigerjahre arbeitet Karl M. Herrligkoffer für seine Nordpol-Expedition einen Dreistufenplan aus. Innert 1966 und 1967 sind Transportunternehmungen nach Peary-Land vorgesehen – unter anderem möchte man dort zwei Hütten als Stützpunkte aufbauen –, und 1968 sollte es dann endgültig in Richtung Nordpol gehen.

Am 14. Juli 1966 reist eine vierköpfige Gruppe zu den grönländischen Stauningsalpen, um Materialerprobungen und Lebensmitteltests durchzuführen. Fast gleichzeitig wird das Gepäck für die erste Peary-Land-Unternehmung auf den Weg nach Island gebracht. Da kommt überraschend das Aus für die Herrligkoffer'schen Nordpol-Ambitionen: Der «Grönland-Handel» stellt keinen Treibstoff für die notwendigen Charterflüge zur dänischen «Station Nord» auf Ostgrönland zur Verfügung. Auch Dänemarks Staatspräsident, an den sich Herrligkoffer wendet, kann nicht helfen: «Die Vorräte an Treibstoff in Mestersvig [Grönland] sind so beschränkt, dass sie kaum für den dänischen Flugbedarf [...] im künftigen Winter ausreichen.»

Karl Herrligkoffer macht aus der Not eine Tugend und schließt die Unternehmung Peary-Land mit der bereits ausgereisten Gruppe «Stauningsalpen» zusammen. Über Reykjavik, die Hauptstadt Islands, wird nach Mestersvig an der mittleren Ostküste Grönlands geflogen. Im dortigen Hafen liegt das Versorgungsschiff «Nella Dan» der vierköpfigen Stauningsalpen-Crew. Das Material aus dem Schiffsbauch wird jetzt gebraucht. Edelwald Hüttl erzählt in amüsanter Weise:

«Nun begann sich der ‹Haufen› in Gruppen aufzulösen, die sich wiederum selbst charakterisierten. Karl [Herrligkoffer] und Michl [Anderl] hatten natürlich ‹höhere Aufgaben› und strichen dementsprechend im Lager herum. Inge [Rost], unser ‹zehnter Mann›, hatte plötzlich ihre weibliche Eigenart entdeckt, verzichtete demonstrativ auf ihre Emanzi-

pation unter Männern und sah gelassen zu, wie wir schwitzend das Gepäck vom Schiff löschten: Wenn ich ‹wir› sage, so heißt dies ohne Pluto [Gebhard Plangger] und Sepp [Anzenberger], denn die beiden Vaterlandsverteidiger hatten von Anfang an kraft ihres Berufes den Drang zu Höherem. Ans Befehlen gewöhnt, gaben sie sich selbst den Befehl, ihre Kräfte nicht durch Lastenschleppen zu vergeuden, sondern sich ganz dem Spiel mit Film- und Fotokamera hinzugeben. Als aber ein dänischer Admiral zu Besuch kam, da waren sie voll da. Schulterklappen beschleunigen eben den Puls, und wenn man sich in einer Zukunftsvision in ähnlichem Dienstgrad sieht, dann schlagen die Hacken von selbst zusammen. Selbst unser ‹Zwölfender› [Zeitsoldat für zwölf Jahre] Michl aus dem Unteroffizierskorps war plötzlich gut frisiert. Na, und erst Inge: Man konnte sie tatsächlich für einen weiblichen Adjutanten halten, denn sie wich keinen Schritt vom Admiral. [...]

Das «Münchner Haus» in Mestersvig an der mittleren Ostküste Gröndlands steht. Zweite von rechts ist Inge Rost, daneben Herrligkoffer und neben ihm Michl Anderl.

Dann kam der erste Höhepunkt auf arktischem Boden: Wir bauten das ‹Münchner Haus›. Da war unser Schwaben-Günter [Schnaidt] in voller Aktion. Als Mann vom Fach jagte er uns hin und her. Seine Kom-

Filmarbeit während des Aufstiegs zum Hochlager auf dem Roslingletscher, Tiefblick auf den Alpefjord (oben); bisweilen wurden die Grönland-Gipfelsammler zu «Schlittenhunden» (unten).

mandos ‹bringt den Balken›, ‹reicht das Brett› gellten in die noch nicht umweltverschmutzte Luft, nur dann und wann von Aufforderungen unterbrochen, die hart an der Grenze des Götz von Berlichingen waren. Doch dann stand unser Prachtbau. [...] Nachdem die Arbeit getan war, kam der Besichtigungsstab. Voran der Boss Karl [Herrligkoffer], dann Arktislady Inge mit Michl und schließlich die Filmexperten Pluto und Sepp. Krönenden Abschluss bildete ein Foto, auf dem alle festgehalten wurden, die im Schweiße ihres Angesichts das Haus gebaut oder ‹im Geiste mitgeschwitzt› hatten.»

Am 8. August 1966 geht es in die Stauningsalpen – mit zwei Schlauchbooten und einem vierzig Jahre alten Motorboot, dem «Polypen». Zwischenzeitlich war bereits ein Teil der Verpflegung von einem Aufklärungsflugzeug des dänischen Militärs zum Roslinfirn, dem geplanten Hochlagerplatz, geflogen und dort mit Fallschirmen abgeworfen worden. Das ersparte vierzehn Tage Trägerarbeit. Am 10. August wird, nach anstrengendem und spaltenreichem Aufstieg, der Roslingletscher auch von den Bergsteigergruppen erreicht. Die drei Fallschirmlasten können geortet werden. Das Hochlager wird errichtet, während das Basislager auf dem Duartgletscher zu stehen kommt.

Gipfelfieber

Ab 14. August beginnt die bergsteigerische Tätigkeit, bei der sich auch Karl Herrligkoffer erfolgreich an Erstersteigungen beteiligt. Nach den verschiedensten Richtungen hin ziehen die Mitglieder der Gruppe und schnappen sich einen Gipfel nach dem anderen. Inge Rost schafft mit Konny Lindner den so genannten «Dresdner Bjerg» (die Erstersteiger tauften die von ihnen erstiegenen Gipfel nach ihren Heimatstädten und -orten). Michl Anderl, Herrligkoffer, Anzenberger und Plangger gelingt unter anderem die Erstersteigung des «Münchner Tinde» (2650 m). Er ist einer der formschönsten Berge in diesem Gebiet der Stauningsalpen. Ungemein erfolgreich agiert Pit Schubert, zunächst zusammen mit Günter Schnaidt. Der bereits erstiegene Roslinborg ist ihr erstes Ziel: «Bald waren wir am Fuß einer Eisflanke. Günter ging als gewandter Eisgeher voraus. Nach etwa 120 Metern querten wir zu den Felsen und zogen unsere Steigeisen aus. Bald erreichten wir den Grat, den wir bald rechts, bald links hinaufstiegen. Nach drei Stunden standen wir auf dem Gipfel. Der Höhenmesser zeigte

2720 Meter. Wenige Meter unterhalb des Gipfels entdeckten wir auf einem kleinen Felspfeiler das Steinmandl der britischen Erstbezwinger. Es folgte eine kleine Rast mit Imbiss, dann kraxelten wir auf der nördlichen Seite des Grates weiter. In den Felsen mussten wir zweimal zwanzig Meter abseilen. Meist ergab sich die günstige Möglichkeit, die Grattürme auf der östlichen Seite zu queren, so dass wir das Seil nicht brauchten. Beim nächsten Gipfelaufschwung machten wir eine kleine Rast. Günter massierte seine Zehen, die wahrscheinlich bei seinem letzten Unternehmen in der Eiger-Direttissima im Winter etwas abbekommen hatten. Nach leichter Kletterei stiegen wir zum Gipfel (2680 m) und stellten mit Genugtuung fest, dass keine Spur zu entdecken war und wir vermutlich als Erste hier oben standen. Wir bauten ein besonders schönes Steinmandl und hinterlegten in einer Schachtel unsere Namen. Auf der Südseite, in einer kleinen windstillen Nische, ließen wir uns häuslich nieder und schliefen für eine Weile ein. Nach etwa zwei Stunden brachen wir wieder auf.» (Schubert)

Schubert/Lindner, die Unersättlichen

Hier, im Land der Mitternachtssonne, kann Tag und Nacht auf Gipfeltour gegangen werden. Die Erfolgsbilanz ist dementsprechend: 34 Berge in der Region von Duart-, Roslin- und Spørregletscher werden erstmals betreten. Neben den Fleißigen Anderl, Herrligkoffer, Anzenberger und Plangger holen sich besonders Schubert und Lindner nochmals überreiche Ernte: «Das Wetter wurde besser, und wir waren froh, nicht umgekehrt zu sein. Wir liefen weiter in Richtung auf eine kleine Eiswand, dort ließen wir die Ski stehen und hielten zunächst Brotzeit. Die Eiswand erwies sich als harmlos, aber am Grat angekommen stellten wir fest, dass der Firn nicht fest genug war für eine Pickelsicherung. Mit gemischten Gefühlen gingen wir bis zu einer eisdurchsetzten Felsrinne. Es war sehr kalt, es pfiff ein eisiger Wind. Nach zweieinhalb Seillängen kamen wir auf den letzten Firngrat, und kurze Zeit später standen wir auf dem höchsten Punkt des Berges, der 2720 Meter hohen ‹Berggeist-Spids›. [Pit Schubert ist Mitglied der kleinen, traditionsreichen Sektion ‹Berggeist› des Deutschen Alpenvereins; Anm. d. V.]

Die Felsrinne rutschten wir abseilend hinunter, dann folgten Firngrat und Eiswand, und nach etwa zwei Stunden waren wir wieder bei unseren Ski. – Der nächste Gipfel, der sich anbot, ließ sich über eine Eisflanke direkt von dieser Seite aus besteigen. Gegen ein Uhr früh erreichten wir eine Scharte und sahen Spuren, die sich südwärts zogen. Der Gipfel war also von einer anderen Gruppe unserer Expedition noch nicht bezwungen. Es wurde eine reine Felstour in herrlichem Granit. Es war eiskalt um die Zeit nach Mitternacht. Ungewollt kamen wir in Fünfer-Gelände und erreichten schließlich mit einem Klimmzug den höchsten Punkt dieses viergipfeligen Berges. Die Höhe des erstmals bestiegenen ‹Castor› lag bei 2520 Metern. Den zweiten Gipfel, ‹Pollux›, schätzten wir etwa fünf, die anderen beiden etwa sechzig bis achtzig Meter niedriger.

Nach Errichten eines wohlgeformten Steinmandls rüsteten wir uns zum Rückzug. Gegen Morgen waren wir wieder in der Scharte. Während wir bei schönem Wetter das Gletscherbecken in geplanter Richtung querten, erkannten wir drei Kameraden als winzige kleine Punkte beim Abstieg vom vierten Berg in dieser Kette. Nicht ganz gewollt, jedoch vom Schalk getrieben, beeilten wir uns. Vielleicht waren wir vor ihnen in der Scharte. Es wäre aber schade um die Rennerei, wenn sie inzwischen den Heimweg angetreten hätten und die beiden letzten Gipfel nicht mit eingeplant gewesen wären. Der Weg hinüber zur Scharte war eine Schinderei. Rechts und links taten sich unerstiegene Gipfel vor uns auf. Da die Anstiege kurz und harmlos aussahen, trennten wir uns. Konny ging nach rechts hinauf, ich nach links. Während des Anstiegs verschlechterte sich das Wetter, doch so viel war noch zu erkennen, dass hinter dem Berg, den ich hinaufstieg, noch ein weiterer unberührter Gipfel lag, den ich in meine Liebe mit einbezog. Der Gipfelgrat war flach und nicht überwechtet, also sicher. Trotzdem spürte ich unter meinen Füßen hie und da einen dumpfen Schlag. Mir fuhr ein Schreck durch die Glieder, doch ich versuchte mir klar zu machen, dass sich der Schnee setzt – und stieg weiter. Schließlich erreichte ich den 2500 Meter hohen Gipfel und taufte ihn ‹Frankfurter Spids›. [Schubert lebte eine gute Weile in Frankfurt am Main, die Bekanntschaft mit Jürgen Winkler resultiert daraus; Anm. d. V.] Da ich allein war, marschierte ich den Grat wieder zurück und einen Sekundärgrat nach links weiter, um auch den letzten Gipfel in dieser schönen ‹Perlenkette› mitzunehmen. Ich umging eine Felszacke, dann kam ein Grat und nach vierzig Meter Felskletterei stand ich auf dem nächsten Gipfel. Da es der niedrigste der Kette war, tauften wir den 2480 Meter hohen Berg als die ‹Zwerg-Spids›.

Ein schöner Firngrat zieht sich hinauf auf den «Münchner Tinde» (2650 m), der von Michl Anderl, Sepp Anzenberger, Gebhard Plangger und Karl Herrligkoffer erstmals erstiegen wurde.

Ein eisiger Wind blies von Norden, und ich stieg zur Scharte ab, wo ich Freund Konny antraf. Der Himmel bedeckte sich immer mehr, man sah keine vierzig Meter weit. So machten wir uns auf den Heimweg zum Lager auf dem Roslinfirn.» (Schubert)

Es sind dies nicht die letzten Gipfel, die Schubert und Lindner erstmals ersteigen. Sie ziehen über den Roslingletscher abwärts und wenden sich – vom Hochlager aus gerechnet – in das vierte Gletschertal nach rechts. Fünf «Bjerge» beziehungsweise «Spids» werden hier zu ihrer «Beute». Nach dem «Lindauer Hörnli» erreichen sie wieder ihr Skidepot und das Hochlager auf dem Roslingletscher. «Sie hatten elf Gipfel auf dieser langen Rundreise durch die Stauningsalpen geschafft.» (Herrligkoffer) – Damit nicht genug: Die «Breslauer Spids» (Schubert ist in Breslau geboren), die «Drillinge» und der «Berliner Bjerg» gehen noch her. An Letzterem klettern sie zwei Seillängen im Schwierigkeitsgrad IV bis V und erreichen den Gipfel um Mitternacht. Alle Wetter!

Bruchlandung und Funkerstreik

Nach dieser so erfolgreichen Expedition strebt Herrligkoffers Begehren nach den grönländischen Watkinsbjergen. 1974 versucht er sich erstmals an ihnen, schickt den in Garmisch lebenden Thomas Gruhl voraus an den Nansenfjord. Technische Probleme (Bruchlandung mit dem Flugzeug ohne Personenschaden) vereiteln die Unternehmung.

1976 möchte es Karl M. Herrligkoffer erneut wissen, doch reichen die verfügbaren Geldmittel nicht. Denn parallel zur Grönland-Unternehmung läuft die «Karl-Golikow-Gedächtnisexpedition» (siehe Seite 218). Wiederum werden die Stauningsalpen angesteuert. Herrligkoffers Team muss sich mit Zweitersteigungen begnügen. «Lediglich Robert Allenbach, seine zukünftige Frau und Wilhelm Schloz durchstiegen als Erste die nördliche Eiswand des 2620 Meter hohen ‹Mittenwalder Tinde›. Dann folgten harte Sturmtage auf dem Hochfirn. Tag und Nacht waren wir bemüht, unser Zelt weitmöglichst auszuschaufeln, und wir klammerten uns an die Zeltstangen, um sie vor einem Bruch durch den Orkan zu bewahren. Der herbeigesehnte Hubschrauber ließ Tag für Tag auf sich warten. Nachdem die tägliche Essensration bereits auf eine Rippe Schokolade und ein Knäckebrot reduziert werden musste, entschlossen wir uns zum ‹Befreiungsmarsch› über Gletscher und Pässe hinweg, hin-

über bis zum 150 Kilometer entfernten Mestersvig. Eine Stunde vor unserem geplanten Aufbruch tauchte plötzlich der Hubschrauber auf und erlöste uns von allen sorgenvollen Gedanken der letzten Tage!» (Herrligkoffer)

1977 sollte es mit den Watkinsbjergen endlich, endlich klappen! Karl Maria Herrligkoffer sorgt selbst für die Finanzierung. Sogar Fritz Aumann – ich hatte damals schon das Glück, ihn zu kennen – steigt 67-jährig nochmals mit ins «Boot». Dazu Doris Kustermann (zum ersten Mal mit Karl Herrligkoffer auf Expedition), der Fritz den Umgang mit Steigeisen und Pickel beibringt, Schorsch Kirner, Uli Bayer, Helmut Böhme, Leo Glasl und kurzzeitig Gerhard Haller, der sich aber in Mestersvig verletzt und zurückmuss. Mitten in den Watkinsbjergen, auf einem Hochfirn oberhalb des Kronborggletschers, lässt Herrligkoffer vom Flugzeug aus vierzehn Lasten abwerfen. «Sie verursachten im Schnee je nach Gewicht mehr oder weniger tiefe Krater, und wir fotografierten die Situation unter uns.»

Dann aber stellt sich die Hubschrauber-Crew taub. Der dänische Grönland-Minister wird erwartet, der Helikopter ist praktisch ausgebucht. Herrligkoffer sieht sich zu Recht verschaukelt. Dazu droht noch ein Funkerstreik. «Die Funker forderten eine zwanzigprozentige Lohnerhöhung, die ihnen – im Gegensatz zu den Funkern in Dänemark – bislang nicht gewährt wurde.» Herrligkoffer kann sich beim Grönland-Minister immerhin die Erlaubnis sichern, dass seine Gruppe vor Streikbeginn wenigstens noch für ein paar Tage in die altbekannten Stauningsalpen fliegen darf. «Natürlich gab es Gejammer und Diskussionen um unsere persönliche Ausrüstung, die nun auf dem Watkinsgletscher lag. Aber es blieb uns ja nur noch diese Chance, um nicht mit leeren Händen – das heißt ohne Gipfelglück – nach Island zurückkehren zu müssen.» (Herrligkoffer) Die Schwäbische Stauningsalpen-Expedition unter Wilhelm Schloz, die gerade von ihrer erfolgreichen Unternehmung zurückkehrt, unterstützt die Herrligkoffer-Gruppe mit Zelten, Steigeisen, Benzinkochern, Verpflegung sowie mit einem Funkgerät.

Während des Anflugs zu den Stauningsalpen entscheidet sich Karl M. Herrligkoffer spontan für die Gruppe der Klosterbjerge. Auf einem 1700 Meter hohen Gletscherplateau wird die Gruppe abgesetzt. Sofort schwärmen die Ersten zu den umliegenden Gipfeln aus, während der Rest der Mannschaft sowie Doris Kustermann das Lager einrichtet. Insgesamt acht Berge können während dieser «Blitzunternehmung» erstmals erstiegen werden. In den Klosterbjergen auf Grönland gibt es seitdem einen «Aumann-Ryggen», eine «Karl-Spids» und einen «Doris-Kogel». Ein Notprogramm, aber immerhin. «Während des Rückflugs war vor allen Dingen Doris immer wieder aufgeregt und schockiert darüber, dass unser etwas älterer Pilot seine Maschine zeitweise auf Automatik einstellte, um in dieser Zeit ein Nickerchen zu machen. Zunächst rüttelten wir ihn wach, bis er schließlich ärgerlich meinte, man solle ihn endlich schlafen lassen und kurz vor Reykjavik mal wieder wecken. Dies hinderte uns aber nicht daran, noch einmal zu jenen Bergen hinüber zu winken, die wir leider auch bei unserem zweiten Versuch nicht erreichten – und es hinderte uns auch nicht, unserer Gepäckstücke zu gedenken, die dort vielleicht irgendwann einmal eine spätere und glücklichere Expedition in einem voraussichtlich ramponierten Zustand vorfinden würde.»

ANHANG

Die Expeditionen des Deutschen Instituts für Auslandsforschung von 1953 bis 1991

1953
Deutsch-Österreichische Willy-Merkl-Gedächtnisexpedition zum Nanga Parbat

Aufstiegsroute: Rakhiotgletscher – Ostgrat – Silbersattel – Silberplateau – Bazhinscharte – Nordostschulter – Hauptgipfel

Ergebnis: Am 3. Juli 1953 erstieg Hermann Buhl im Alleingang von Lager 5 (6950 m) aus erstmals den Gipfel des Nanga Parbat.

1954
Deutsche Himalaja-Expedition zum Broad Peak

Aufstiegsroute: Broad-Peak-Gletscher – Westflanke – Hochplateau – Eishang am Hochfirn, der zur Scharte zwischen Mittel- und Vorgipfel emporzieht

Ergebnis: Wegen fürchterlich kalter Jetstürme bei vierzig Grad Kälte wurde die Unternehmung auf etwa 7200 Meter zur Umkehr gezwungen.

1961
Erste deutsche Diamir-Expedition

Aufstiegsroute: Diamirgletscher – Felspfeiler nördlich der Mummeryrippen – Siegi-Löw-Eisrinne – Kinshofer-Eisfeld

Ergebnis: Am 22. Juni 1961 wurden am oberen Ende des Kinshofer-Eisfeldes 7150 Meter erreicht; damit war der technisch schwierige Teil der Diamirflanke durchstiegen.

1962
Zweite deutsche Diamir-Expedition

Aufstiegsroute: Diamirgletscher – Felspfeiler nördlich der Mummeryrippen – Siegi-Löw-Eisrinne – Kinshofer-Eisfeld – Bazhinmulde – Nordostschulter – Hauptgipfel

Ergebnis: Am 23. Juni 1962 wurde durch Toni Kinshofer, Siegfried Löw und Anderl Mannhardt der Gipfel des Nanga Parbat zum zweiten Mal betreten; zugleich war die erste Zweitroute an einem Achttausender eröffnet worden. Beim Abstieg am Gipfelaufbau stürzte Siegi Löw und zog sich dabei tödliche Verletzungen zu.

1963
Kundfahrt zur Rupalflanke des Nanga Parbat

Ergebnis: Der Südabsturz (Rupalwand) des Nanga Parbat wurde erkundet. Dabei sind zwei Aufstiegsrouten als möglich erachtet worden: der Toni-Kinshofer-Weg im südwestlichen Bereich der Rupalwand und über den Südwestgrat (die spätere Schell-Route) sowie ein direkter Anstieg am höchsten Wandbereich (mit 4500 Meter Höhe die höchste Steilwand der Erde).

1964
Deutsche Nanga-Parbat-Winterexpedition

Aufstiegsroute: Südsüdostrippe – Wieland-Eiswand – Welzenbach-Eisfeld

Ergebnis: Die Wieland-Eiswand wurde erstmals erklettert. An dieser Direkten Rupalwand sind 6000 Meter erreicht worden, ehe die Spitzengruppe in eine Schneebrettlawine geriet und mit ihr durch eine mehr als 500 Meter lange Steilrinne hinabglitt. Drei Teilnehmer kamen mit Verletzungen und mit dem Schrecken davon.

1966
Deutsche Arktis-Expedition

Ergebnis: Während dieser Expedition, bei der die grönländischen Stauningsalpen Ersatzziel für eine geplante Nordpolexpedition wurden, konnten 34 Gipfel erstmals und zwei zum zweiten Mal bestiegen werden.

1968
Toni-Kinshofer-Gedächtnisexpedition zum Nanga Parbat

Aufstiegsroute: Südsüdostrippe – Wielandgletscher – Welzenbach-Eisfeld – Merkl-Eisfeld

Ergebnis: Am 9. Juli 1968 erreichten Peter Scholz und Wilhelm Schloz die halbe Höhe des Merkl-Eisfelds (7100 m) und kehrten nach einem Freibiwak ins Lager 4 zurück. Damit war die Direkte Rupalwand zu über vier Fünftel ihrer Höhe durchstiegen worden. Am 10. Juli zog sich Günter Strobel beim Überspringen eines Bergschrunds einen komplizierten Unterschenkelbruch zu. Der sehr schwierige Abtransport erforderte den Einsatz aller Teilnehmer und bedeutete zugleich das Ende der Unternehmung.

1970
Siegi-Löw-Gedächtnisexpedition zum Nanga Parbat

Aufstiegsroute: Südsüdostrippe – Wielandgletscher – Welzenbach-Eisfeld – Merkl-Eisfeld – Merklrinne – Südsattel – Hauptgipfel

Ergebnis: Am 27. Juni 1970 wurde die Direkte Rupalwand von Reinhold und Günther Messner erstmals bis zum Gipfel erklettert. Am 28. Juni folgten Felix Kuen und Peter Scholz. Die Brüder Messner biwakierten unterhalb des Nanga-Parbat-Gipfelaufbaus nahe des Südwestgrats an der Diamirseite. Da sich der höhenkranke Günther Messner den ungesicherten Rückweg durch die Merklrinne nicht mehr zutraute, stiegen die Brüder über die Diamirflanke – im mittleren Teil an den Mummeryrippen – ab. Schon nahe des Wandfußes kam Günther Messner in einer Eislawine ums Leben.

1971
Jörg-Lehne-Gedächtnisexpedition zum Rakaposhi

Aufstiegsroute: Westseite des Nordgrats – Kamm zum eigentlichen Nordgrat

Ergebnis: Am 21. September 1971 wurde nach Überwindung eines 70 Grad steilen Eishangs der eigentliche Nordgrat (Nordpfeiler) erreicht und an überaus exponierter Stelle das Lager 3 (6000 m) errichtet. Nachdem etliche Teilnehmer krank geworden waren und der Nachschub von den Trägern wegen der Schwierigkeiten der Route nicht gewährleistet werden konnte, musste die Expedition abgebrochen werden.

1972
Erste Europäische Mount-Everest-Expedition

Aufstiegsroute: Khumbu-Eisfall – Western Cwm – Südwestwand

Ergebnis: Felix Kuen und Adi Huber kletterten bei einem Vorstoß von Lager 6 bis auf 8350 Meter Höhe an der über 2000 Meter hohen Südwestwand; in etwa das gleiche Ergebnis, das ein Jahr zuvor bei der Internationalen Mount-Everest-Expedition unter Norman G. Dyhrenfurth erreicht wurde.

1973
Peter-Scholz-Gedächtnisexpedition zum Rakaposhi

Aufstiegsroute: Westseite des Nordgrats – Kamm zum eigentlichen Nordgrat – Nordgrat bis 6500 Meter

Ergebnis: Unter schwierigen Verhältnissen und teilweise erheblicher Steinschlaggefahr gelangte die Spitzengruppe bis auf halbe Höhe des Nordgrats (Nordpfeilers), wo die Hauptschwierigkeiten überwunden schienen. Anhaltend schlechtes Wetter mit Schneestürmen zwang zum Abbruch der Expedition.

1974
Deutsche Grönland-Expedition zu den Watkinsbjergen

Ergebnis: Die Expedition scheiterte schon beim Erkundungsflug wegen einer Bruchlandung des gecharterten Kleinflugzeugs auf dem schwierigen Gelände des Nansenfjords.

1975
Felix-Kuen-Gedächtnisexpedition zur Rupalseite des Nanga Parbat

Aufstiegsrouten: südwestlicher Teil der Rupalwand – Südwestgrat – Felix-Kuen-Eisfeld (Toni-Kinshofer-Weg); Versuch an der Südflanke des Rakhiot Peak (7070 m)

Ergebnis: Hubert Hillmaier und Erwin Beyerlein erreichten am Toni-Kinshofer-Weg etwa 7550 Meter, ehe Neuschneemassen und Höhensturm weitere Versuche vereitelten. An der Südflanke des Rakhiot Peak konnte bis auf etwa 6450 Meter geklettert werden. Margret Schnaidt, Christa Sturm, Manfred Sturm und Thomas Gruhl erstiegen erstmals den 6310 Meter hohen Toshe Peak.

1976
Karl-Golikow-Gedächtnisexpedition

Aufstiegsroute: Toni-Kinshofer-Weg (siehe oben)

Ergebnis: Die von Wanda Rutkiewicz und Matthias Gradnitzer geleitete Expedition kam bis 6100 Meter. Am 26. September 1976 stürzte Sebastian Arnold während des Abstiegs zwischen den Lagern 2 und 1 tödlich ab. Die Unternehmung wurde daraufhin beendet.

1976
Deutsche Grönland-Expedition zu den Stauningsalpen

Ergebnis: Erstdurchsteigung der nördlichen Eiswand des Mittenwalder Tinde durch Robert Allenbach, Cornelia Trummer und Wilhelm Schloz. Darüber hinaus Zweitersteigungen von sieben Gipfeln, die während der Herrligkoffer-Expedition 1966 erstmals betreten worden waren.

1977
Deutsche Grönland-Expedition zu den Watkinsbjergen

Ergebnis: Nachdem auf dem Kronborggletscher vom Flugzeug aus bereits vierzehn Lasten Gepäck abgeworfen worden waren, vereitelte ein knapp bevorstehender Funkerstreik den Flug der Mannschaft in das Expeditionsgebiet. Ersatzweise ließ sie sich in die Klosterbjerge der Stauningsalpen fliegen, wo während weniger Tage neun Gipfel und Erhebungen erstmals betreten wurden.

1978
Deutsch-Französische Mount-Everest-Expedition 1978

Aufstiegsroute: Khumbu-Eisfall – Western Cwm – Lhotseflanke – Südostgrat – Südgipfel – Hillary-Step – Hauptgipfel (8848 m; Neuvermessung 8850 m)

Ergebnis: Insgesamt dreizehn Expeditionsteilnehmer, darunter auch Wanda Rutkiewicz, konnten den Gipfel erreichen. Hans Engl sowie die Sherpas Ang Dorje und Mingma stiegen ohne Flaschensauerstoff bis zum höchsten Punkt der Erde. Pierre Mazeaud war zu diesem Zeitpunkt mit 49 Jahren der älteste Mount-Everest-Ersteiger.

1980
Herrligkoffer-Expedition zum Kangchendzönga

Aufstiegsroute: Pache-Hügel – «Hump» – Oberer Yalung-Eisfall – Oberes Yalung-Firnfeld – «Sichel» – Großes Couloir – Hauptgipfel

Ergebnis: Zwei Tage vor dem angesetzten Rückmarsch der Expedition erreichten Georg Ritter sowie die Sherpas Lhakbar Gyalbu und Nima Dorje bei schlechten Verhältnissen den dritthöchsten Berg der Erde. Ritter war damit der erste Deutsche auf dem «Kantsch».

1981

Herrligkoffer-Expedition zum Nanga-Parbat-Südwestgrat

Aufstiegsroute: Toni-Kinshofer-Weg

Ergebnis: Geplant war der Anstieg über den Ostpfeiler, der sich jedoch auf Grund des vielen Schnees als zu lawinengefährlich herausstellte. Die Expedition wich auf den Toni-Kinshofer-Weg aus, an dem etwa 7450 Meter erreicht wurden.

1982

Jubiläumsexpedition zum Ostpfeiler des Nanga Parbat

Aufstiegsroute: Querung des Bazhingletschers – Eisrinne am Ostpfeiler – Zentrales Eisfeld – Erstes, Zweites und Drittes Eisfeld – Nanga-Parbat-Südgipfel (8043 m)

Ergebnis: Ueli Bühler glückte es, nach einem Biwak weit oberhalb von Lager 5 (7300 m) die obersten Schneefelder des insgesamt 4300 Meter hohen Pfeilers zu überwinden und den Südgipfel des Nanga Parbat zu erreichen. Damit wurde die glänzende Mannschaftsarbeit doch noch von Erfolg gekrönt: Der gefährliche Nanga-Ostpfeiler, der international stärkste Expeditionen abgewiesen hatte, war endlich erstiegen. Eine der ganz großen Routen im Himalaja!

1986

Herrligkoffer-Karakorum-Expedition

Aufstiegsrouten: am Broad Peak die Normalroute über den Westsporn, am K2 die Südostwand mit Ausstieg durch das Sichelcouloir, eine der großen Wandrouten der Erde.

Ergebnis: Ersteigungen des Broad-Peak-Haupt- und Vorgipfels und erste Durchsteigung einer neuen Route an der K2-Süd(ost)wand, deren Ausstieg von den Erstbegehern Jerzy Kukuczka und Tadeusz Piotrowski Kletterei im oberen V. Schwierigkeitsgrad forderte. Während des Abstiegs stürzte «Teddy» Piotrowski unterhalb der «Schulter» tödlich ab, nachdem sich beide (!) Steigeisen von seinen Schuhen gelöst hatten.

1988

Bayerisch-Österreichische Nanga-Parbat-Expedition

Aufstiegsroute: Diamirflanke, «Deutscher Weg»

Ergebnis: Die von Heinrich Koch geführte Unternehmung hatte einen Anstieg über die Mummeryrippen zum Ziel, die jedoch schlechte Verhältnisse aufwiesen. Die Expedition wechselte zur Route von 1962, auf der die Österreicher Hans Hirschbichler und Oswald Gassler den Gipfel erreichten.

1989

Herrligkoffer-Expedition zur Diamirflanke des Nanga Parbat

Aufstiegsroute: Diamirflanke, «Deutscher Weg»

Ergebnis: Eine größere potenzielle Expeditionsmannschaft, deren Teilnehmer von Herrligkoffer an drei verschiedene Routen der Diamirflanke geschickt werden sollten, schrumpfte auf eine Unternehmung am «Deutschen Weg» zusammen, die Ekkehard Gundelach leitete. Zuerst waren die Mummeryrippen das Ziel, doch präsentierten sie sich tief verschneit und extrem lawinengefährlich. Gundelach erreichte mit Teilnehmern einer pakistanischen Militärexpedition den Gipfel des Nanga Parbat.

1990

Erste Ski-Expedition zum Nanga Parbat

Aufstiegsroute: Diamirgletscher – Diamagletscher

Ergebnis: Sepp Walter führte die Unternehmung. Während die deutschen Teilnehmer bis P. 6270 zwischen den beiden Diamascharten aufstiegen und danach ihre Versuche beendeten, stiegen die Polen Jacek Fluder und Mariusz Kups sowie der Jugoslawe Uros Rupar noch bis auf etwa 7600 Meter hoch. Wegen extremer Lawinengefahr wurde die Expedition aufgegeben.

1991

Zweite Ski-Expedition zum Nanga Parbat

Aufstiegsroute: siehe oben

Ergebnis: Die von Peter Wörgötter geführte Gruppe erreichte am oberen Diamagletscher etwa 7400 Meter, ehe Peter Bogensperger erkrankte und die Spitzengruppe ins Basecamp abfuhr und -stieg.

Literaturverzeichnis

Karl Maria Herrligkoffer – ein Lebensbild

Bücher:

Herrligkoffer, Karl (unter Mitarbeit von Fritz Schmitt): Willy Merkl. Ein Weg zum Nanga Parbat. Bergverlag Rudolf Rother, München 1936.
Herrligkoffer, Karl M.: Mein Weg in den Himalaya. Biografie eines Bergsteigers. Pietsch Verlag, Stuttgart 1989.

Sonstige Quellen:

Deutscher Alpenverein: Beschluss des Verwaltungsausschusses vom 12. Dezember 1952.
Herrligkoffer, Karl M.: Briefe an diverse Verlage vom 24., 29. und 30. Januar 1977.
Herrligkoffer, Karl M.: Brief an Hans Filbinger vom 26. November 1974.
Herrligkoffer, Karl M.: Brief an das Bundesministerium für Verteidigung vom 2. Januar 1975.
Herrligkoffer, Karl M.: Brief an den Vorsitzenden der CSU Franz Josef Strauß vom 21. März 1976.
Herrligkoffer, Karl M.: Briefe an den Vorsitzenden der CDU Helmut Kohl vom 29. November 1976 und vom 29. Januar 1977.
Herrligkoffer, Karl M.: Lebenslauf, datiert mit 1. Februar 1990.
Höfler, Horst: Gespräch mit Doris Kustermann am 28. Juni 2001.
Höfler, Horst: Gespräche mit Fritz Aumann im Frühjahr 2001.
Kullmann, Bernd: Originalmanuskript ohne Titel vom 9. Juni 2000 (Auszüge).
März, Fritz: Brief an Horst Höfler vom 9. November 2000.
Sturm, Manfred: Nanga Parbat 1962. Originalmanuskript vom Juni 2001 (Auszüge).
Walter, Sepp: Ein Expeditionsteilnehmer erinnert sich. Originalmanuskript vom 7. Februar 2000 (Auszüge).

Das Deutsche Expeditionsbergsteigen von den Anfängen bis 1952

Bücher:

Akadamischer Alpenverein München (Hrsg.): Willo Welzenbachs Bergfahrten. Union Deutsche Verlagsgesellschaft, Berlin 1942.
Bauer, Paul: Im Kampf um den Himalaja. Der erste deutsche Angriff auf den Kangchendzönga 1929. Knorr & Hirth, München 1931.
Bauer, Paul: Um den Kantsch. Der zweite deutsche Angriff auf den Kangchendzönga 1931. Knorr & Hirth, München 1932.
Bauer, Paul: Das Ringen um den Nanga Parbat 1856–1953. Hundert Jahre bergsteigerische Geschichte. Süddeutscher Verlag, München 1955.
Bechtold, Fritz: Deutsche am Nanga Parbat. Der Angriff 1934. Bruckmann Verlag, München 1935.
Dyhrenfurth, Günter Oskar: Zum dritten Pol. Die Achttausender der Erde. Nymphenburger Verlagshandlung, München 1952.
Dyhrenfurth, Günter Oskar: Der dritte Pol. Nymphenburger Verlagshandlung, München 1961.
Gillman, Peter: Mount Everest. 80 Jahre Triumphe und Tragödien. Bruckmann Verlag, München 2001.
Herzog, Maurice: Annapurna – erster Achttausender. Ullstein Verlag, Wien 1952.
Höfler, Horst: Sehnsucht Berg. Große Alpinisten von den Anfängen bis zur Gegenwart. BLV Verlagsgesellschaft, München 1989.
Messner, Reinhold/Gogna, Alessandro: K2 – Berg der Berge. BLV Verlagsgesellschaft, München 1980.
Mierau, Peter: Die Deutsche Himalaja-Stiftung. Ihre Geschichte und ihre Expeditionen. Deutscher Alpenverein e. V., München 1999.
Norton, Edward Felix: Bis zur Spitze des Mount Everest. Schwabe, Basel 1926.

Sonstige Quellen:

Herrligkoffer, Karl M.: 33 Jahre Himalaya-Abenteuer. Unveröffentlichtes Originalmanuskript, München 1987.

Deutsch-Österreichische Willy-Merkl-Gedächtnisexpedition 1953

Bücher:

Herrligkoffer, Karl M.: Nanga Parbat 1953. Verlag Neues Leben, Berlin 1954.
Herrligkoffer, Karl M.: Mein Weg in den Himalaya. Pietsch Verlag, Stuttgart 1989.
Messner, Reinhold/Höfler, Horst (Hrsg.): Hermann Buhl. Kompromisslos nach oben. Steiger Verlag, Augsburg 1997.
Mierau, Peter: siehe oben.

Sonstige Quellen:

Adenauer, Konrad: Wohlwollenserklärung an Karl M. Herrligkoffer vom 20. November 1952.
Bitterling, Gabriele: Brief an Karl M. Herrligkoffer vom 18. Oktober 1952 aus London.
Buhl, Hermann: Manuskript (maschinengeschrieben), ohne Datum.
Buhl, Hermann: Tagebuch (handschriftlich) vom 17. April bis zum 3. Juli 1953.
Deutscher Alpenverein: Brief an Karl M. Herrligkoffer vom 24. Oktober 1952 (anlässlich eines Schreibens der Deutschen Himalaja-Stiftung vom 15. Oktober 1952), unterschrieben von Albert Heizer.
Deutsche Himalaja-Stiftung, Deutsche Himalaja-Gesellschaft: Brief an das Kuratorium der Expedition, unterschrieben von Fritz Bechtold, Paul Bauer, Karl von Kraus, Wilhelm Fendt, vom 20. November 1952.
Heckmair, Anderl: Brief an Karl M. Herrligkoffer vom 1. November 1952.

Herrligkoffer, Karl M.: 33 Jahre Himalaya-Abenteuer. Unveröffentlichtes Originalmanuskript, München 1987.
Herrligkoffer, Karl M.: Brief an Heinz Baumeister vom 10. Oktober 1951.
Herrligkoffer, Karl M.: Brief an Franz Grassler vom 27. Februar 1975
Himalayan Club Darjeeling: Brief an Karl M. Herrligkoffer vom 7. Juli 1953, unterschrieben von Mrs. Henderson.
Hübel, Paul: Brief an Karl M. Herrligkoffer vom 4. Juni 1953.
Österreichischer Alpenverein: Brief an Karl M. Herrligkoffer vom 12. November 1952, unterschrieben von Martin Busch.

Deutsche Himalaja-Expedition zum Broad Peak 1954

Bücher:

Herrligkoffer, Karl M.: Deutsche am Broad Peak. Lehmann, München 1955.
Herrligkoffer, Karl M.: Himalaya-Abenteuer. Durch Pakistan zu den Achttausendern im Karakorum-Himalaya. Verlag Passavia, Passau 1975.
Herrligkoffer, Karl M. (Hrsg.): Bergsteiger erzählen. Bayerische Verlagsanstalt, Bamberg 1978.
Messner, Reinhold/Höfler, Horst (Hrsg.): Hermann Buhl. Kompromisslos nach oben. Steiger Verlag, Augsburg 1997.

Sonstige Quellen:

Herrligkoffer, Karl M.: 33 Jahre Himalaya-Abenteuer. Unveröffentlichtes Originalmanuskript, München 1987.

Deutsche Diamir-Expeditionen 1961 und 1962

Bücher:

Herrligkoffer, Karl M.: Nanga Parbat. Sieben Jahrzehnte Gipfelkampf in Sonnenglut und Eis. Verlag Ullstein, Frankfurt/Berlin 1967.

Sonstige Quellen:

Kinshofer, Toni: Ersteigungsbericht. Original, ohne Datum.
Sturm, Manfred: Nanga Parbat 1962. Originalmanuskript vom Juni 2001.

Die Rupal-Kundfahrten und -Expeditonen 1963 bis 1968

Bücher:

Herrligkoffer, Karl M.: Nanga Parbat. Sieben Jahrzehnte Gipfelkampf in Sonnenglut und Eis. Verlag Ullstein, Frankfurt/Berlin 1967.
Herrligkoffer, Karl M.: Nanga Parbat. Die Geschichte eines Achttausenders. Bayerische Verlagsanstalt, Bamberg 1979.

Siegi-Löw-Gedächtnisexpedition 1970

Bücher:

Herrligkoffer, Karl M.: Kampf und Sieg am Nanga Parbat. Spectrum Verlag, Stuttgart 1971.
Herrligkoffer, Karl M.: Nanga Parbat. Die Geschichte eines Achttausenders. Bayerische Verlagsanstalt, Bamberg 1979.
Ruef, Karl: Felix Kuen – Auf den Gipfeln der Welt. Stocker Verlag, Graz 1972.
Messner, Reinhold: Die rote Rakete am Nanga Parbat. Drehbuch zu einem Film, der nie gezeigt werden kann. Nymphenburger Verlagshandlung, München 1971.

Sonstige Quellen:

Baur, Gerd: Zeugenaussage vor dem Landgericht München I am 12. Dezember 1972.
Cassarà, Emanuele: Die Geschichte der Brüder Messner auf dem Nanga Parbat im Himalaya. «Tutto Sport» vom 27. Juli 1970.
Herrligkoffer, Karl M.: Brief an Hermann Kühn vom 23. August 1970.
Höfler, Horst: Gespräch mit Gerd Baur im Juli 2001.
Kuen, Felix: Zeugenaussage vor dem Landgericht München I am 12. Dezember 1972.
Kuen, Felix: Tagebuch (original) über den Zeitraum vom 7. Mai bis zum 29. Juni 1970.
Kuen, Felix: Tagebuchabschrift über den Zeitraum vom 7. April bis zum 9. Juli 1970.
Messner, Reinhold: Ersteigungsbericht. Fotokopie des handschriftlichen Originals, ohne Datum.
Messner, Reinhold: Brief an Felix Kuen vom 8. August 1970.
Messner, Reinhold: Interview mit Vittorio Varale am 22. August 1970.
Oberlandesgericht München: Urteil vom 16. Mai 1974.
Rampold, Josef: Brief an Karl M. Herrligkoffer vom 3. Oktober 1970.
Rampold, Josef: Brief an Karl M. Herrligkoffer vom 30. Oktober 1970.
Schubert, Pit: Brief an Reinhold Messner vom 4. September 1970.
Staatsanwaltschaft beim Landesgericht München I: Einstellungsverfügung vom 14. März 1972.
Sturm, Manfred: Brief an Walter Pause vom 4. September 1970.

Rakaposhi-Nordgrat 1971 und 1973

Bücher:

Karl M. Herrligkoffer (Hrsg.): Bergsteiger erzählen. Bayerische Verlagsanstalt, Bamberg 1979.

Sonstige Quellen:

Karl M. Herrligkoffer: 33 Jahre Himalaya-Abenteuer. Unveröffentlichtes Originalmanuskript, München 1987.
Ernst-Wolfgang Henke: Tagebuchabschrift über den Zeitraum vom 1. September bis zum 21. September 1973.

Erste Europäische Mount-Everest-Expedition 1972

Bücher:

Bonington, Chris: Everest – The Hard Way. The First Ascent of the South West Face. Hodder & Stoughton, London 1976.
Scott, Doug: Himalayan Climber. Ein Leben in den höchsten Gebirgen der Welt. Rosenheimer Verlagshaus, Rosenheim 1992.

Periodika:

Scott, Doug: Wer rastet, kann nicht siegen. Deutschsprachige Übersetzung aus «Mountain», Nr. 23, 9/1972

Sonstige Quellen:

Breitenberger, Leo: Tagebuch (handschriftlich, original) über den Zeitraum vom 28. Februar bis zum 24. April 1972.

Haim, Werner: Tagebuch (handschriftlich, Blaupause, teilweise original) über den Zeitraum vom 29. Februar bis zum 6. Mai 1972.
Herrligkoffer, Karl M.: Tagebuchfragmente (handschriftlich, Blaupause) über den Zeitraum vom 15. März bis zum 5. Mai 1972.
Hobe, Alice von: Tagebuch (handschriftlich, original) vom 7. März bis zum 8. Juni 1972.
Kuen, Felix: Tagebuch (handschriftlich, Blaupause) über den Zeitraum vom 7. März bis zum 28. Mai 1972.
Schneider, Horst: Tagebuch (handschriftlich, Blaupause) vom 29. Februar bis zum 27. Mai 1972.

Felix-Kuen-Gedächtnis-Expedition 1975 und Karl-Golikow-Gedächtnisexpedition 1976

Bücher:

Herrligkoffer, Karl M.: Nanga Parbat. Die Geschichte eines Achttausenders. Bayerische Verlagsanstalt, Bamberg 1979

Periodika:

Der Gipfelsturm der Hausfrauen. «Bunte», Nr. 33, 7. August 1975

Sonstige Quellen:

Karl M. Herrligkoffer: Rundschreiben an die Mitglieder des Deutschen Himalaja-Clubs vom 15. Januar 1977.
Schnaidt, Margret: Tagebuch (handschriftlich, Blaupause, teilweise Original) über den Zeitraum vom 6. Mai bis zum 5. Juli 1975.

Deutsch-Französische Mount-Everest-Expedition 1978

Bücher:

Karl M. Herrligkoffer (Hrsg.): Mount Everest. Ohne Sauerstoff. Bayerische Verlagsanstalt, Bamberg 1979

Sonstige Quellen:

Deutsches Institut für Auslandsforschung: Pressemeldung vom 16. Dezember 1976.
Herrligkoffer, Karl M.: Brief an den Deutschen Alpenverein vom 31. Oktober 1977.
Herrligkoffer, Karl M.: Brief an den Deutschen Alpenverein, gerichtet an den Ersten und Zweiten Vorsitzenden, vom 17. Dezember 1976.
Herrligkoffer, Karl M.: Brief an Pierre Mazeaud vom 30. Dezember 1977.
Hupfauer, Sigi: Tagebuchabschrift über den Zeitraum vom 12. September bis zum 21. Oktober 1978.
Hupfauer, Sigi: Der letzte Gipfelangriff. Originalmanuskript, ohne Datum.

Herrligkoffer-Expedition zum Kangchendzönga 1980

Bücher:

Herrligkoffer, Karl M.: Sieg am Kanchenjunga. Die deutsche Erstbesteigung. Droemer'sche Verlagsanstalt Th. Knaur Nachf., München 1983.

Sonstige Quellen:

Herrligkoffer, Karl M.: 33 Jahre Himalaya-Abenteuer. Unveröffentlichtes Originalmanuskript, München 1987.

Jubiläumsexpedition zum Ostpfeiler des Nanga Parbat 1982

Bücher:

Herrligkoffer, Karl M.: Mein Weg in den Himalaya. Biografie eines Bergsteigers. Pietsch Verlag, Stuttgart 1989.

Periodika:

Ritter Georg: Nanga Parbat. Bezwungener Ostpfeiler. «Der Bergsteiger», 5/1983.

Sonstige Quellen:

Bühler, Ueli: Ersteigungsbericht. Fotokopie des Originals, ohne Datum.
Herrligkoffer, Karl M: 33 Jahre Himalaya-Abenteuer. Unveröffentlichtes Originalmanuskript, München 1987.

Bayerisch-Österreichische Nanga-Parbat-Expedition 1988

Sonstige Quellen:

Herrligkoffer, Karl M.: Brief an Adams Carter («American Alpine Journal») vom 26. Oktober 1988.
Herrligkoffer, Karl M.: Tätigkeitsbericht des Deutschen Instituts für Auslandsforschung für 1987 bis 1990 vom 15. April 1991.

Deutsche Diamir-Expedition 1989

Sonstige Quellen:

Herrligkoffer, Karl M.: Tätigkeitsbericht, siehe oben.
Herrligkoffer, Karl M.: Rundschreiben an die potenziellen Expeditionsteilnehmer vom 23. Juli 1989.
Gundelach, Ekkehard: Brief an Karl M. Herrligkoffer vom 25. Juli 1989.

Deutsche Nanga-Parbat-Expedition 1990

Sonstige Quellen:

Fluder, Jacek: Brief an Karl M. Herrligkoffer vom 17. August 1990
Herrligkoffer, Karl M.: Tätigkeitsbericht, siehe oben.

Erste Deutsche Ski-Expedition zum Nanga Parbat 1991

Sonstige Quellen:

Herrligkoffer, Karl M.: Brief an Adams Carter («American Alpine Journal») vom 20. August 1991 mit Expeditionsbericht als Anlage.
Herrligkoffer, Karl M.: Tätigkeitsbericht, siehe oben.

Karakorum 1986

Bücher:

Herrligkoffer, Karl M.: Abschied vom Himalaya. Erfolg und Tragik am K2 und Broad Peak. Verlagsanstalt Bayerland, Dachau 1989.

Sonstige Quellen:

Kukuczka, Jerzy: K2-Südostwand. Deutschsprachige Übersetzung von Kukuczkas Ersteigungsbericht durch Georg Kalla, München 1986.

Grönland-Abenteuer

Bücher:

Herrligkoffer, Karl M.: Mein Weg in den Himalaya. Biografie eines Bergsteigers. Pietsch Verlag, Stuttgart 1989.

Sonstige Quellen:

Herrligkoffer, Karl M.: 33 Jahre Himalaya-Abenteuer. Unveröffentlichtes Originalmanuskript, München 1987.
Höfler, Horst: Gespräch mit Doris Kustermann am 28. Juni 2001.

Personenregister

Bildnachweis

Gerd Baur, Sulzberg: S. 143 (o, u), 147 (o, u)
Archiv Familie Buhl/Hans Ertl, Ramsau: S. 17
Bunte Illustrierte: S. 158/159
Zentrales Archiv des Deutschen Alpenvereins, München: S. 38, 47, 49, 54, 55, 72
Archiv Horst Höfler, München: S. 41–46
Archiv Doris Kustermann, Unterhaching: S. 10, 20, 23, 25, 27, 29
Archiv Reinhold Messner, Meran: Titel Vorderseite (u)
Eckehard Radehose, Holzkirchen: S. 178/179
Manfred Sturm, München: S. 104, 113, 115, 117, 123, 188

Alle übrigen Aufnahmen wurden vom Deutschen Institut für Auslandsforschung in München zur Verfügung gestellt.